KB210446

정의의예언자

아 모 스

박 철 수

정의의 예언자 아모스

지은이   박철수
초판발행   2022년 2월 1일

펴낸이   배용하

등록   제364-2008-000013호
펴낸 곳   도서출판 대장간
              www.daejanggan.org
등록한 곳   충청남도 논산시 가야곡면 매죽헌로1176번길 8-54
편집부   전화 (041) 742-1424
영업부   전화 (041) 742-1424 · 전송 0303 0959-1424
ISBN   978-89-7071-575-9   03230

분류   구약 | 아모스서 | 정의

값 20,000원

차·례

한국 기독교의 현실에 질문을 던지고
각성을 추동하는 데에 좋은 안내서

이만열 숙대명예교수. 전국사편찬위원장

연말연시 몇 날 동안 박철수 목사님의 『정의의 예언자 아모스』를 비교적 꼼꼼히 읽었다. 큰 감동이 있었다. 아모스는 솔로몬왕의 사후 남북으로 분열된 뒤, 남 왕국 유다의 웃시야 왕과 북 왕국 이스라엘의 여로보암 2세 재위 시절에 활동한 예언자다. 비슷한 시기에 호세아와 이사야가 있었으나 이들보다는 앞섰다. 그가 BC 760년경에 활동했으니 지금부터 약 2,800여년 전이다.

아모스는 '정의'의 예언자라고 한다. 그렇듯이 아모스를 소개하는 이 책도 '정의'에 초점을 맞추고 있다. 저자는 아모스서를 관통하고 있는 '정의'를 어렵게 설명하지 않는다. 아모스처럼, '정의'란 고아와 과부, 나그네와 가난한 이웃을 돌보는 가치라고 간단 명료하게 정리한다. 이는 이 땅의 환과고독鰥寡孤獨, 가난한 자, 억눌린 자, 억울한 자를 신원하는 것이다. 아모스의 정의는 이런 실제적인 관점에 기반해 있어서 이를 벗어나는 행위를 정의로 포장하지는 않았다.

저자는 2,800여년 전 이스라엘 땅에서 '정의'를 외치며 활동했던 아모스를 21세기 '현재' '한국'으로 소환했다. 그렇게 함으로써 시공적時空的으로 우리와 관련 없을 듯한 아모스를 옛날 저 멀리 있던 예언자가 아니라 오늘 이 한국의 현장에서 외치고 있는 아모스를 직면하도록 했다. 이런 노력이 아마도 이 책을 돋보이게 하는 중요한 요인이 될 것이다. 따라서 이 책은 21세기 '한국판 아모스서'에 근접하려고 노력했다. 아모스가 그가 살았던 시기의 이스라엘의 상황에 대해서 하나님의 말씀의 정수精髓인 정의를 외쳤듯이, 저자는 아모스가 이 시대 한국을 두고 선포했을 듯한 정의에 대해서 강조하고 있다.

아모스를 이 시대 한국으로 호출하면서 저자는 아모스가 보았을 한국의 여러 상황 특히 한국 교회의 모습을 살핀다. 말하자면 아모스의 눈에 비친 한국 교회의 모습일 것이다. 저자는 특히 아모스로부터 질타당하는 한국 교회의 부패하고 보수적인 모습을 열거하고 있다. 아모스에 빗대어 본 한국 교회는 성속이원론聖俗二元論과 정종분리론政宗分離論에 입각한 타협적이고 이중적인 신앙생활, 실천이 뒤따르지 않은 부허한 믿음, 부와 명예의 수단으로 삼으려는 탐욕적인 신앙 등으로 얼룩져 있다고 질타한다. 그래서 저자는 오늘날 한국 교회도 이스라엘처럼 정의의 사랑을 실천하지 않는다면 아무리 훌륭한 예배를 드리고 좋은 설교를 듣는다 할지라도 그것은 단지 울리는 꽝과리요 하나님의 심판을 면치 못할 것이라고 단언한다.

저자는 1년에 한 권을 목표로 하여 그동안 저작 활동에 임해왔다. 때문에 저자의 독서량은 그의 연약한 건강에 비해 놀랄 만하다. 저자는 성경 강해를 함에 있어서 인문학적 상상력을 동원하여 이 책을 그리고 있다. 그의 인문학적 탁월성은 저자가 접한 탁월한 현대 신학자들인 하워드 요더, 본회퍼, 게하르트 로핑크, 파울 뵈세, 존 브라이트, 폴 리쾨르, 예레미야스,

짐 윌리스, 한스 큉, 하워드 스나이더, 자끄 엘륄 등의 수많은 저술을 탐독한 데서도 나타나지만 자신의 병약함에서 오는 관조를 늘인 데서도 엿볼수 있다. 이 책은 저자의 다독을 바탕으로 저자의 인문학적 소양을 기량껏 발휘한 저술이다. 저자의 '정의'의 신학적 기틀을 이론적으로 다져주고 있다. 특히 저자가 이미 출간한 바 있는 『하나님 나라』의 관점에서 정의의 문제를 다루고 있음이 주목된다.

한국 교회의 미래가 암담하다고 많은 분들이 지적하고 있다. 사실이다. 한국 교회는 급속한 성장에도 불구하고 '사랑과 정의'의 기독교적 가치관에 입각하여 문화, 사회를 변혁시키는 데에 등한했다. 그 대신 장로 대통령으로 상징되는 정치 경제적 세력확장에 힘썼다. 그 결과 이제는 자기 존재마저 부정당하는 지경에 이르게 되었다. 이제 한국 기독교는 과거 십자군의 정복적인 가치관 대신 십자가에서 희생당하신 예수를 구주로 모셔야 하고, 정치 · 경제의 세력화를 꾀하기 위해 광장을 찾던 세속적 지향에서 골방을 찾아 무릎을 꿇는 모습으로 일대 변혁을 거쳐야 한다. 이런 시기에 박철수 목사님의 『정의의 예언자 아모스』는 이런 한국 기독교의 현실에 질문을 던지고 각성을 추동하는 데에 좋은 안내서가 될 것이다. 이 책은 아모스서에 대한 강해서이면서 한국 교회와 이 시대를 향한 준엄한 설교이다. 그리기에 이 책은 저자의 예언자적 탁월성을 보여주고 있다. 이에 몇 자 추천사로 뜻을 밝힌다.

한국교회의 영적 부활 갱생을 위해
애타는 마음으로 중보 기도할 마음을 갖게되길…

김회권 교수. 숭실대 기독교학과

이 책은 저자 박철수 목사님의 신학적 중심 음조를 잘 드러내는 아모스서 강해서이다. 전체적으로 '하나님 백성의 나태와 안일, 오도된 영적 방종'을 질책하는 아모스 강해서이다. 여러 가지 이유로 구약성서는 주일예배 설교강단에서 거의 설교되지 않는데 그 중에서도 예언서는 특히 주일예배 설교 본문으로 거의 채택되지 않는다. 예언서 중에서도 아모스서는 주일 강단이나 주요 예배의 설교 본문으로 채택되는 경우가 거의 없는 편이다. 설교자들이 아모스서 메시지 자체가 개인 구원 기대감이나 현세 기복적 열망을 가진 교인들에게 거의 위로와 소망을 주지 못한다고 생각하기 때문이다. 매주 성수 주일하며 헌금으로 교회를 섬기는 교인들은 자본주의적인 용어로 말하면 주식을 가진 주주같은 자의식과 책임감을 느낀다. 따라서 주일 예배설교강단에 사회 비판적 설교가 득세하면 교회의 주가를 떨어뜨린다고 생각하는 경향이 있다. 그래서 아모스서를 주일설교 본문으로 선택하는 것 자체가 벌써 하나의 메시지가 되며 설교자의 신학적 지향에 대한 표지가 된다. 박철수 목사님의 대부분의 저서는 구체적인 예배공간에 모인 교인들을 상대로 하는 설교가 아니라, 미래 성도들, 흩어져 있어서 보이지는 않지만 하나님 나라를 애타게 갈망하는 하나님의 자녀들을 영적으로 부축하고 보양하는 영적 자양분이다.

이 책은 자세한 주석서는 아니지만, 종교적 열정 추구와 사회정의와 이웃사랑이 괴리된 아모스서의 분위기를 잘 재생하고 있다. 주전 8세기 예언자 아모스는 선민신앙, 구원사 전승수호 신앙을 전가의 보도처럼 내세우면서 하나님 언약 백성들의 땅을 빼앗고 그들의 신앙까지 위협했던 북왕국 이스라엘 지배층의 타락, 부패, 일탈을 비판했다. 본서도 종교적 표현은 과도한데도 사회적 자비심 발동이 전혀 안되는 위선적 종교인들의 배역과 타락을 애타게 질책하고 있다. 서론에서는 아모스서를 이해하는 데 중요한 구속사의 테마 출애굽과 언약을 다룬다. 2부 강해는 1-9장을 모두 스물 두꼭지로 나눠 강해한다. 본문의 주제를 압축하는 제목이거나 본문의 주제 어구를 따서 제목을 붙인 단락별 강해는 그 자체가 작은 설교문이다. 각 단락에 대한 해설은 간결하지만 충실하다.

전체적으로 이 강해서는 아모스의 메시지를 듣는 당대의 청중이나 아모스서를 읽는 후대 독자들의 입장에서 먼저 각 단락의 핵심메시지를 추출한다. 그리고 필요시에는 아모스의 주요 본문들을 오늘 21세기 한국 그리스도인 독자들을 위해 적실성 있게 적용한다. 오늘날 그리스도인들에게도 적실한 신앙실천의 사례들도 빈번히 언급된다. 열방 심판 단락 강해-일본과 나치 범죄, 생체실험 범죄와 독일의 사죄 독자들은 이 책을 다 읽고 나면 한국교회의 영적 부활 갱생을 위해 애타는 마음으로 중보 기도할 마음을 갖게 될 것이다.

먼저 목회자, 설교자들, 주일학교 교사들에게 일독을 추천한다. 다음으로 현실의 교회와 그리스도인들의 탈세상적인 신앙 양태를 보고 실망하고 혼란스러워하는 가나안 신자들과 지적인 무신론자들, 그리고 안티기독교인들에게도 일독을 권한다. 이 책은 기독교 신앙의 본래 알짬과 교회의 참된 모습을 다채롭게 제시하고 있기 때문이다.

"내 말을 듣고 돌이키라"

영화, 〈돈 룩 업〉은 6개월 내에 혜성이 지구와 충돌하여 인류 문명이 끝장날 것이라는 과학자의 예언을 모티브로 하고 있다. 과학자의 예언은 객관적 관찰을 기반으로 하는 과학적 진실이었다. 하지만 사람들은 다양한 방식으로 그 진실을 회피한다. 혹자는 그 예언을 농담으로 여기고, 혹자는 진실의 강도를 약화시키고, 혹자는 정치색을 뒤집어 씌우고, 또 혹자는 표현 방식을 꼬투리 잡는다. 이들은 필사적으로 진실과 마주하기를 거부한다. 그러는 사이 종말은 점점 더 가까이 다가와 끝내 파국을 맞고 만다. 돌이킬 수 있는 기회가 있었지만 결국 진실을 마주하기를 거부했던 인류는 멸망하고 만다.

이 영화는 고대 히브리 예언자들, 그 중에서도 아모스가 처한 곤경을 잘 보여주고 있다. 아모스는 남유다 드고아 사람으로 직업적 예언자가 아니라 평신도·농부였다. 그런 그에게 갑작스럽게 하나님의 영이 임한다. 그는 국운이 욱일승천하고 있는 북이스라엘 왕국이 조만간 멸망할 것이라는 계시를 북왕국 백성들에게 전하라는 명을 받는다. 이에 아모스는 북왕국으로 가서 임박한 멸망을 선포한다. 하지만 왕과 백성들은 그의 예언을 듣지 않는다. 그의 예언은 무시되고, 허왕된 거짓으로 치부되었으며, 남유다 왕국으로부터 파견된 첩자의 선전술이라는 악평에 시달렸다. 아모스의 예언은 별무소득이었으며, 끝내 북왕국은 종말을 맞고 만다. 아모스의 예언 사역은 실패했다.

이러한 실패는 아모스 뿐만 아니라 성경 속의 모든 예언자의 운명이다. 이들은 실패할 사명을 위해 부름받았다. 하여 예언자들은 자주 소명에 저항한다. 하지만 하나님의 영은 너무도 강력하여 저항할 수 없다. 어쩔 수 없이 하나님에 의해 끌려나온 예언자들의 예언 사역은 실패의 연속이다. 너무나 고통스러운 나머지 종종 침묵하기로 다짐도 해 본다. 그러나 그들은 그렇게 할 수 없다. 그들의 영혼이 침묵을 용납하지 않기 때문이다. "내가 다시는 여호와를 선포하지 아니하며 그의 이름으로 말하지 아니하리라 하면 나의 마음이 불붙는 것 같아서 골수에 사무치며 답답하여 견딜 수 없나이다." 렘20:9 예언자들의 영혼은 불붙은 영혼이다.

박철수의 책, 『정의의 예언자 아모스』에서 우리는 또 한 명의 불붙은 영혼의 소유자의 목소리를 듣게 된다. 혹자는 이 책을 아모스서 주해서나 강해설교, 연구서쯤으로 이해할지 모르겠다. 그러나 이 책은 아모스의 입을 빌어 21세기 한국 교회와 한국 사회, 더 나아가 전지구적 현실을 향해 쏟아붓는 예언자의 선포다. 그가 의도하는 바는 명료하다. 아모스의 본문text에 다가감으로써 그 본문이 스스로 살아서 독자의 삶의 자리와 정황context 속에서 재선포되는 것이다. 저자가 아모스의 본문에 천착하는 이유는 이 때문이다.

저자는 아모스의 입을 빌려, 우리 시대 하나님의 백성들에게 예언을 선포하고 있다. 본문에서 수시로 한국 교회의 상황이 소환되고, 한국 교회 목회자와 성도가 호출되는 것은 이 때문이다. 독자 여러분들, 책을 읽는 내내 의도가 명백한 수사의문문, 독자를 불러 세우는 호격, 연극적 대사를 연상케 하는 감탄사를 수시로 만나게 될 것이다. 또 어떤 때는 문체가 과장되고, 논리적 비약도 감지될 것이다. 그렇더라도 당황하지 마시라. 이는 불붙은 예언자의 영혼의 반영이기 때문이다.

어쩌면 저자는 다른 예언자들처럼 자신의 예언이 별 효과가 없으며, 한국 교회는 거대한 타이타닉호처럼 기어이 침몰하고야 말 것이고, 인류 문명은 더욱 위태로워질 것임을 직감하고 있는지도 모르겠다. 그럼에도 저자는 예레미야처럼 불붙는 마음과 골수에 사무치는 답답함을 감당할 수 없어 글을 써내려가고 있다.

하나님께서 예언자를 보내실 때 자기 백성에게 기대하시는 것은 분명하다. 예언의 말씀을 듣고, 돌이키라는 것이다. 우리가 이 책을 읽어야 하는 이유도 여기에 있다. 하나님께서는 우리 시대의 한국 교회 성도들을 향해 '내 말을 듣고 돌이키라'고 말씀하고 계시는데, 우리가 이 책을 읽을 때 그러한 하나님의 말씀을 삼가 듣고, 돌이키는 데 중요한 지침을 제공받을 수 있을 것이다.

프롤로그

전두환은 1980년 광주에서 한국판 아우슈비츠라 할 수 있는 천인공노할 사건을 일으킨 후 권좌에 앉게 됐다. 그리고 그가 내세운 구호가 〈정의 사회 구현〉이었다. 이것이 허위의식과 거짓의 전형적인 사례다. 예수님께서는 거짓과 허위의식이 현란하게 활개 치고 있던 상황 속에서 산헤드린 · 바리새인 · 로마제국을 향해 죽음을 각오하고 외친 예언자이셨다. 이들 세 부류는 이스라엘 민족의 허울 좋은 이름 아래 당시의 힘없고 가난한 자들을 무시하면서 착취하고 있었다. 예수님은 그들에게 도전자요 도발자였고 그들의 허위의식을 속속들이 드러낸 분이셨다. 결국 그들은 평소에 사이가 좋지 않았지만 그 분을 죽일 때는 기꺼이 하나가 되었다. 하나님께서는 자신의 아들을 눈물과 통곡으로 십자가에 못박히게 하시고 그리고 삼 일 후 부활하심으로 영원한 소망의 주가 되셨다. 그리고 부활의 소망으로 우리는 지금 여기에서 하나님 나라를 살고 있다.

우리는 지금 정의가 크게 도전받고 있는 시대를 살고 있다. 정의와 공정이라는 말이 여기저기 울려 퍼지고 있지만 오히려 공허한 말이 되고 있다. 예언자 아모스 또한 당시 이스라엘의 왕과 권력자들과 부자들의 허위의식을 폭로하였다. 왕과 권력자들과 부자들이 겨울 궁과 여름 궁을 짓고 상아로 된 침대에 누우며 철벽같은 요새를 짓고 종교적 열심이 최고조에 달할 때 비파소리를 들으며 흥겨운 가락으로 즐기며 이스라엘이 다윗 왕국 이래 최고의 정치적 안정과 경제적 풍요를 누리고 군사적으로 가장 안전하고 평안할 때, 가난한 자와 힘 없는 자들을 눈 하나 깜빡하지 않고 포악과 압제를 할 때 예언자 아모스가 갑자기 등장하여 왕을 비롯한 권력자와 부자들의 거짓을 꿰뚫어 보면서 이스라엘을 향해 포효하는 사자처럼 멸망을 선포한다.

당시 이스라엘은 종교 의식적인 면에서 성대하고 열정적인 예배를 드리고 안식일을 지키고 모든 절기를 빠짐없이 잘 지키며 십일조도 빠짐없이 드렸지만, 그들의 형식적인 예배에 대해 예언자 아모스는 사정없이 비판했다. 아모스는 이스라엘의 회개하지 않는 바리새인들과 다름없는 오만하고 목이 굳은 백성들을 향하여 멸망을 선언했고 선포가 있은 후 얼마 되지 않아 예언대로 이방인의 땅으로 사로잡혀 갔다.

오늘의 한국 교회 또한 이스라엘 못지않은 허위의식과 타락한 종교로 전락된지 오래되었고, 거기에 세상 사람들에게 손가락질당하고 욕을 먹고있는 형편이 되었다. 가톨릭, 불교에 이어 세 번째로 호감도 낮은 종교 집단이 되어 버렸고 앞으로 기독교인이 늘어날 가능성이 없어져 버렸다는 말이다. 손봉호 교수가 쓴 책의 제목처럼 『주변으로 밀려난 기독교』가 되고 말았다. 오늘의 한국 교회는 이 땅에 들어올 때부터 천박한 반지성주의 기독교가 들어왔다.[1] 리영희 교수는 "나를 서글프게 하는 사실은, 한국 기독교가 숫자적으로 지구상의 160여 개 국가 가운데 으뜸간다는 통계적 사실이다. 몇해 전 미국에서 발행된 『세계 크리스천 연감』에서 지구상의 전체 국가에서 50개의 대형 교회를 선정했는데, 한국 교회가 최대 교회 다섯 개 가운데 세 개를 차지하고, 열 개 가운데 일곱 개를 차지하고, 오십 개 가

---

1) 배덕만, 『복음주의 리포트』, 대장간, 2020, 281-282.

운데 스물세 개를 차지하고 있었다. 나는 그 시기의 한국사회의 인간적 생존의 참상을 생각하면서, 지구상의 오십 개의 최대 교회 가운데 한국 기독교가 홀로 스물세 개를 차지한다는 사실이 과연 한국 국민에 대한 축복인지, 저주인지를 분간할 수가 없다"고 말했다.[2] 참으로 부끄럽다!

프랑스 위그노 출신 법학자요 사회비평가인 자끄 엘륄은『뒤틀려진 기독교』[3]에서 "만일 기독교인의 삶이 말씀과 일치하지 않는다면 진리는 있을 수 없다. 기독교는 역사적으로 보수적이 되었고 반反전복적이 되었다. 역사적 기독교는 정치 · 경제 · 사회 등 온갖 영역에서 완전한 보수주의가 되었다. 아무것도 바꾸지 못했고 아무것도 변하지 않았다."고 한탄한다. 한국 교회는 들어올 때부터 일제시대와 지금까지 항상 기득권자들의 편에 기생하여 살아왔고 지금도 그러하다. 예수님과 예언자들이 외친 급진주의를 포기했으며, 시대마다 정치 · 경제등 다양한 문화에 적응하기에 바빴다. 다시 말해, 한국 교회는 자신에게 위임된 말씀의 내용을 변경시켜 버렸다.[4]

한국 교회는 세상에서 '형성적 기독교'가 되기는커녕 '도피적 기독교'가 되었고 인간의 공적을 보상해 주는 기복주의로 전락해버렸다. 교회는 세상을 운명에 맡겨 버리고 세상으로부터 물러서 버렸다. 내세라는 출구가 늘 가능한 도피처로 있기때문에 현실을 변화시키려 하지 않고 자신의 운명을 있는 그대로 받아들이도록 기독교는 '민중의 아편'이 되었다. 이 땅과 현실은 어디로 가고 '예수 천당' 교리만이 한국 교회의 중심교리가

2) 리영희,『스핑크스의 코』, 까치, 1998, 30-44.
3) 자끄 엘륄, 「뒤틀려진 기독교」, 대장간, 34-62. 내용을 필자가 요약 정리.
4) 강성호,『기독교 흑역사』, 짓다, 2016, 45-59, 이 책은 2016년까지 한국 교회의 부끄러운 어두운 역사를 취재원, 신문, 잡지 등을 자료로 집필하였다.

되었다. 이 땅에서는 추상적인 예수, 죽어서는 천당, 이 얼마나 믿기 쉬운가? 싸구려 복음이 이 땅에 휩쓸고 있다. 안타까운 일이 아닐 수 없다?

키에르케고르는 덴마크 교회가 부패하고 타락했을 때 앞장서 투쟁했으며 마지막 저서 『순간』에서 "국가는 국민의 숫자와 직접 관계된다. 국가가 쇠퇴할 때, 국민의 숫자는 감소하고 국가는 사라진다. 즉, '국가'라는 개념은 없어진다. 기독교는 다른 식으로 숫자와 관계된다. 단 한 명의 참된 그리스도인만 있어도 충분히 기독교에 실재가 부여된다. 오히려 기독교는 숫자에 반비례 한다"고 말했다.

성경의 일점일획도 하나님의 말씀이라고 외치면서 특히나 보수주의자들은 구약성경을 비롯한 구약성경의 20%나 차지하는 예언서에 대해 거의 무관심하다. 하나님의 말씀이 무오하다는 것은 성경 66권이 무오하다는 말이 아닌가? 교인들이 예언서 강해를 들어 본 적이 있는가? 목사는 모든 성경 본문을 설교 해야하는 것이 상식인데도 자기가 좋아하는 성경만을 선택적으로, 주입식으로 설교한다. 오늘의 한국 교회 강단에서 강해 설교가 주를 이루지 않는다면 '내가 복음'을 전할 수 밖에 없다.[5]

예언서가 구약성경의 많은 부분을 차지하지만 예언서를 잃어버린 오늘의 한국 교회 모습은 어떠한가? 오히려 예언자들의 메시지가 전할 수 없는 성경이 되어 버렸으니 안타까울 뿐이다. 한국 교회는 예언서를 버리고, 듣기 거북한 메시지는 걸러내고, 좋아하는 메시지만을 요구했다. 예언서는 주로 이 땅에 일어나는 정치, 경제 등 모든 일에 관심을 갖기 때문에 성속 이원론에 빠진 목사들의 구미에 맞지 않는 책일 수밖에 없다.[6] 구약학자

---

5) 후안 카를로스 오르티즈, 『제자입니까』. 김성웅역, 1996, 11-8.
6) 김경호, 『왕국 시대 예언자』, 대장간, 2020, 21.

차준희교수가 "한국 교회 강단을 전수 조사한 논문에 의하면 한국 교회 강단에서 구약은 35.6%만 사용하고 그 중에도 예언서는 24.5%를 본문으로 사용한다. 성경의 20%를 차지하는 예언서가 강단에서 사용되는 비율은 고작 8.7% 뿐이다. 한국 교회 강단에서 예언서가 심하게 홀대 받고 있는 현실이다.

예언자 아모스는 왕과 권력자들 앞에서 부자들을 향해 죽음을 각오하며 정의를 외쳤고 하나님의 저주의 심판을 거리낌 없이 외쳤고 결국 그대로 이스라엘은 멸망하였다. 예언자는 하나님의 대변자다. 한국 교회 목사들은 예언자와 같이 설교하고 행동해야 한다. 먼저 그분의 껄끄러운 말씀 앞에 부서져야 한다. 그렇지 않는 한국 교회는 세상에서 외면당할 수밖에 없을 것이다. 설교는 성경이 당대성, 2000년, 그리고 2000년 훨씬 이전에 쓰여진 것이기에 그 시대를 사는 사람들에게 오늘의 말씀으로 번역하고 전달하는 역할을 수행해야 한다. 구약 성경이든 신약 성경이든 모든 말씀은 오늘 현재형으로 읽어야 한다. 설교자는 성경에서 오늘이라는 시대적 상황, 청중이 처한 삶의 상황 속에서 설교해야 한다. 그러기에 예언자는 당시의 상황에서 말하지만 동시에 우리 시대의 정치학이며 경제학이고 새로운 사회와 미래를 구상하는 밑그림이 되어야 하는 것이다.

필자는 고색창연한 예언자 아모스를 오늘에 소환하여 오물과 악취나는 우리 사회와 한국교회에 그의 소리를 들려주고 싶었다. 그는 세례 요한보다 앞선 광야의 소리였다. 아모스서는 아홉장에 불과한 짧은 책이고 무려 2,700여 년 전에 쓰인 책임에도 오늘날까지 이렇게 큰 울림을 가질 수 있다니 그저 놀라울 뿐이다. 구약성경 전반을 어느 정도 이해하고 아모스 서에 대해 글을 쓰면서 마치 오늘날의 한국 교회와 우리나라의 상황을 동영상처럼 찍은 것 같다는 착각이 들었다. 아모스서의 나비효과가 시공간을 넘어 오늘 이 시간까지 이르렀음을 보았다. 놀라운 일이다! 아마도 이 나비효과는 영원토록 이어질 것이 틀림없다. 이 황홀한 나비를 독자들과 함께 타고 예언자 아모스의 외침을 들었으면 하는 마음 간절하다.

이 책은 1부와 2부로 되어있는데, 1부는 아모스서를 이해하기 위한 서론으로 출애굽, 언약, 성경의 예언자와 그리스 신을 주제로 한 내용이며, 2부는 아모스서 본문 강해로 이루어져 있다.

이 책을 쓰기 위해 고인이 된 존경하는 김정준 교수의 『아모스서 강해』와 류호준 교수의 『아모스』가 도움이 되었고 그 외에도 박철우, 차준희, J. 림버그, A.W. 볼프, 더글러스 스튜어트, 김근주, 자끄 엘륄, 마틴 부버, 아브라함 헤셸 등의 책을 참고했다. 특히 유대인 출신 구약성경 학자인 아브라함 헤셸 등의 『예언자』에서 예언서에 대한 이해와 관련하여 많은 도움을 받았다. 그 외에도 여러 인문학 책들에서도 도움을 받았다. 이 자리를 빌어 감사를 드린다.

이 책의 추천사를 써주신 존경하는 이만열 교수님, 김회권 교수님과 꿈꾸는 사람 신광은 목사에게 깊은 감사를 드린다. 또한 제자인 구약학자 김경열 교수의 조언과 신학적 교정과 책의 구성과 좋은 문장으로 도와준 공용철 대표, 바쁜 시간 가운데서 열성적으로 교정을 본 박승용 형제에게 고마움을 드린다. 아울러 항상 책의 편집을 위해 수고해주신 도서출판 대장간의 배용하 대표와 직원들에게도 고마움을 전한다.

2021. 12. 24
용인에서 박철수

1부

1. 출애굽―결정적인 사건

자서전을 쓸 때에는 보통 유아기에서 시작한다. 그러나 한 개인의 삶의 의미를 찾고자 할 때는 굳이 출생과 유아기에서부터 시작하지 않는다. 오히려 이스라엘의 역사는 이스라엘 백성이 역사적 공동체로서의 자의식을 갖게 한 역사적인 체험, 즉 초기뿐만 아니라 후대의 여러 사건들까지도 비추어 볼 수 있는 출애굽―결정적 사건에서 시작한다.

이스라엘 역사의 뿌리 체험

"출애굽 사건은 단지 이스라엘의 해방으로 끝나는 사건이 아니라 그 이후 세계 역사의 모든 혁명의 근원이 되어 왔다."[1] 출애굽 이야기는 이집트 제국을 근원적으로 비판하고 그 불법성을 드러내는 형태로 짜여 있다.

이스라엘 역사에서 중대한 분기점에 있는 결정적인 사건은 이집트에서의 탈출이다. 오늘날에 이르러서도 이스라엘은 하나의 백성으로 만들었고, 또한 불멸의 기억을 남겨준 이 계시의 사건으로 자기들에게 주어진 소명과 운명을 이해하고 있다. 출애굽 사건은 이스라엘이 구원의 하나님을 경험한 '뿌리체험'이다.[2] 기독교인들이 주의 만찬을 거행하면서 예수 그

---

1) 마이클 왈저, 『출애굽과 혁명』, 이국운 역, 2017. 대장간. 23-39.
2) B. W. 앤더슨, 『구약성서의 이해』, 강성열 노항규 역, 크리스챤다이제스트, 2013. 106.

리스도의 십자가 죽음을 회상하고 재현하고 있듯이, 이스라엘은 유월절을 거행하면서 출애굽 사건을 회상하고 대대로 재현하고 있다. 이러한 신앙 행위는 현재로부터 돌이킬 수 없는 과거로 도피하려는 복고주의가 아니라 이러한 행위를 통해서, 자기 자신이 그 경험에 참여한다고 생각한다. 왜냐하면 과거의 사건은 현재에도 깊은 의미를 갖고 있기 때문이다. 그렇다면 유월절에 대한 전통적인 해석을 들어보기로 하자.[3]

"이스라엘 백성은 하나님께서 자기의 백성을 노예에서 해방시킨 놀라운 역사의 순간을 대대로 재현해 오고 있다. 이집트의 파라오 체제에서 풀려난 이야기와 광야를 거쳐 약속의 땅으로 들어간 이야기는 마치 신세계를 찾기 위해 대서양을 건넌 순례자들이나 오늘날 압제를 당하는 계층이 이 이야기를 자기들의 상징으로 삼듯이, 종교적 상상력을 불러일으키는 강한 호소력을 가지고 있다. 출애굽 사건은 무엇보다 하나님이 누구시며 또한 억압받고 짓눌리는 자들을 어떻게 대하는가를 보여주고 있다."

언약과 정의

출애굽은 하나님의 백성들이 자신들이 체험한 해방에 대한 보답으로 사회 안에서 어떻게 '정의'를 구현해야 하는가에 대한 모델까지 제시했다. 출애굽 사건의 핵심은 언약과 자유라고 할 수 있다. 노예로부터 벗어난 이스라엘 백성은 여전히 노예 정신에 속박되어 있기 때문에 약속의 땅을 다스리기 위해서는 광야에서 자유인으로서 자신의 선택에 자발적 책임을 지는 존재로 거듭나는 훈련을 받아야 했고 이 훈련은 하나님과 시내산 언약을 체결함으로서 진행된다. "언약은 노예근성을 지닌 이스라엘 민족이 거룩한 백성의 제사장 나라로 거듭나기 위한 사회적 계약에 비유될 수

---

3) 앞의 책, 27.

있다."[4]

또한 출애굽 사건에 대해 월터 브루그만이『예언자적 상상력』에서 말한 대로 우리가 만일 권력자들과 부자들의 이익을 옹호하는 질서를 대변한다면 억압을 떨쳐 버리는 것은 불가능하다. 출애굽은 기존체제로부터 자유로울 뿐만 아니라 하나님의 자유로운 종교를 정의와 정치와 결합하는 데까지 나아갔다. 출애굽의 구원 이야기는 이집트 제국의 막강한 힘을 분쇄하는 하나님의 재앙 드라마다. 출애굽 사건이 이스라엘이 주전 587년의 국가 멸망, 즉 유배 이전의 시대부터 시가서, 예언서에서 계속 언급된 것은 주목할 만하다.

그들은 하나님이 이스라엘 백성을 위해 몸소 행하셨고, 이스라엘 백성으로 하여금 하나님께 영원히 순종을 하게 한 출애굽 사건에서 이스라엘 역사의 기원을 찾고 있다. 주전 8세기, 예언자 아모스는 청중들에게 하나님께서 이집트에서 이스라엘을 구원하셨기 때문에 모두 한 가족으로 뭉칠 수 있었다는 사실을 여러 번 상기시키면서아모스서 2:10, 하나님이 몸소 이스라엘 백성에게 자신이 누구인가를 알려 주었던 그 위대한 사건을 이스라엘이 잊었다고 비난했다. 아모스 2:9-11 아모스서에서는 출애굽에 대한 언급이 4회2:10, 3:1, 4:10, 9:7나 꾸중했다. 예언자 아모스는 그들이 하나님께 불순종할 때마다 출애굽을 상기시킨다. 예언자는 외로이 기존체제에 대항해서 외쳤던 사람들일 뿐만 아니라, 하나님의 대변자요 당시의 중요한 이해 집단인 가난한 자와 힘 없는 사람들을 대신하여 그들의 생각을 왕과 권력자, 부자들을 향해 외치는 자들이다. 출애굽 사건이 이러한 사회변혁을 우리에게 주는 의미는 예언자 대 왕이라는 구도 속에서 올리버 크롬웰Oliver Cromwell, 1599-1658이 당시 왕이 지배하는 현실 속에서 공화정이

---

4) 마이클 왈저,『출애굽과 혁명』, 10.

이루어지도록 한 경우에도 구체적으로 해당된다. 당시 호국경이었던 크롬웰의 정책을 밀고 가도록 했던 것도 출애굽 사건에서 기인한다. 출애굽 사건은 우리를 둘러싼 지배문화의 의식과 맞설 예언자의 모습을 보여주는 비판을 찾아보는 일은 쉽지 않다.

파라오와의 근원적 단절

모세는 파라오가 지배하는 이집트의 정치·경제·사회 현실과 근원적 단절을 이루었다. 예언자적 정신을 갖지 못한 보수주의자들은 하나님을 진지하게 여긴다면서도 하나님의 이해가 정치·사회적인 의미를 지닌다는 점을 깨달을 만큼 성경에 대해 진지하게 고민하지 않는다. 억압하는 제국의 정치에 대해서 예언자들은 정의와 긍휼의 정치를 대안으로 제시했다. 정의와 긍휼의 정치없이는 하나님의 자유도 있을 수 없고 정의와 긍휼의 세계도 불가능하다. 모세가 한 일은 이집트 제국의 의식에 타격을 가하는 것이었고 이집트 제국의 정치 사회 관습을 해체하는 것이었다.

모세 오경은 출애굽 사건의 장황한 서문인 천지 창조창 1-11와 이스라엘 백성의 조상, 즉 족장들에 대한 이야기창 12-50로 시작된다. 실제로 우리가 창세기를 읽고 출애굽기를 읽으면 거꾸로 읽어 가게 된다. 모세 이전의 시대는, 모세 시대에 이르러서야 이스라엘 백성을 탄생시킨 사건에 비추어 회상되고 해석됐기 때문이다. 이것은 마치 미국인이 독립전쟁이라는 역사적으로 중대한 사건을 치른 후에야 콜럼버스의 항해와 순례자들의 신천지에 이주한 것을 되돌아보는 것과 같다. 이스라엘은 후대에 와서 신학적인 반성을 한 다음에야 출애굽 이전의 첫 히브리인인 아브라함에게서 그들의 역사의 기원을 찾았고, 아브라함이 약속된 땅으로 이주했다는 이야기에서 그들의 소명을 발견했다. 확실히 이스라엘의 소명은 이스라엘 사람들의 기억에 아로 새겨진 출애굽 사건에 바탕을 둔 것이었다. 그러므로 창세기는 히브리인이 이집트에서 압제를 받는 장면, 즉 이것은 출애굽의 시작의 막이 오르기까지 서막이라고 볼 수 있다. 시편 기자는 다음과 같이 증언하고 있다. "여호와께서 의로운 일을 행하시며 압박당하는 모든 자를 위하여 판단하시는도다. 그 행위를 모세에게 그 행사를 이스라엘 자손에게 알리셨도다."시 103:6-7

다른 예언서도 출애굽 사건을 강조하고 있다. 예언자들의 글과 지혜서와 같이 구약성경 형성 과정의 후기에 씌어진 책에서도 여전히 출애굽의 의미는 강조하고 있다.

이스라엘의 소명, 제사장 나라

확실히 이스라엘의 소명은 이스라엘 민족의 기억에 아로새겨진 출애굽 사건에 바탕을 둔 것이었다. 이스라엘 공동체는 자신들이 이야기하는 과거의 사건과 자신을 동일시한다. 심지어 자신의 직접적인 목적보다 더 중요한 것이 신앙 고백의 내용이다. 이 짧은 신앙 고백에는 간략하게 기록한 조상의 시대가 언급되어 있다. "떠돌아다니던 아람인"이란 바로 야곱을 말한다. 우선 출애굽 시대의 해방 사건을 되새긴 후, 이스라엘을 노예 상태에서 해방하여 젖과 꿀이 흐르는 땅으로 인도한 하나님께 감사를 드리며 끝을 맺는다.출 15:1-18의 "바다의 노래" 참조 전체적으로 구약성경은 이스라엘이 한 민족으로서 역사의 무대에 등장한 초기부터 표현된 주제들의 일종의 교향곡이라 할 수 있다.

17세기 프랑스의 파스칼Blaise Pascal, 1623-1662은 『팡세』에서 성경의 하나님이 "아브라함, 이삭, 야곱의 하나님이지 철학자나 과학자들의 하나님은 아니다"라고 고백했다.[5] 이 표현은 철학자들은 당황스럽겠지만 성경의 신앙이 성격상 근본적으로 역사적이라는 사실이다. 성경의 신앙은 역사적인 사건들, 정치 사회적인 관계와 긴밀하게 연결되어 있다. 초 시간의 영역에 속하는 추상적인 가치나, 사상을 말하는 것이 아니다. 이스라엘의 하나님은 아브라함, 이삭, 야곱, 사라, 하갈, 리브가, 라헬, 레아와 맺은 관계를 통해 특정 역사 안에서 하나님을 드러내신 사건들이다.

앤더슨이 말한대로 대대로 이스라엘의 하나님은 이스라엘 백성을 이집트에서 이끌어 낸 여호와라는 이름으로 전해졌고 영광 받으실 분으로 찬양되었다. 출 20:1 출애굽 사건은 이스라엘 역사의 획기적인 사건이다. 이와 같이 출애굽 사건은 이스라엘인의 뇌리에 깊이 새겨진 역사적 체험으로 이스라엘인은 이를 역사적으로 재해석하고, 새로이 재현함으로써 그들의 신앙이 성숙하게 되었다.[6]

이스라엘 교과서에 나온 출애굽 사건

다음 내용은 이스라엘 초등학교 교과서에 나오는 출애굽 사건에 대한 내용이다.

우리는 이집트에서 파라오의 종이었다 [7]

인류 문명의 영광이며 자랑인 대제국 이집트, 온갖 군상을 끌어당기는 풍요의 샘. 누구나 한번 들어오면 그 속에 젖어 빠져나가지 못한다는데, 우리는

---

5) 블레즈 파스칼, 『팡세』, 라휴마 737단장.
6) B.W. 앤더슨. 『구약성서의 이해』, 45–47.
7) 성서와 함께, 『어서가거라』, 15–16, 이스라엘 초등학교 교과서에서 재인용.

선조 야곱 때 이 나라로 내려왔다지. 선조 요셉은 총리까지 되어 이 나라를 살렸다고 하던데, 하지만 이제는 빛바랜 기억, 뱃속 깊이 파고드는 현실의 고통, 종살이, 먹고 살기야 하지만 이런 삶은 너무 힘들다고 외치는 울부짖음. 그 소리를 듣고 나서시는 히브리인의 하나님, 광야에서 불과 소리로 양 떼의 목자 모세를 불러 백성의 목자로 만드시는 '있게 하시는 분 여호와' I am that I am 그 낯선 하나님이 펼치는 무서운 이적들, 죽음이 가득한 밤에 벌어진 탈출, 한굽이 돌아 부닥친 깊은 물 속으로 난 마른 땅의 길, 극적인 체험 뒤에 외친 찬미의 노래. 광야의 목마름과 배고픔의 불평 속에 내리는 만나와 생수, 한발 두발 인도받아 이른 하나님의 산, 거기에 임하시는 충격적인 여호와의 나타나심. 하나님의 백성이 되겠냐는 놀라운 제안, 응답하는 그들에게 쏟아지는 생명의 말씀과 정의의 법, 그 산 밑에서 벌어진 배반과 좌절의 금송아지 사건. 그들을 부숴뜨리지 않고 품으시는 한없는 자비와 사랑, 마침내 그들 가운데 세워진 그분의 거처 성막, 새 시대를 알리는 하나님 영광의 구름. 그때 모세라는 어르신이 계셨는데… 대대로 전해지며 늘 살아 있는 이야기, 팔레스틴 산악 지방에서 그 이야기를 품고 기억하는 사람들이 이스라엘을 이루었다. 그들의 입에서, 함께하는 축제에서 출애굽기의 뼈대가 만들어졌다. 그들의 삶과 역사를 넘나들면서 이야기는 살이 붙고 뼈가 단단해졌다. 이야기를 들으며 자신들이 파라오의 종이었음을 기억하는 이들은 죽음의 나락에서 구하시는 여호와 하나님을 만난다. 그분과 함께 있으려고, 그분의 생명을 받으려고 그분의 말씀에 귀를 기울인다. 듣고 배우고 예배를 드리는 가운데 과거는 현재로 살아난다. "우리가 늘 잘되고 오늘 이 처럼 우리를 살게 해 주시려고…"신 6:24 구원하시고 돌보셨음을 깨달으며, 그분만이 유일한 하나님이라고 고백한다. 얼마 되지 않는 히브리 종들이 탈출했다. 그러나 이집트 사회나 역사는 변하지는 않았다. 그러나 그들의 이야기는 인류의 삶의 모습과 방향을 바꾸었다. 그들과 함께 여호와 하나님이 계셨기 때문이다. 그분으로 인해 죽음이 어떻게 삶으로 바뀌는지, 안일과 억압에서 어떻게 구원과 자유로 나아가는지, 하나님 없이 사는 세상에서 하나님과 함께 사는 세상으로 나갈 수 있는지 출애굽기는 증언한다. 지금도 파라오의 종으로 살 수 없다고 울부짖는 이들에게 여호와 하나님께서는 당신이 누구신지 드러내신다. 우리 존재 깊숙한 곳에서 들끓고 있는 참되게 살고픈 갈망을 건드려 당신을 찾게 하신다. 출애굽기는 역사와 삶의 현장 어디서나 울려 퍼지는 외마디 비명이요, 찬양이며, 드라마이며 살아 있는 고백이다. 불의와 폭력과 억압이 우리 숨을 막을 때, 풍요와 안일의 덫이 우리를 휘감을 때 모세는 우리에게 이른다. 이집트 땅을 떠나라고, 광야로 나가 여호와 하나님을 섬기라고, 어서 가서 "내가 너와 함께 있겠다" 신 3:12 하시는 분을 만나라고, 그분과 함께 있으면 광야가 변하니 두려워하지 말라고, 그곳은 불모지나 혼돈의 땅이 아니라 새로운 창조의 터전이라고.

이제 가라! 출 4:12

이 출애굽 사건 출:1-15장은 여호와께서 해방을 이루시고 경제적 착취를 종식시키시는 이야기다. 아울러 여호와께서 이집트 우상들보다 우월하신 분임을 보여 준다.

구약성경은 끊임없이 이어지는 제국 한가운데서 옛 이스라엘을 위한 대항 텍스트가 되었다. 제국은 일상 속에 있는 상상력을 통제했지만 구약성경은 이에 맞서는 대안이 되었다. 이집트 제국에는 '이웃'이 존재하지 않는다. 위협만이 판치고, 편의를 위한 담합만이 횡행하며, 하찮은 노동력만이 존재할 뿐이다. 출애굽 시내산 이야기는 세계 역사 속에 이웃이 출현하는 창발점이었고, 예나 지금이나 제국 이데올로기는 '이웃'이라는 존재의 파격적인 등장을 밑동부터 잘라내는 데 주력했다. 그렇다면 결국 문제는 양자택일로 귀결한다. 이웃을 거부하는 제국의 신들인가, 해방과 언약의 하나님인가? 우리는 그들의 추종자요 착취와 상품화 이데올로기의 하수인인가, 아니면 정의와 이웃을 높이는 하나님께 속한 자유인인가? 하나님의 사람들은 세상 속에서 이집트 제국의 울타리를 걷어내고 나아가야 할 것이다.

2. 언약

히브리어 베리트berit, 언약를 헬라어 70인역Septuagint에서 디아데케dia-theke, 언약, testament로 번역했다.[8] '언약' 이란 개념이 구약 성경에서 중요한 개념으로 자리를 잡았고 언약이 영어로 Old-testament, New-testament, 우리말로는 구약舊約, 신약新約의 이름이 되었다. 언약은 신구약 성경에 두루 나오며 요한계시록의 마지막 부분에까지 나온다. 언약은 신약성경 보다 구약성경에 더 자주 나온다. 구약 성경에 직접적으로 약 287회나 나온다. 신약성경만을 자주 보는 우리들에게 '언약' 은 생소한 말이다. 그러나 언약은 성경을 아는데 매우 중요하며, 언약을 모르면 신구약 성경을 그만큼 깊이 알 수 없고 이해할 수 없다고 해도 과언이 아니다.

언약이란 무엇인가

어떤 학자들은 '계약' 이라고 쓰기도 하지만 여기서 '언약' 으로 통일하여 쓴다. 하나님의 언약은 "동등한 두 당사자 간에 이루어진 쌍방적 언약이 아니다. 쌍방적 언약을 쉽게 말하면 봉주와 봉신의 관계, 예를 들어 옛 중국과 조선의 관계의 유비에서 찾을 수 있다. 반면 창조주 되시고, 전능자이신 하나님께서 피조물인 우리와 맺으신 약속은 일방적 언약"이다. 그

---

8) D. J. McCathy, 장일선 역, 『구약의 계약사상』, 11–22. 언약의 개념은 최초로 19세기 성서비평가인 벨하우젠, 베그리히, 퀼러, 아이히로트, 모핑켈, 마틴 노트 등의 연구로 시작해서 오늘에 이르기까지 발전되어 왔다.

러므로 이 언약은 연약한 언약 파트너로서의 인간이 아닌 오로지 하나님의 성실하심Faithfull God에 의존한다.

하나님은 주권적인 권한으로써 우리를 약속의 대상자로 택하셨고, 우리와 맺으신 언약은 절대 폐하지 않으신다. 하나님은 우리를 향한 약속을 절대 어기지 않으신다. 이것을 이해하는 것이 중요하다. 우리가 하나님의 백성으로 존재할 수 있는 것은, 하나님께서 우리와 언약을 맺고 그 약속을 지키시기 때문이다. 하나님은 결코 약속을 어기지 않으시므로 하나님의 약속은 영원하며, 우리는 영원히 그의 백성이다. 하나님께서 우리와 주권적으로 언약하셨기에 우리가 순종할 때 한량없으신 사랑으로 축복하시지만, 순종하지 않을 때 언약적 저주를 내리신다. 성경에 나타난 언약은 역사의 한 시점에만 나타나지 않고 율법서 · 예언서 · 시가서 등 구약 성경 전체에 걸쳐 뚜렷이 나타난다. 성경에 나타난 언약은 하나님의 계시의 내용으로써 구속사를 진행시키는 것이다. 역사의 창조자이시고 주이신 하나님께서는 이 역사의 모든 순간에 우리를 주권적이고 선행적인 언약으로 부르신다.

"언약은 무엇보다 은혜이다.[9] 언약은 무엇보다 하나님이 우리를 동역자로 선택하시는 행위다. 따라서 언약은 은혜의 행위를 의미하며 동시에 자유로운 은혜를 말한다. 어떤 내용이든 상관없이 전적으로 하나님에게 종속하는 것이다. 언약의 한계 · 특징 · 조건을 결정하는 것은 하나님이시다. 현대적인 용어로 표현하자면, 하나님의 언약은 '가입 언약'에 가깝다고 말할 수 있다. 언약의 쌍방 가운데 한쪽이 모든 조건을 결정짓고, 상대방은 가입만 할 수 있을 뿐이다. 그러나 하나님께서 독재자 같은 분은 아니다. 하나님이 우리를 사랑하며 오직 그분의 성실하심에 근거하여 우리를

---

9) 자끄 엘륄, 『자연법의 신학적 의미』, 대장간, 2013, 79-88. 필자가 요약 정리.

영원토록 사랑하신다는 사랑의 고백이시기도하다. 언약에 하나님이 인간에게 요구하는 모든 것은 결국 하나님이 결정하는 것에 대해서 우리가 스스로 서명하는 것뿐이다. 성경에서 우리에게 계시된 모든 언약들은 예외 없이 이런 유형에 속한다. 아담 · 노아 · 아브라함 · 모세 · 다윗과 맺은 언약이 모두 그렇다. 성경을 보다 깊이 있게 살펴보면 언약이 얼마나 풍부한 내용을 담고 있는지 알 수 있다. 언약에서 가장 중요한 개념은 심판과 죽음이다. 하나님은 심판하시면서 자신의 정의를 드러내시고, 은혜를 베푸시며, 그의 언약을 제시하신다. 아담의 경우가 그렇다. 하나님은 그를 심판하시고, 불순종으로 말미암아 아담은 사형을 선고받는다. 그러나 하나님은 은혜를 베푸시며 그의 생명을 지켜주신다. 그때 하나님은 조건을 제시하시면서 새로운 상황을 만드신다. 죄로 말미암아 아담이 하나님과 맺었던 관계를 끊었지만, 하나님은 은혜를 베푸셔서 아담과의 관계를 회복시킨 새로운 상황이다. 노아의 경우, 창세기 7장에서 하나님은 온 세상을 심판하시고, 죄가 만연한 세상을 정죄하신다. 대홍수를 일으켜 정의를 실현하시지만, 노아에게 은혜를 베푸셔서 그의 생명을 구해주신다. 노아를 살리신 다음에, 그리고 그가 심판을 통과하게 하신 다음에 하나님은 노아를 대표로 삼아서 모든 인류와 더불어 언약을 제시했다.

이스라엘 백성은 하나님과 맺은 언약 안에서만 살 수 있다는 선언으로 끊임없이 반복되는 것이 하나님의 율법이다. 언약의 행위 안에서 하나님의 은혜로 사는 사람은 반드시 그분 안에 속한다는 사실을 알 수 있다. 어떤 것도 하나님 앞에서 독립적일 수 없지만, 자유의지를 가진 인간은 기계적인 존재가 아니다. 인간은 하나님과 언약을 맺을 수 있는 존재이며, 하나님이 자유를 부여한 존재로서 비록 피조물이지만 하나님 앞에서 살아있는 존재이다. 하나님은 노예에게 대하는 것처럼 사람에게 조건을 강요하지 않는다. 자유로운 인간에게 하나님은 조건들을 제시하고 스스로 받아들이라고 요청하면서 인간의 의지를 존중한다. 따라서 선택을 의미하는 언약의 개념은 언약 자체와 더불어 인간의 존엄성을 함축한다. 하나님은 자신의 언약을 이루기 위한 조건들을 제시한다. 그리고 제시된 여러 조건들을 통해서 생명을 유지할 수 있는 조건을 제시한다. 만약에 사람이 하나님이 제시한 조건들을 준수하면 언약이 유지되지만, 불순종하는 경우에 언약은 파기된다. 즉 언약에 불순종할 때 하나님께서 언약적 저주, 죽음을 선포하신다. "땅이 또한 그 주민 아래서 더럽게 되었으나 이는 그들이 율법을 범하며 영원한 언약을 깨뜨렸음이라."사 24:5 불순종한 인간은 언약의 준엄한 관계 안에서 죽을 수 밖에 없다. 예언자 아모스가 이 언약에 근거하여 이스라엘을 향하여 외쳤지만, 그들은 듣지 않았고 결국 이스라엘은 언약적 저주를 받음으로 멸망하였다.

다윗 언약

예언자 아모스는 비록 분열된 왕국이라 할지라도 남북 이스라엘 왕조의 기초가 되는 다윗 언약에 호소하면서, 그의 하나님은 다윗과 더불어 언약을 맺어 이스라엘을 이끌어 오신 분임을 강조한다. 아모스는 그가 전하는 메시지의 출처가 시온과 예루살렘에 좌정하신 여호와임을 밝힌다. 하나님은 이러한 다윗과 언약을 맺고서 그의 왕조를 영속화할 것을 보증하였고 또 그의 후대 왕을 통하여 자신의 거처인 성전을 세우실 것을 맹세하였다. 그 후 다윗을 계승한 솔로몬이 이곳에다 성전을 세우므로 명실상부하게 이스라엘 언약의 주 여호와의 공식적인 지상 거처지로서 왕국의 정치 · 종교적 중심지가 되었다. 시온, 예루살렘은 특별히 다윗 언약과 불가분의 관계에 있다. 노아 언약 · 아브라함의 언약 · 시내산 언약 · 다윗의 언약은 역사적으로 연속성을 지닐 뿐만 아니라 통일성을 이루면서 하나님이 아브라함에게 언약하신 내용이 부분적으로 시내산 언약을 거쳐 다윗 언약에서 가장 구체적으로 성취되었음을 알 수 있다. 이처럼 다윗 언약은 아모스의 전 메시지를 지배하는 틀이 된다.

그러므로 아모스는 이스라엘 민족의 범죄를 강하게 비판하고 멸망을 선포하면서, 언약의 주 여호와 하나님 앞에서 그들이 감당해야 할 책임을 다하도록 촉구한다. 그러면서도 아모스는 한편으로 하나님이 그들의 범죄에도 불구하고 다윗의 언약을 지키기 위해 다윗 왕조를 새로이 회복하여 영원히 영광받으실 것이라는 하나님의 주권적 은총을 동시에 선언한다. 그러므로 범죄한 이스라엘에게 종말론적 소망을 아울러 선포하는 것이다.

이러한 다윗 언약과 관계한 종말론적 소망은 "다윗의 무너진 천막을 일으키고 옛적과 같이 세우고 만국을 기업으로 얻게 하리라." 아모스서 9장 11-12절에 있는 말씀 속에 잘 반영된다. '다윗의 무너진 천막' 은 다윗 왕조의 퇴락한 통치를 의미한다. 여호와께서 이제 그날이 되면 이들을 회복하여 심지어 만국을 다스리는 옛날의 영광을 되찾도록 하시겠다는 것이다. 아모스는 이러한 방식으로 다윗 언약에 따라, 다윗의 후손의 범죄에도 그 왕조를 종식시키지 않으면서도 다른 한편으로는 강한 철장을 가지고 그들을 심판하시는 모습을 그려 준다. 아모스는 이러한 다윗 언약을 말할 때 다른 언약의 언급에서와 마찬가지로 일관성 있게 하나님의 이름을 '여호와' 로 호칭함으로 그의 하나님은 이스라엘의 역사적인 언약의 주 여호와임을 분명히 하고 있다. 예언자 아모스는 이스라엘의 역사적인 언약의 주 하나님을 설명함으로 하나님에 대한 믿음을 회복하도록 촉구하면서도, 그들의 불순종의 역사 속에서 그들을 혹독하게 심판하신 여호와 하나님과의 언약의 관계로의 복귀를 촉구한다. 그렇다고 해서 아모스의 하나님을 민족주의적 하나님 혹은 국가적 하나님으로 국한해서는 안 된다. 왜냐하면 아모스는 그의 하나님이 이스라엘뿐만 아니라 자연을 주관하고 심지어 이스라엘 이외의 모든 민족들까지도 주관하시는 하나님임을 분명히 하고 있기 때문이다.

아모스서에 나타난 언약

이와 같이 언약의 중요성이 매우 큰데도 아모스서에서 놀랍게도 '언약' 이란 낱말이 한 번도 나오지 않는다. 그러나 아모스서에서 언약을 빼면 아모스서를 전혀 이해할 수 없다. 앞으로 아모스서 본문에서도 살피겠지만 아모스의 심판과 저주의 외침은 모두 언약을 전제하기 때문이다. 예언자 아모스가 이스라엘과 하나님의 관계를 설명할 때 언약이라는 단어를 사용하지 않는다고 하여 하나님과 이스라엘의 관계에 언약의 관계가 없는 것이 아니다. 왜냐하면 아모스는 그의 전체 메시지에서 매우 다양한 방법으로 이스라엘과 하나님의 관계가 언약 관계임을 분명히 보여주기 때문이다. 이러한 구조 속에서 예언자 아모스는 그가 말하는 말씀의 근본적인 주체가 되시는 여호와 하나님이 언약의 하나님이신지 분명히 하는 것이다. 아모스가 자신이 선언한 메시지 속에 노아 언약, 아브라함 언약 · 시내산 언약 · 다윗 언약을 반영하면서 또한 여호와 하나님께서 언약이 어떻게 관계하고 있는지를 보여준다. 마침내 아모스서는 9장 15절 이하에서 다윗 언약과 예수님의 새 언약을 예언하면서 끝을 맺는다.

예수님의 새 언약

마지막으로 언약과 예수 그리스도 사이의 관계를 살펴보자. "예수 그리스도가 전혀 새롭고 최종적인 언약을 체결하기 위해서 세상에 오시기 때문에 예수 그리스도가 제시하는 새 언약은 새로운 언약으로, 이전의 창조 언약으로부터 다윗 언약에 이르기까지 모든 언약들에 대해서 예외없이 의미와 가치를 부여한다. 따라서 이전의 모든 언약들은 예수 그리스도 안에 있는 새 언약의 형태이며 예언일 뿐이다. 예수 그리스도는 이전의 언약을 완수하며, 절대로 바꾸시지 않는다. 따라서 지금까지 우리가 말했던 모든 언약이 그대로 유지된다. 예수 그리스도의 새 언약에 따라 근본적인 심판이 내려지기 때문에 이것은 더 이상 변할 수 없는 결정적인 언약이다. 예수 그리스도의 피를 통해서 우리를 대신하여 언약적 저주를 받으셨고 우리를 속량했기 때문에 속량 받은 인간이 전적으로 하나님의 소유라는 것이 명백히 밝혀진 언약이다. 우리가 이미 보았듯이 그것은 하나님과 인간 사이의 관계가 회복되는 언약이기도 하다. 요컨대 그리스도의 새 언약은 하나님이 자신의 의를 예수 그리스도 안에서 제시하신 언약이다. 무엇보다, 우리는 새 언약 안에서 인간의 권리가 회복되었다는 사실에 주목한다. 우리는 지금까지 각각의 구체적인 여러 언약을 통해서 인간의 권리가 주어지는 것을 보았다. 즉, 언약은 인간의 권리를 위해서 완전한 기초를 세우는 것이다. 예수 그리스도가 불의할 수 밖에 없는 인간의 의를 없애는 동시에 마침내 새로운 권리들을 제시한다. 왜냐하면, 예수 그리스도가 인간을 위해서 새로운 권리들을 획득하기 때문이다. 새 언약 안에서 예수 그리스도는 피를 흘린 희생제물일 뿐 아니라, 모든 사람을 대표해서 하나님과 언약을 맺은 인간이다. 예수님은 하나님이 동의한 유일한 인간이기 때문에 하나님은 오직 그를 통해서 모든 인류를 심판하시고 축복하신다. 이것이 바로 대속의 신비이며, 이를 통해서 예수 그리스도가 인간의 권리들을 확증하는 것이다. 이스라엘과 특정한 민족뿐만 아니라 모든 나라 모든 인간이

새 언약에 참여할 수 있다. 모든 사람이 예수 그리스도의 형제이며 예수 그
리스도 안에서 모든 사람이 차별없이 권리를 부여 받는다." [10]

---

10) 피터 J. 젠트리 & 스티브 J. 웰렘, 『언약과 하나님나라』, 김규탁 역, 새물결플러스,
   2017, 870-872.

3. 성경의 예언자와 점술가

그 동안 예언에 대한 오해가 있어 왔다. 예를 들면 조용기와 같이 1999년에 종말이 온다든지, 이장림과 같이 1992년 10월 28일 저녁 12시 정각에 "예수님이 오신다"는 사건이 있었다. 당시 이 사건은 교회와 사회를 강타했었다. 여기에 이장림 일파에 속한 전국 250여 교회 2만여 명이 흰옷을 입고 모여들었다. 이 사건은 TV로도 전국에 생중개 되었으나 결국 허망하게 끝나버렸다.

이장림과 조용기

이러한 종말에 대한 예언은 초대교회에서 뿐만 아니라 매 1,000년 경마다 또는 어려운 병들이 창궐할 때, 큰 지진이 날 때 등 인간이 도저히 감당할 수 없을 때마다 있었다. 우리나라만 해도 신천지 등 많은 이단 종파들은 2021년 지금까지도 시한부 종말론을 예언하고 있다. 사도 바울 당시도 종말을 기다리는 성도들을 향해 주의할 것을 당부하기도 했다. 살후 1:11 이러한 종말에 대한 주제는 오늘날까지 끝임없이 이어져 왔다.

세계적으로 1980년경부터 2000년이 다가오자 이러한 종말론에 대한 예언은 극성을 부렸고 미국의 홀 린세이Hall Lindsay는 세계 기독교인들에게 큰 혼란을 준 『대유성의 종말』 등의 책을 통해 세계적 선풍을 일으킨 바가 있다.

세계적인 점술가 노스트라다무스

기독교인 이외에도 예언가들이 많다. 그중 대표적인 사람이 프랑스 태생의 최고의 예언자 노스트라다무스Michel De Nostredame: 1503-1566다. 약 500여 년 전의 사람이다. 노스트라다무스는 수학 · 의학 · 천문학 · 동식물에 정통했으며 인류를 사랑한 휴머니스트이자 베스트셀러 작가였다. 노스트라다무스는 아비뇽 대학에서 다방면에 걸쳐 많은 지식을 습득한 뒤 몽뻴리에로 옮겨 의학을 공부한다. 16세기 초 흑사병이 유럽을 휩쓸자, 노스트라다무스는 위생을 강조함과 동시에 장미 꽃잎으로 제조한 환약을 개발해 많은 생명을 구해낸다. 그는 1555년, 1,000여 편의 예언 시를 수록한 예언 시집 12권을 출간했다. 이중 특히 논란이 된 것은 1999년에 올 종말론에 대한 해석이다. 그의 예언서는 불어로 된 4행시들로 이루어져 있으며 압축된 선답으로, 심오한 뜻이 녹아든 그의 통찰은 많은 지지를 받고 있다. 오늘날에도 특히 일본을 중심으로 많은 사람이 연구하고 있다. 노스트라다무스는 1564년 국왕 찰스 9세로부터 시의侍醫로 임명됐다. 1566년 임종 하루 전날, "내일 뵙겠습니다"라는 제자들의 하직 인사를 받고, "해가 떠도 나는 깨지 않을 걸세"란 마지막 예언을 남기고 운명했다.

한국 최고의 점술가, 심진송

우리나라에서도 1993년에 등장한 세계적 예언가라는 일컬어지는 점술가 심진송이 있다. 그녀는 대학에서 무속학을 가르치기도 했다.

그녀가 쓴 한때 베스트셀러가 되기도 했던 『신이 선택한 여자』[11] 의 내

---

11) 심진송, 『신이 선택한 여자』, 도서출판 신원, 1995, 17-285. 필자가 요약 정리.

용을 살펴보자.

"서른한 살이 되면서 나는 내 몸의 신끼를 스스로 느낄 수 있었다. 그것은 어쩌면 나에게 두려운 경험으로 기억된다. 어느 날이었다. 가만히 앉아 신문을 보고 있는데, 문득 옆집 아저씨가 죽을 거라는 생각이 들었다. 왜 멀쩡하게 살아 있는 옆집 아저씨가 죽는다는 생각이 들었을까…. 생각할 겨를도 없이 사흘이 지나자 옆집 아저씨는 갑작스런 사고로 죽었다. … 그러나 나는 나의 말을 제어하기가 힘들었다.

… 어떻게 내뱉는 말마다 그대로 맞아떨어지는 일이 생길 수 있을까?

신끼가 오른 나의 머릿속은 세상만사가 입력된 슈퍼컴퓨터와도 같았으며, 그 컴퓨터에서는 우주의 삼라만상이 다 입력되어 있어 어느 키보드든 누르기만 하면 텔레파시가 통하는 그야말로 첨단 레이더였다. …그러나 난 이런 일들이 거듭될수록 나 자신에 대한 무서움으로 밤잠을 설쳐야 했다. 그래서 종래에는 "내가 왜 이러지…. 이러면 안 돼. 이건 미쳐가고 있는 증거야. 어머니 말씀대로 하나님을 믿지 않기 때문이야."라며 스스로를 저주하면서 집안에만 틀어박혀 있게 되었다. 나 자신도 주체할 수 없는 신끼가 잠잠할 때는 온 사지가 뒤틀리거나 두통으로 머리를 쥐고 데굴데굴 구르면서 하루를 보냈다. 백약이 무효였고, 없는 돈에 남편이 병원으로 데려갔지만, 병원에서도 병명을 몰랐다. 나는 어느새 시장 통에서 유명한 점쟁이로 소문이 나 있었다.

나는 다음 날부터 방안에 갇혔다. 남편은 커다란 자물쇠를 사다가 못을 치고 아침에 나갈 때는 밖으로 문을 잠갔다. 나는 방안에 갇혀 다시 온몸이 아파 몸부림을 쳐야만 했다. 그렇게 이삼일을 앓고 난 나는 알 수 없는 힘에 이끌려 창문을 뜯고 밖으로 나갔다.

신끼가 발동하기 시작하면서 나는 밤마다 꿈속에서 머리가 하얀 할아버지를 만났다. 그분은 자꾸만 나에게 신 받기를 종용하셨다. 어떤 때에는 눈을 뜨고 있어도 나타나, '너 그렇게 안 받고 있으면 죽는다'며 신을 받으라고 했다.

나는 꼭 남편의 말 때문이 아니어도 정신만 들면 죽어야겠다고 생각을 하고 있던 터였다. … 나는 그날 이후로 네 번의 자살 기도를 했었다.

한번은 남편이 출근한 후, 방문을 걸어 잠그고 커다란 함지에 물을 받아 놓고 칼로 왼쪽 팔목을 힘껏 그었다. 피가 천장으로 솟았다. 나는 의식을 잃었다.

"얘야, 왜 헛수고를 하면서 몸을 망치느냐? 소용없는 짓이다. 신을 받아라…" 놀라 깨어보니 병원이었다. 그런데 더욱 신기한 일은 피가 펑펑 솟을 정도로 깊게 끊었던 동맥이 저절로 붙어 있었던 것이다. … 나는 드디어 내림굿을 받게 되었다. 그때가 내 나이 서른하고도 아홉이었다. 그러나 막상 살겠다고 내림굿을 받으려는 내 처지가 이렇게 서러울 수가 없었다. 그렇게 내림굿을 받던 날, 서른아홉 해 동안 쌓아온 모든 것들을 버리고 새 인생을 시작하는 나는 혼자였다. … 1994년 「월간조선」 5월호를 통해 나는 김일성의 사망을 예언했고, 그 예언은 현실로 나타나게 되었다. 그 일로 나는 많은 사람들에게 '쪽집게'로 회자되기 시작했고, 방송 사상 유례없이 정규 뉴스 프로그램에까지 초대를 받을 정도로 유명세를 치렀다.[12]

그렇다면 과연 이러한 국내외 점술가들의 예언은 맞는 것일까?
기독교인이니 무시해 버리면 될 것이 아닌가? 놀라지 마시라!
세계적으로 점술, 소위 세속의 예언가들은 대단한 활약을 해왔다.

---

12) 앞의 책, 150-153.

오늘의 이른바 문명인들 사이에서도 여전히 성행하고 있다. 원시인들 가운데는 먼저 점을 쳐보지 않고는 아무 일도 하지 않은 자들도 있었다. 고대 근동 세계에서와 마찬가지로 그리스·로마 세계에서도 점술은 높이 평가되었다. 바빌로니아와 앗시리아에서는 점치는 일이 민족 종교가 해야 할 가장 중요한 사업들 가운데 하나였다. 거대한 신전에는 세월이 흐르면서 점괘를 기록한 문서와 그 점괘대로 현실이 이루어졌는지 여부를 기록한 문서가 지금도 거대한 양으로 쌓였다. 어떤 왕은 고관을 임명한다든가 딸을 시집보내는 따위 중요한 일을 앞두고 반드시 점을 쳤다. 그리스에는 신이 영감받은 사제의 입을 통해 신도의 질문에 대답을 해주는 특별한 신탁 장소가 있었다. 그는 여전히 인간이고 정신이 말짱하지만 숙련된 점쟁이이기 때문에 신의 뜻을 읽을 수가 있다는 것이다. 다른 유형의 점술은 황홀경에 빠져 열광적으로 또는 직관으로 하는 방식인데 신에게 사로잡힌 무당, 여자 점쟁이들이 정신이 나간 상태에서 신의 대변자가 되고 신이 그들의 입을 통해 말한다.

성경이 말하는 점술행위

반면 성경의 점치는 행위를 대하는 태도는 타협 없는 적의, 바로 그것이었다. 점치는 행위는 분명하게 금지되었다. "네 하나님 여호와께서 네게 주시는 땅에 들어가거든 너는 그 민족들의 가증한 행위를 본받지 말 것이니 그의 아들이나 딸을 불 가운데로 지나게 하는 자나 점쟁이나 길흉을 말하는 자나 요술하는 자나 무당이나 진언자나 신접자나 박수나 초혼자를 너희 가운데에 용납하지 말라 이런 일을 행하는 모든 자를 여호와께서 가증히 여기시나니 이런 가증한 일로 말미암아 네 하나님 여호와께서 그들을 네 앞에서 쫓아내시느니라 너는 네 하나님 여호와 앞에서 완전하라."신

신명기 18:10-13; 레 19:26-31

그러나 아무리 금지해도 장차 일어날 일을 미리 알고 싶은 인간의 욕망을 모두 막을 수는 없었고, 따라서 점치는 행위는 쉽게 근절되지 않았다. 이사야는 이스라엘 사람들이 블레셋 사람들처럼 점쟁이들을 불러들인다고 비난했다. 사2:6 "중얼중얼 뇌까리는 무당과 박수에게 물어보아라. 어느 백성이 자기 신들에게 묻지 않겠느냐? 산 사람들의 일을 죽은 자의 혼백에게 묻지 않겠느냐?" 사8:19고 말한다.

성경의 예언

점술의 목적은 장래에 관한 정보를 얻는 데 있다. 그 정보는 어떤 전조나 점괘에 암시되어 있다고 믿었다. 점치는 기술은 점쟁이가 신에게 직접 영감을 받는 것이라고 믿었다.

"성경의 예언[13]은 하나님이 요구하고 심판하시는 분이심을 드러내며, 어떤 술책을 써서, 혹은 어떤 무아경의 상태에 들어가 인간이 먼저 시도하지 않고, 전조나 점괘 따위로 알아보려고 하지 않아도 저절로 드러나는 미래의 비밀도 있다. 자연의 어떤 현상은 신이 인간에게 다가오는 재앙을 미리 일러주는 흉조로 생각되었다. 그러나 성경의 예언자는 그 요구와 심판을 사람들에게 전달하라고 보내심을 받은 자라는 사실이다. 예언자는 하나님의 선수先手로 발단된 사건을 경험한다. 점쟁이는 인간의 물음에 대한 신의 답을 얻고자 한다. 예언자는 하나님의 질문에 대한 인간의 답을 찾는다. 점을 쳐서 알게 되는 것은 초월자의 선수 또는 결단으로 비밀을 얻어내려는 인간의 선수로 획득하는 것이다. 예언자는 세계 도처에서 찾아볼 수 있는 존재인가?

---

13) 아브라함 헤셸, 『예언자들』, 이현주 역, 삼인, 2004, , 665-667. 필자 요약 정리.

예언자의 첫째가는 중요한 모습은 그가 스스로 예언자임을 주장하는 것, 메시지를 남들에게 전달하라는 목적으로 하나님이 몸소 자신에게 말씀하셨음을 스스로 증언하는 것, 초월자의 결단과 지향이 그에게 임한 사건을 스스로 의식하는 것이다. 다른 고대 종교들에도 무당과 점쟁이, 사제와 예언가, 현자와 영감받은 자가 있었다. 그러나 그들 무당과 점쟁이들은 무엇을 후대에 남겼는가? 만인을 위한 말씀이요 진리임을 스스로 주장하는 계시는 어디에서 왔는가? 이스라엘의 예언은 한 개인의 생애에 발생한 토막 이야기가 아니라 백성들의 역사를 비추는 계시다. 수 세기에 걸쳐 진행된 사건들을 한데 묶은 경험의 사실은 인류 역사에 유례가 없었다. 그런즉 예언자는 외톨이가 아니다. 그는 스스로 예언자의 대를 잇는 사슬 고리임을 알고 있었다.^{암3:7-8} 반면 세계에 등장한 점술가들은 한 번 나타난 후 영원히 어둠 속으로 사라진 불꽃이었다. 세상에는 어디든 영감을 받은 자가 있었다. 그러나 성경의 예언자는 선배 예언자들의 경험과 그들이 전한 메시지를 계승함으로써 그가 본 계시 또한 이전 예언자들이 보던 계시와 일관된 것임을 안다. 성경의 예언자는 창시자가 아니다. 이스라엘의 예언자들은 그런 경험을 바라지 않았다. 오히려 자기를 부르는 소명에 따라 예레미아처럼, 이사야처럼 항거하였다. 그들이 일반 사람과 다른 점은 인간의 상황을 신의 비상사태로 감지한 것이었다." 14)

우리는 성경이 말하는 예언자와 역사 속에 면면이 내려온 점쟁들이 어떻게 다른지를 살펴 보았다. 그러기에 우리는 점쟁이에 속지 말아야 한다. 요사이 대명천지 한국 대선 후보들의 캠프에서는 자기 후보의 점을 보는 것이 유행이다. 점쟁이에게도 일리가 있고 맞을 수 있다는 사실을 알고 우리를 얼마나 미혹시키고 있다는 점을 알아야 한다. 교회에 다니는 사람들

---

14) 앞의 책, 665-667.

도 점쟁이 집에 들락 달락하는 사람들이 있다.

한국 교회와 사회에서의 점술가

다음은 김회권 교수의 구체적인 사례를 들어보자.[15]

19세기 말 조선이 멸망할 때 대한제국의 고종 황제의 비인 민비명성황후가 무당 진령군을 왕궐에 데려와 국가적 위기 타개를 위해 굿판을 크게 벌이는 장면을 보고, 알렌 등 여러 선교사들이 크게 염려했다는 일화가 있다. 조선 민중을 압제한 수구 지배세력을 혁파해 민심과 천심을 얻기는커녕 동학혁명을 청일 양국의 군대에 넘겨 무참히 분쇄한 왕실이 큰 무당 불러 굿을 한들 조선의 살길이 열릴 수 있었을까? 조선은 동학혁명의 열기를 창조적으로 받아 국가갱신을 하지 못하고 멸망의 길로 치달았다. 광복 70년을 지낸 우리 겨레는 민족분단으로 미완의 광복절을 보내고 있다. 또 십수 년 전에는 명문대 상대 출신 기업인이 기업경영 자문을 받기 위해 한 무당에게 50억 이상의 복채를 바치고도 회사경영이 호전되지 않자 복채반환소송을 청구해 신문 지상에 오른 적도 있다. 요즘에도 대기업직원을 채용할 때 관상을 가장 많이 보고 자신들의 관상 실력으로 판단이 안서면 지리산이나 계룡산의 무당이나 도사를 찾아가 최종 후보에 오른 사람들의 사진을 보여 주고 어떤 사람을 뽑아야 할지를 자문한다고 한다.

점치는 것, 미래의 길흉화복을 묻는 것, 궁합과 사주 등에 대한 관심이 죄라고 생각되는 이유는, 여호와 하나님이 주시는 정상적인 번영과 평안의 길 대신에 자신들에게 은밀하게 알려진 비법이나 비책을 쓰다가 멸망당할 가능성이 크기 때문이다. 오히려 성경은 하나님이 주시는 경책과 경계에 귀를 기울이라고 말한다. 요즘도 젊은 커플이 사귄지 500일이 넘었

---

15) 김회권, 『신명기』, 한국장로교출판사, 2017, 301-303.

는데도 교제가 깊어지지 않으면 사주를 보러 간다고 한다. 요사이 신세대 젊은이들에게 재미있는 소일거리가 될 정도로 점치는 일, 사주보는 일 등에 친숙해졌다.

사람들은 두 가지 이유 때문에 점쟁이나 불건전한 영적 중개인들을 찾아 나선다. 첫째, 지금 자신들이 겪고 있는 환난이나 재난의 원인을 특정 사건에 전가시켜 그것을 해결해 보려고 한다. 무당들은 이미 죽어 귀신들로 승격된 조상들과 살아 있는 후손들 사이의 메시지를 전달하는 역할을 자임한다. 대개 묘를 이장하라든지, 자신에게 제사 드리는 것이 시원치 않다는 등의 죽은 조상들의 메시지를 전하고, 후손은 묘를 이장하기도 하고 제사지낼 때 정성을 다하여 드린다. 현재의 재난에서 벗어나게 해 주는 일을 찾아 주는 맞춤형 족집게 도사의 처방은 그 효과와 상관없이 직접적이고 명확하다. 그러나 성경에 나오는 예언자는 현재의 고난과 환난을 여호와의 길과 법도에서 얼마나 이탈했는가를 중심으로 회개를 촉구할 때가 많다. 성경적 요지는 죽은 자에게 묻지 말고 살아 계신 하나님과 밀접하게 동행함으로써 야웨의 길을 추구하라고 말한다.

둘째, 사람들은 장차 일어날 일이 어떻게 될지 몰라 점쟁이나 도사를 찾아간다. 우리의 교제가 결혼으로 이어질까? 우리 사이의 궁합은 맞나? 내가 지금 은퇴 자금으로 음식점을 열어야 하나?" 등의 질문은 도사들이나 무당들이 쉽게 해결해 준다. 그러나 이런 미래의 복과 화를 미리 말해 주는 것은 자칭 도사들의 과잉서비스일 뿐이다. 미래는 우리의 현재 결단에 의해 좌우되는 것인데, 우리의 현재 결단과 상관없이 닥칠 미래의 복과 화를 미리 아는 것이 무슨 의미가 있는가? 미래는 정해져 있는 것이 아니다. 우리는 미래에 대해 미리 알 것이 아니라 오늘 현재 여호와 하나님과 밀접하게 동행하는 삶에 치중하여야 한다. 하나님의 자녀들은 하나님 말씀대로 살다가 환난을 당하는 것을 기뻐하여야 한다. 무조건 환난을 피해가려고 하는 것은 그리스도인의 십자가 영성이 아니다." 그런데도 한국 교회 안에 교인들이라는 사람들도 어려운 일에 부딪칠 때 점쟁이나 무당을 찾아 가는 것을 볼 수 있는데 이것은 두 신을 섬기는 무서운 일이 아닐 수 없다!

성경의 예언자란 누구인가?

유대인 출신 아브라함 헤셸의 『예언자』는 세계적으로 정평 있는 책으로 유명한 사람이다. 헤셸은 성경에 등장하는 예언자에 대해 이렇게 말한다.[16] 성경의 예언자에 대해 이렇게 명료하게 표현한 사람은 없을 것이다.

1. 악에 대하여 민감한 사람

예언자란 도대체 어떤 사람인가? 철학도라면 장엄한 세계로부터 자질구레한 일상사로 나온 것 같은 느낌을 가져 보았을 것이다. 존재와 과정, 물질과 형식, 정의定義와 논증에 관한 영원한 문제를 다루는 대신 예언자는 과부와 고아, 재판의 부정, 저잣거리에서 일어나는 시끄러운 사건들 속에 파묻히게 된다. 인간 정신의 웅장한 저택으로 들어가는 길 대신에 예언자는 우리를 빈민굴로 데리고 간다. 세상은 아름다운 것들로 가득 찬 자랑스런 장소이건만, 예언자는 분노에 가득 차서 온 세상이 더러운 시궁창인 듯 고함을 지른다. 그들은 하찮은 일로 법석을 떨고 시시한 문제에 극단적인 말을 낭비한다. 고대 팔레스타인의 어디쯤에서 가난한 자들이 부자들에게 조금 부당한 대우를 받았다고 해서 그게 뭐 그리 대단한 일이란 말인가? 예언자는 무엇 때문에 그토록 지나치게 흥분하는가? 그토록 격렬하게

---

16) 아브라함 헤셸, 『예언자들』, 이현주 역, 삼인, 2004, 648.

분개하는 것은 어인 까닭인가? 예언자들을 질겁하게 했던 사건들은 오늘에도 날마다 이 세상 구석구석에서 일어나고 있지 아니한가? 아모스의 다음과 같은 말이 해당 되지 않는 사회는 없다.

이 말을 들어라.

가난한 사람을 짓밟고

흙에 묻혀 사는 천더기의 숨통을 끊는 자들아.

겨우 한다는 소리가

"곡식을 팔아야 하겠는데

초하루 축제는 언제 지나지?

밀을 팔아야 하겠는데

안식일은 언제 지나지?

되는 작게, 추는 크게 만들고

가짜 저울로 속이며

등겨까지 팔아먹어야지.

힘없는 자 빚돈에 종으로 삼고

미투리 한 켤레 값에

가난한 자 종으로 부려먹어야지" 하는 자들아. 암 8:4-6, 공동번역

실로 이스라엘의 예언자들을 경악하게 하는 범죄나 인간의 비행이라는 것들은 우리가 활기 있게 돌아가는 세상에 있을 수밖에 없는, 평범한 것이다. 우리에게는 좀 불의한 행동 곧 사업상 속이는 것 또는 가난한 사람을 착취하는 것이 있다고 해도 그게 무슨 문제인가? 그러나 예언자들에게는 이 같은 일이 재앙이 된다. 예언자에게는 사람의 생명이 좌우되는 치명타

다. 우리에게는 하나의 에피소드이지만 예언자에게는 세계의 끝장이다. 불의에 대한 그들의 성급한 성화는 우리에게 히스테리로 보일 수도 있다. 우리도 물론 불의한 행동이나 속임수 · 거짓 · 폭력 행사 · 비참한 형편을 끊임없이 고발한다. 그러나 지나치게 흥분하여 분노를 폭발하는 일은 거의 없다. 예언자들에게는 사소한 불의라도 우주적인 균형에 관계된다.

> 야웨께서 야곱이 자랑으로 여기는
> 당신의 이름을 걸고 맹세하신다.
> 나는 이 백성이 한 일을
> 결코 잊지 않으리라.
> 그리하여 땅은 뒤틀리고
> 거기 사는 사람은 모두 찌들리라.
> 이집트의 나일 강처럼
> 부풀어 올랐다가 잦아 들리라. 암 8:7-8, 공동번역 17)

그들은 이스라엘이 하나님께 성실하지 못했으므로 하늘이 무너지기나 하는 듯이 말하고 행동한다. 이것은 그들의 분개심과 하나님의 분노하심이 도에 지나치기 때문이 아닐까? 그들의 도덕적, 종교적 민감성을, 그 극단적인 격렬함을 어떻게 설명해야 할까? 몇몇 중요하지도 않는 가난뱅이들이 사소한 불의한 일을 당했다고 해서 영광의 도시 예루살렘이 파괴되고 온 민족이 포로가 되어 끌려간다는 것은 아무래도 지나치게 터무니없는 소리 같다. 예언자들이 죄와 벌을 과장한 것이 아닐까? 예언자들의 말

---

17) 시편과 예언서들은 원문은 시(詩)로 되어 있으나 우리가 사용하는 성경인 개역개정판은 산문체로 번역되어있어 성경의 원래의 시적인 느낌을 전혀 느낄 수 없다.

은 잔뜩 흥분된 감정에서 쏟아내 놓는 말이다. 그의 비난은 엄격하고 가혹하다. 그러나 악에 대한 그들의 진지한 감수성을 히스테리라고 한다면 그들이 슬퍼한 악에 대하여 막무가내로 무관심한 것은 무엇이라고 해야 한단 말인가?

> 몸에는 값비싼 향유를 바르고
> 술은 대접으로 퍼마시며
> 요셉 가문이 망하는 것쯤
> 아랑곳도 하지 않는 것들 암 6:6, 공동번역

도덕적 인식의 궁색함, 우리들의 잘못으로 생기게 된 비극의 깊이를 제대로 파악하지 못함, 이것은 그 어떤 핑계로도 피할 수 없다. 우리의 눈은 인간의 냉담과 잔인함을 본다. 그러나 우리의 가슴은 그 기억을 지우고 흥분을 가라앉히고 양심을 잠재우려 한다. 반면에 예언자는 철저하게 느끼는 사람이다. 그는 고개를 숙여 인간의 무모한 탐욕에 망연자실해 있다. 인간의 아픔은 실로 끔찍하다. 그 어떤 인간의 말로도 그 넘치는 두려움을 전달하지 못한다. 예언이란 하나님이 인간의 아픔을 표현하라고 빌려주신 말이며 착취당한 가난한 자들과 세상의 불경스런 부자들에게 내리신 말이다. 하나님은 예언자의 말을 통하여 분노하신다.

2. 사소한 일들에도 관심을 갖는 사람

"인간사는 진지하게 생각해 볼 만한 것이 못된다. 그러나 우리는 그것들을 마구 다룰 수 없다. 서글픈 필연성이 우리를 강제한다"고 플라톤은 우울한 목소리로 말했다. "신들은 큰 일에 몰두해 있다. 그들은 작은 일들은 무시한다"고 키케로는 주장한다. 아리스토텔레스에 따르면 신들은 선의 분배나 나쁜 운명 또는 겉으로 드러나는 사물들 따위에는 전혀 관심을 두지 않는다. 그러나 예언자는 인간의 처한 현실이야말로 가장 관심을 두어야 할 주제다. 하나님 자신이 혼자 앉아 영원한 이데아를 명상하는 분이 아니라 사람의 형편을 살피고 대처하는 분이다. 그의 마음은 시간의 제약을 받지 않는 사색이 아니라 사람에게, 역사의 구체적인 현실에 골몰해 있다. 예언자들에 따르면, 하나님은 선과 악에 관계되는 일이라면 그 어느 것도 작게 보거나 지나쳐버리지 않는다.

사람은 불의와 거짓으로 가득 차 있다. 그렇지만 하나님은 그를 너무나도 소중히 여겨, 하늘과 땅을 만드신 분이 사람이 사람에게 버림을 받으면 슬퍼하신다. 사람에게 쏟아붓는 하나님의 사랑은 두텁고 깊다. 그러나 그의 분노는 엄격하고 무섭다. 인간의 가치란 참으로 보잘것없지만 그래도 인간은 하나님께 돌아감으로써 그의 길을 하나님의 큰 길로 만드는 것이다.

3. 예언자는 빛나며 불타는 사람

"바위의 갈라진 틈으로 절벽을 내려다보면 바닥은 어두워, 보이지 않고 어지럽기만 하다. 그러나 모든 봉우리 위에는 흔히 볼 수 없는 신선함이 있다. 그것은 빛의 이상, 태양의 미소다. 얼마나 조용하고 얼마나 힘찬가? … 예술에서 가장 고상하고 어려운 일은 환상 상태에서 창작하는 것이라고 생각한다"고 플로베르는 말했다. 예언자들에게는 이와 정반대다. 그들은 때로 인간을 괴롭히는 불안함을 암시한다. 그러나 인간은 중간중간에 불안한 순간들 위를 감싸고 있는 영원한 사랑을 인식한다. 밑바닥에는 빛과 황홀한 경지가 있지만 위에는 천둥과 번개가 있다.

예언자의 감정적이고 상상적인 언어, 말씨의 분명함, 율동적인 몸짓, 예술적 인품은 시인을 연상케 한다. 그러나 그들의 예언의 바탕을 이루는 것은 시인 워즈워드가 말한 '정적에서 솟아난 감정' 의 산물인 시는 아니다. 내적인 조화 또는 안정과는 거리가 먼 동요·불안·불응의 정신에서 파생된 것이 그들의 예언이다. 예언자들이 관심하는 것은 자연이 아니라 역사다. 역사는 안정을 모른다. 예언자들의 주제는 무엇보다도 모든 사람들의 삶이다. 그리고 그 주장은 한순간에만 타당한 것이 아니다. 그는 혼자 떨어져 말만 하는 사람이 아니라 그의 말을 듣는 사람들 속에 그들과 더불어 있는 인간이다. 이것이 예언자가 지닌 스타일의 비밀이다. 그의 생명은 그가 말하는 내용과 그가 말한 것이 어떻게 이루어지는가에 따라 살고 죽는다. 메아리를 일으키는 것은 그의 말이 아니라 삶이다. 예언자와 백성들뿐만이 아니라 하나님 자신이 예언 속에 참여하고 있는 것이다. 예언자들의 주장은 하나님과 인간 사이에서 엉거주춤하여 알쏭달쏭한 법이 없다. 그것은 마치 하나님의 가슴에서 쏟아져 나와 인간의 가슴 속으로 뚫고 들어가려는 듯 강요하고 경고하고 앞으로 밀어붙인다. 그들의 언어는 빛을 내며 불타오른다.

예언자는 이야기를 하는 일이 거의 없다. 그러나 사건을 놓치지 않는다. 그는 노래를 부르지 않고 질책한다. 그는 현실을 시적인 말로 번역하는 그 이상을 해낸다. 그는 설교자다. 그의 메시지의 목적은 자신을 표현하거나 감정을 정화시키는 데 있지 않고 대화를 하는 데 있다. 그가 말하는 어떤 모습들은 빛을 내는 것이라기 보다 불타 오른다. 그는 사정없이 쪼개고 때로는 무섭기까지 한 그의 말은 교화시키기보다는 충격을 주기 위한 것이다. 예언자의 입은 '날카로운 칼' 이다. 그는 하나님의 화살 통에 꽂아 두신 날카롭게 벼린 화살이다. 이사야 49:2

태평 무사한 여인들아, 몸서리쳐라.

팔자가 늘어진 여인들아, 몸부림쳐라.

옷을 벗고 알몸으로,

너희 허리에 베옷을 둘러라.사 32:11, 공동번역

예언자들의 글을 읽으면 감정이 팽팽하게 고조되고, 느긋하게 안정을 즐기던 양심이 마구 뒤틀린다.

4. 제일 높은 선을 말하는 사람

미적 감각을 지닌 사람은 안다. 예술가의 시적 손길로 다듬어진 조각 속에는 사랑의 분위기가 깃들어 있음을. 우아하게 놓인 대들보를 보고 그는 노래를 부른다. 그러나 예언자의 귀는 다른 사람들의 귀에는 들리지 않는 울음소리를 듣는다. 뛰어나게 아름다운 집이나 도시도 예언자에게는 절망만을 한 아름 가득 안겨줄 따름이다.

화를 입으리라.

남의 것을 먼지까지 긁어모으고

남의 것을 전당잡아 치부하는 것들아

화를 입으리라.

저만 잘 살겠다고 남을 등쳐먹는 것들아

재앙의 소용돌이에서 벗어나려고

높은 곳에 둥지를 틀었지만

담벼락 돌이 원수 갚아 달라고 울부짖으면,

집 안에선 들보가 맞장구치리라.

화를 입으리라.

죄 없는 사람의 피를 빨아

성읍을 세우는 것들아.

남의 진액을 짜서 성읍 쌓는 것들아.합 2:6, 9, 11~12. 공동번역

이런 말들은 대부분 사람들이 생각하고 있는 것과는 너무 다르다. 위대한 도시를 세운 사람들은 언제나 선망의 대상이 되어왔고 칭송을 들었다. 폭력이나 착취 따위의 말로 대도시의 영광을 흐리게 할 수는 없는 일이었다. "화를 입으리라"라니? 인간의 정의는 당연한 주장을 내세우지 못하고 양심의 아픔도 성공을 바라는 광기를 잠재우지 못하리니, 이는 우리 마음 깊은 곳에 남의 눈길을 끄는 당당한 것, 화려한 것, 번지르르한 것을 숭배하고 싶어 하는 마음이 숨어있기 때문이다. 어떤 시인이 북 이스라엘의 수도 사마리아에 갔더라면 그 웅장한 건물과 아름다운 성전과 기념관을 찬양하는 노래를 썼을지도 모른다. 그러나 드고아 출신 농민 예언자 아모스는 사마리아에 갔을 때 궁전의 장엄함 대신 도덕적인 문란과 억압을 보았다. 예언자는 대경실색하여, 야곱의 거만한 태도가 밉살스럽고 그 치솟은 궁궐들이 밉구나 하며 여호와의 이름으로 부르짖었다. 암 6:8 그러면 아모스는 미적 감각이란 도무지 없는 사람인가? 무엇이 최고선인가? 고대 사회에서는 세 가지가 특히 소중하게 여겨졌다. 그것은 지혜, 건강, 힘이었다. 예언자들은 그러나 그런 것들에 열중하는 것이 도대체 쑥스럽 이해 할 수 없고 우상 숭배적이라고 생각하였다. 앗시리아는 그 무례한 교만 때문에 멸망할 것이었다.

그리고 당신의 백성에게는 그들의 "마음이 나에게서 멀어져만 가기" 때

문에 "지혜롭다는 자들의 지혜가 말라버린다"고 하신다. 사 29:13, 14, 공동번역

> 이제 그 현자들은 얼굴을 못 들고
> 벌벌 떨며 사로잡혀 가리라.
> 잘난 체하여 나의 말을 뿌리치더니
> 그 지혜가 어찌 되었느냐? 렘 8:9, 공동번역

여호와께서는 이렇게 말씀하신다. "현자는 지혜를 자랑하지 말아라. 용사는 힘을 자랑하지 말아라. 부자는 돈을 자랑하지 말아라. 자랑할 것이 있다면, 그것은 나의 뜻을 깨치고 사랑과 법과 정의를 세상에 펴는 일이다. 이것이 내가 기뻐하는 일이다. 야웨의 말이다." 렘 9:22-23

5. 한 옥타브 높게 말하는 사람

우리가 쓰는 언어와 예언자들이 쓰는 언어는 같지 않다. 우리에게는 비록 흠과 얼룩이 져 있다고는 해도 사회의 도덕적 상태가 그런대로 정돈되어 있고 괜찮아 보인다. 그런데 예언자에게는 견딜 수 없는 것이다. 얼마나 많은 자선 사업이 행해지고 있으며 얼마나 많은 예의범절이 밤낮으로 지켜지고 있는가! 그런데도 예언자에게는 그런 것들이 점잔 빼기요 책임 회피에 불과하다. 우리의 기준들은 원만하고 불의에 대한 감각은 너그러우며 소심하고, 도덕적 분개는 일시적이다. 그런데도 인간의 폭력은 끊임없이 계속되며 견뎌낼 수가 없는 형편이다. 우리에게는 삶이 청명하게 개일 때가 자주 있지만 예언자의 눈에는 세계가 온통 혼돈 속에서 비틀거릴 뿐이다. 예언자는 인간의 능력에는 한계가 있음을 용인하지 않는다. 인간

이 얼마나 약한 존재인가를 충분히 고려하지 않음으로써 하나님은 인간이 잘못을 저지를 수 있음을 조금도 참작하지 않으려는 듯이 보인다. 그러나 상처 입은 사람들과 영원히 살아계시는 그분은 졸지도 않고 주무시지도 않는다.

예언자는 언제나 진지하다. 경건의 냄새인 성대한 의식은 인간의 잔인성 곁에 나란히 누워 잠들지 못하는 그를 괴롭힐 따름이다.

예언자의 귀는 소리 없는 한숨도 듣는다.

우파니샤드에서는 물질세계가 무가치한 것, 비현실적인 모조품 · 환상 · 꿈이다. 그러나 성경에서는 물질세계가 하나님의 창조인 실재이다. 힘 · 자손 · 부 · 재물 모두가 소중한 축복이다. 그러나 이른바 성공하여 스스로 교만한 자와 그의 권세는 공허한 쭉정이요 물거품에 지나지 않는다고 본다.

> 보아라, 민족들은 두레박에서 떨어지는 물방울이요,
> 천편에 덮인 가는 먼지일 뿐….
> 민족들을 다 모아도 하나님 앞에서는 있으나마나,
> 허무하여 그 자취도 찾을 수 없다. 사 40:15, 17, 공동번역

문명은 끝나고 인간은 사라질 것이다. 이 세계는 단순한 이데아의 그림자가 아니고 실재다. 그러나 절대는 아니다. 세계는 하나님과 더불어 있음으로써만 현실로 존재한다. 다른 사람들이 지금 여기에 도취하여 있는 동안 예언자는 끝 날을 본다.

> 땅을 내려다보니 끝없이 거칠고

하늘을 쳐다보니 깜깜합니다.

산을 바라보니 사뭇 뒤흔들리고

모든 언덕은 떨고 있습니다.

아무리 돌아봐도 사람 하나 없고,

하늘에 나는 새도 모두 날아갔습니다.

아무리 둘러봐도 옥토는 사막이 되었고,

모든 성읍은 허물어져,

여호와의 노여움에 불타 모조리 사라졌습니다.렘 4:23-26, 공동번역

예언자도 사람이다. 그러나 그는 우리들의 귀에는 한 옥타브 높은 음계를 사용하고 있다. 그는 '노래하는 성자'도 아니고 '도리를 가르치는 시인'도 아니다. 그는 인간의 마음을 습격하는 자다. 양심이 끝나는 곳에서 그의 말이 불타오르기 시작한다.

6. 우상을 타파하는 사람

예언자는 겉으로만 거룩하고 신성하며 두려운 모든 것을 부수는, 우상을 타파하는 사람이다. 확고부동한 진리로 숭상되는 신념들, 지상의 성소로 승격되는 기구들이 사람을 넘어지게 하는 허상임을 폭로한다. 경건한 신도들에게는 예레미야의 다음과 같은 말이 불경스런 신성모독으로 들릴 것이 틀림없다.

세바에서 들여온 향가루

먼 나라에서 들여온 향료가

나에게 무슨 소용이냐?

너희가 바치는 번제가 나는 싫다.

너희의 친교제도 역겹다. 렘 6:20, 공동번역

예언자는 알고 있었다. 종교가 인간에게 내린 하나님의 명령을 오히려 왜곡시킬 수도 있다는 사실을. 목사·사제라는 자들이 거짓 증언을 해대고 폭력을 용납하며 증오를 묵인하고 무자비·거짓·우상숭배·폭력 따위를 분노로 두드려 부수는 대신 오히려 의식으로 승격시켜 위증죄를 범해왔다는 사실을. 일반 사람들에게는 성전과 제사장직과 분향이 종교였다. "이것은 여호와의 성전이다. 여호와의 성전이다. 여호와의 성전이다. 여호와의 성전이다."렘 7:4 이런 신앙심을 예레미야는 속임수요 환상이라고 낙인찍는다. "너희는 그런 빈말만 믿어 안심하고 있다. 그러다가는 모두 허사가 된다."렘 7:8 악한 행실이 앞과 뒤에 따르는 예배는 어리석은 짓이 되고 만다. 거룩한 성전도 그곳에서 사람들이 저속한 행동에 빠져들 때 무너진다.

"너희는 훔치고 죽이고 간음하고 위증하고 바알에게 분향하고 있다. 알지도 못하는 다른 신들을 따라가고 있다. 그리고 나의 이름으로 불리는 이 성전으로 찾아와 나의 앞에 나와 "살려주셔서 감사합니다 하고는 또 갖가지 역겨운 짓을 그대로 하고 있으니, 나의 이름으로 불리는 이 집이 너희 눈에는 도둑의 소굴로 보이느냐? 너희가 하는 짓을 나는 이 눈으로 똑똑히 보았다. 내 말이니 잘 들어라. … 내가 아무리 타일러도 너희는 듣지 않았다. 불러도 대답하지 않았다. 나의 이름으로 불리는 성전을 믿고 안심하지만, 나는 실로를 해치웠듯이 이곳을 해치우고 말리라. 자손 대대로 살라고 내가 너희 조상들에게 준 이 땅을 해치울 것이다."렘 7:9-15

예언자의 메시지는 그대로 지킬 수 없는 소리처럼 들린다. 이교 세계에서는 어느 신의 위대함과 능력은 사람들의 위대함이나 능력에 따라, 사람들이 그를 위해 세워놓은 도시나 사원이 남아 있을 때까지 살아남았다. 왕이 더 많은 세력을 떨치고 더 많은 나라를 정복하면 그만큼 그의 신은 위대하였다. 어느 신이 적군으로 하여금 자기의 사원을 무너뜨리고 자기를 믿는 사람들을 정복하게 했다면 그 신은 자살을 해야 했다. 사람들은 자기 부족의 신에게 적들을 죽여 달라고 탄원했다. 이스라엘의 예언자들은 하나님이 역사 안에서 적군을 당신의 도구로 사용하시기도 한다고 말하였다. 이스라엘의 하나님은 자기 백성의 대적인 앗시리아를 "나의 분노의 지팡이요, 나의 징벌의 몽둥이이사야 10:5; 참조, 13:5; 5:26; 7:18; 8:7"라고 부른다. "나는 내 종 바빌론 왕 느부갓네살을 시켜 … 모든 민족을 전멸시키고 이 땅을 영원히 쑥밭으로 만들게 하리라. 예레미야25:9; 27:6; 43:10" 적을 저주하는 대신 예언자들은 자기 동족을 비난한다. 무엇이 그들에게 거룩한 것을 공격하며 제사장과 왕에게 모독적인 언사를 서슴지 않고 하나님의 이름으로 모든 것에 항거할 수 있는 힘을 주었는가? 예언자들은 다른 사람들을 깨뜨려 부술 수 있기 위하여 먼저 대격변의 충격적인 경험을 통하여 자신이 부서져야만 했다.

7. 엄정함과 동정의 사람

예언자의 말은 준엄하고 메마르며 가시가 숨어있다. 그러나 그의 엄정함 뒤에는 인류에 대한 사랑과 동정심이 있다. 실로 모든 재앙의 예고는 그 자체가 회개를 권유하는 것이다. 하나님은 예언자를 꾸짖으라고만 보내신 것이 아니라 "늘어진 두 팔에 힘을 주고 휘청거리는 두 무릎을 꼿꼿이 세우게사 35:3" 하려고 보내신 것이기도 하다. 모든 예언자들이 꾸지람과 징계를 내리면서 위로와 약속과 화해의 희망을 덧붙여 주고 있다. 그는 멸망의 메시지로 시작하여 희망의 메시지로 마친다. 그들의 뚜렷한 주제는 단순한 예고가 아니라 권고다. 앞으로 있을 일을 미리 예고하고 권고하는 것이 예언자들의 중요한 사명이고 그들의 권위를 나타내는 표시가 되기도 하지만 그의 중심 되는 사명은 하나님의 말씀을 '지금, 여기'에 밝히는 것이다. 미래를 열어 보이는 것도 현재 무엇이 이루어지고 있는가를 드러내기 위함이다.

2부

아
모
스
서

강
해

1. 예언자 아모스^{암1:1}

유다왕 웃시야의 시대 곧 이스라엘왕 요아스의 아들 여로보암의 시대 지진
전 이년에 드고아 목자 중 아모스가 이스라엘에 대하여 이상으로 받은 말씀
이라. 아모스 1:1

1절 아모스서 1장 1절은 단 한 구절에 불과 하지만 많은 내용을 우리에
게 말하고 있다. 아모스서의 전체의 머리말이면서 제목이라고 할 수 있다.
아모스는 단지 소박한 목동이 아니라 양 떼를 소유한 오늘날로 말하면 중
산층에 속한 사람이었다. 그는 뽕나무를 심고 길렀다. 아모스는 드고아 시
골 산골에 살았지만 국제 정세에도 깊은 관심을 가졌다. 그는 시인의 눈과
마음을 가지고 있었다. 솔로몬 이후 누려보지 못했던 번영이 찾아왔다. 솔
로몬과 그 아들 르호보암이 다스릴 때 불행하게도 이스라엘은 두 동강이
가 났다. 그러나 지금은 남유다와 북이스라엘 두 나라가 평화로운 관계에
있었다. 남북이 함께 부유해지고 부강해졌다.

당시 고대 세계의 왕들이란 대체로 불한당 같은 독재자들이다! 물론 그
중에는 요아스, 히스기야왕 같은 좋은 왕도 있었다. 그들의 한마디는 나는
새도 떨어뜨릴 수 있는 무소불능의 왕들이다. 그러니 당시 부패한 정치·
경제·사회를 만들어 낸 사람은 왕이라고 보아도 과언이 아니다. 그들은

이스라엘 민족이 탁월한 군사적, 정치적 기량에 힘입어 스스로 이집트를 탈출한 것이지 여호와 하나님이 인도하심으로 된 것이 아니라고 선언했다. 이것은 한마디로 이스라엘의 정체성을 부인하는 말이요 신성모독이다!

바로 이때, 아모스가 등장한다.

그는 섬광처럼 나타나서 섬광처럼 사라진 사람이다! 그가 예언하고 설교한 시간은 6개월이 조금 넘는다. 그런 그가 외친 말은 마르지도 않고 사라지지도 않고 오늘날까지 아름다운 보석처럼 남아있다. 그는 섬세한 시인으로서 우렁찬 목소리로 외쳤다. 그는 여러 예언자 중에서 최초의 문서 예언자로서 최초로 이스라엘의 멸망을 예언했다. 그가 남긴 글은 지금도 사람의 마음을 사로잡는다. 그가 과연 누구길래 그런 포효하는 사자처럼 사자후를 토해냈는가? 예언자 아모스의 메시지만큼 세기를 넘나들며 사랑하는 조국 이스라엘을 향해 회개와 감동과 진리에 대한 날카로우면서도 경이로운 말씀을 전한 자는 없었다. 그의 외침은 아무리 들어도 싫증이 나지 않도록 가장 매력적인 방법으로 오늘날까지 이르고 있다.

아모스의 글을 읽고 그의 오리지날한 메시지를 깨달은 사람에게 그의 매력은 그가 신학자도 아니고 목사도 아니었다는 데에도 있다. 그런 그가 역사와 세계를 향에 큰소리를 치는, 신학을 말하는 사람이라는 데 있다. 그야말로 평신도 중 평신도이지만, 후대에 나타날 모든 신학도를 가르치는 평신도 신학자이다.

평신도⁽?⁾ 신학자 아모스

예언자 아모스는 종교적 가문이거나 누구에게 종교적 훈련을 받은 사람도 아니고 그렇다고 훌륭한 대학 출신도 아니다. 그는 먹고 살 만할 정도의 시골 목자 출신이다. 그러나 한마디 한마디 시인처럼 외치고는 "여호와 하나님의 말씀이라"고 말한다. 그리고는 아모스는 자기의 말을 듣는 왕과 권력자들과 부자들 그리고 백성들을 향하여 하나님의 말씀을 들으라고 포효하는 사자처럼 외치고, 이스라엘이 멸망할 것이라고 심판과 저주의 말을 힘주어 외쳤다. 당시 왕을 향해 칼에 죽을 것이라고 말한다. 이쯤 되면 못할 말은 없지 않겠는가? 그가 만일 듣는 사람의 기분을 생하거나 그가 말한 뒤에 일어날 신변의 위협 같은 것을 미리 고려했다면, 이런 엄청난 말은 할 수 없을 것이다. 물론 예언자 아모스는 국가 반란을 선동한다는 말도 들었고 결국 추방되기도 했다. 그러나 하나님의 말씀을 대신 전하는 소명을 가진 사람이기 때문에 그는 이런 말을 감히 할 수 있었다. 만일 이런 말을 할 수 없었다면 오늘날 우리가 아모스를 기억할 수 없었을 것이다.

반체제 인사

예언자 아모스는 오늘날의 말로 하면 반체제 인사다. 배교와 포악이 가득한 사회에서 하나님의 말씀을 전한다는 것이 얼마나 어려운가? 그 말 때문에 육체적 정신적 고통을 받고 무슨 참변을 당할지도 모른다. 하나님께서 무장한 경호원을 붙여준 것도 아닌데 겁도 없이 왕과 권력자들과 부자들을 향해 마구 부르짖는다! 예언자 아모스는 아무것도 무서운 것이 없다. 예언자의 말은 그것이 하나님의 말씀이기 때문에 그분의 말씀을 들은 사람은 침묵할 수 없다. 사자가 부르짖을 때 사람들이 두려워하듯이, 여호와의 말씀을 받은 사람은 반드시 그 말씀을 전달해야 할 의무를 갖게 된다. 예언자 아모스가 자기 말의 기원을 하나님에게 두지 아니하고 자기나 자신이 관계하는 조직이나 사상체계에다 둘 때 그것은 예언이 될 수 없다. 그러나 예언자는 반드시 자기의 말이 하나님의 뜻과 그 목적에서 나온 것이라야지, 만일 그러한 말이 아니라면 그가 속한 조직체나 단체 또는 사상을 위한 것이라면, 그것은 예언이 되지 못한다.

물신주의에 대한 공격

예언자 아모스는 당시의 물질주의를 여지없이 공박한다. 위장만 채우기 위해 살아가는 인간의 사고와 행동을 날카롭게 비판하고 있다. 참말을 듣지 못하여 허약해진 인간상을 사실적으로 표현하고 있다. 그러나 기진맥진하여 넘어지기 전에 한마디 참말을 주린 창자를 채울 식량을 찾아 동서남북으로 헤매는 진실한 노력을 하고 있는 뜻있는 백성과 깨어있는 사람들이 존재한다는 사실을 여실하게 보여주고 있다. 지금도 돈을 기반으로 하고 있는 자본주의, 돈 주의와 하나님의 말씀, 참말을 하고 들으며 살 수 있는 진실의 세계를 일목요연하게 대조시키고 있다. 누가 아모스처럼 대담무쌍한 말을 할 수 있었겠는가. 이러한 무서운 심판선언을 아모스는 자신의 말이라 하지 않는다. 이것이 예언자의 권위다. 하나님의 말씀을 전한다는 것이 얼마나 어려운가를 깨달으면서도 그 말을 해야 하고, 또 그 말 때문에 육체적 정신적 고통을 받기도 하고 왕과 권력자들과 부자들에게 얼마나 깜량도 못되는 친구라고 조롱당했을까?

그러나 아모스의 예언을 듣는 사람은 그의 예언이 얼마나 담대하게 그 시대 사람들에게 전해졌는지를 보면서 감격과 아울러 그의 예언이 그 시대 사람과 그 후에 오는 모든 시대 모든 사람을 위하여 얼마나 대담하게 비판하고 저항했는가를 안다면 아모스서를 올바로 읽고 이해하는 사람이다. 우리가 지금 보고 있는 이 예언자는 권력이나 부자들이 무서워 붓을 꺾어 버리는 사람이 아니다. 아모스의 말을 그의 제자들이 기록하지 않았다면, 아모스서와 같은 책이 우리에게 전해질 리가 만무하다. 예언자 아모스는 주전 760년 경에 활동했다. 부처가 등장한 시기가 주전 560년이고 그리스 사상이 형성되기 시작한 시기가 주전 550년경이니 석가나 그리스인들보다 200여 년이 앞선 시기에 등장했다. 그 예언의 내용을 생각하면 놀라운 일이다.

오늘날에도 관심 있는 정치 · 사회 · 역사학자들이 아모스서를 비롯한 예언서를 보면서 2,700여 년 전에 정의와 평등을 주장하는 인물들이 있었다는 사실에 대해서 놀란다.

시인 아모스

사회와 그 구성원들의 행동, 사회의 조직과 불의에 대한 아모스의 메시지가 다른 세계적 인물들보다 훨씬 앞섰다는 것은 놀라운 일이다. 또한 아모스는 시내 광야에서 모세의 중재로 시작된 하나님과 그분의 백성과의 대면이 중단된 지 500여 년이 지났다. 그는 시인의 눈과 마음을 가지고 있었고, 그러기에 아모스서는 산문체가 아닌 시詩로 쓰여졌다. 아모스는 설교자였다. 오늘날 우리는 설교를 들을 때 산문체로 듣는다. 창세기 · 출애굽기를 비롯한 모세오경 · 역사서는 대부분 산문체로 쓰였다. 아모스는 시인이었고, 아모스서는 시로 쓰여졌고 시로 설교 했다. 오늘날의 시각에서 본다면 참으로 충격적이다. 산문체는 아무런 흥분과 열정, 열정과 생동감, 기대와 예측이 없는 평평하고 밋밋한 세계를 보여준다. 그러나 시인은 세계를 창조하고 듣는 이로 하여금 상상력을 통하여 새로운 세계로 들어올 것을 촉구하고 초청한다. 구약 성경에 나오는 시편과 예언서들은 시로 되어있고 낭송할 때 시의 아름다움을 음악처럼 느낄 수 있다. 시편과 예언서들을 비롯한 아모스서는 몇 구절을 제외하고는 거의 시로 쓰여져 있는

데 우리가 사용하는 〈개역개정판〉 성경은 산문체로 번역한 것 자체가 오역 중 오역이다.

아모스는 당시의 상황을 그냥 두고 볼 수 없었다! 이제는 이스라엘과 유다가 하나님과 맺은 언약[1]으로 돌아가 정의를 실천할 때라고 포효하는 사자처럼 외치기 시작한다.

그러나 탐욕과 부패와 배교로 악명 높았던 여로보암 2세는 아모스의 말에 전혀 귀를 기울이지 않았고, 이후에 여로보암 2세는 그의 통제 아래에 있는 '선지자 학교' 출신의 선지자들의 지지를 받게 된다. 기득권 세력에 편드는 오늘의 한국 교회 목사와 같다. 아모스서는 오늘날 성경에 보존된 문서 예언자의 효시라는 점에서 매우 중요하다. 소위 대예언서라고 불리는 이사야서 · 예레미야서보다 먼저 쓰여진 책이다. 성경의 예언서들은 예언자 본인이 자신의 예언을 기록했거나 제자들이 그 내용을 적어놓았기 때문에 글로 남아있다. 아모스서는 그 제자들에 의해 기록되었다. 그러나 아모스서의 진정한 저자는 여호와 하나님이시다. 예언자 아모스는 하나님의 말씀을 전한 하나님의 대변인이었다. 당시의 제사장이나 신학자들은 거의 예외 없이 왕과 권력자들과 부자들의 쪽에 선 기득권자들의 편이었다.

라인홀드 니버가 쓴 그의 유명한 책, 『도덕적 인간과 부도덕한 사회』에서 "보수주의자는 무지와 편견의 산물이다"고 말했다. 니버만 이런 말을 한 것이 아니라 실제로 역사를 창조적으로 만들어간 사람들은 대부분 창조적인 상상력과 진취적인 기상을 가지고 살았던 사람들이었다. 종교적이든, 정치적이든 보수주의자가 어떻게 시대를 선도하는 지도자가 될 수 있겠는가? 보수주의자는 잘못된 것을 고치기보다 현상을 유지하는 사람

---

1) 1부 〈언약〉 참조할 것.

들이다. 또한 기득권자들이나 상층부로 올라갈수록 보수적이 되고 부패하게 되는 것은 너무도 당연하다.

2. 여호와, 포효하는 사자암1:2

그가 이르되 여호와께서 시온에서부터 부르짖으시며 예루살렘에서부터 소
리를 내시리니 목자의 초장이 마르고 갈멜산 꼭대기가 마르리로다.암 1:23

2절 아모스서의 전체 예언에 대한 서론적 주제는 심판의 선포다. 여호
와 하나님의 우주적인 성격을 말하는 예루살렘-시온은 하나님께서 계신
곳이다. 성전은 하나님이 계신 곳이다. 그곳은 유일무이한 곳이다. 그분
은 그곳에서 세계를 지배하시고 온 민족을 다스리시는 분이시다. 주께서
시온에서 '부르짖으신다' 는 말은 먹이를 찾아 집을 떠나 포효하는 사자와
같이 여호와 하나님은 이스라엘에 대한 죽음을 선언하고 있다. 이 말은 이
스라엘을 덮치려 하는 폭풍의 우뢰 소리를 가리킬 수도 있다. 예언자 아모
스가 갑작스럽게 하나님을 만나고 엄청난 실존적 충격을 받았다. 이렇게
하나님을 만난 후, 아모스는 하나님 말씀의 담지자가 되었다.

본문은 목자의 초장과 갈멜산 꼭대기가 마를 것을 말한다. 초장과 산 정
상이 마르고 마른다는 것은 지진과 천둥소리가 날 것을 말하는데, 아모스
가 하나님의 예언을 받자 그의 양 떼와 초장도, 갈멜 산 꼭대기도 사라진
것이다. 목자의 초장은 주로 팔레스틴 남쪽 끝을 말하고, 갈멜산 꼭대기는
북쪽 끝을 가리키는 말이다. 주위에서 가장 높았던 이 산꼭대기는 세상에

서 높이 들린 모든 것을 상징한다. 갈멜산은 항상 푸르고 기름진 곳으로 알려졌다. 특히 갈멜산의 숲은 유명하다. 높은 지대에는 올리브와 포도가 재배되었다. 그런데 그런 곳이 마른다면 결국 남북 이스라엘 전체가 황폐할 것을 가리킨다.

이런 뜻도 생각해 볼 수 있다. 사람이 한 번 하나님을 만나고 나면 이전의 삶이 모두 달라진다. 이스라엘의 아름다운 경치도 예외는 아니다. 하나님의 말씀이 아모스의 인생에 들어오자, 이전의 삶은 빛이 바래고 만다. 과거가 모두 말라버린 것처럼 되어버린다. 우리도 예수님을 진정으로 만나는 순간에 삶이 바뀌고 새롭게 되어야 한다! 교회를 몇 십 년 다녀도 제자리걸음만 하고 있다면 무언가 문제가 있는 것이 틀림없다. 살아 있는 성도의 특징은 마치 아브라함·모세처·다윗처럼 저 위대한 성도들처럼 실패와 실수 속에서도 다시 일어나 새로운 삶을 산다. 성경은 우아한 인간이 되고 아무런 흠도 없는 사람이 아니라 그 실패와 좌절 속에서 하나님의 음성을 듣고 회개하고 다시 일어서 앞으로 전진하는 인간이다. 일곱 번 넘어질지라도 다시 일어서는 인간이다! 잠24:16

아모스는 하나님의 임재에 붙들려 충격을 받았고, 사자의 포효에 크게 놀라고 쪼그라든 기분이었지만, 하나님의 말씀은 분명했고 그는 자신이 해야 할 일에 바로 관심을 기울인다. 그리고 당시의 왕을 위시한 권력자들과 부자들을 향한 싸움을 벌인다. 아모스는 이스라엘의 정치와 역사의 현장에서 예언의 중요한 역할을 부여받은 첫 번째 사람이다. 오늘날 한국 교회 목사들과 교인들도 성경을 통하여 예언자 아모스와 같이 하나님의 말씀을 들을 수 있는 자들이 되어야 한다. 예언자들의 사명은 살아 계신 하나님의 정의를 회복하고 시대의 악취나는 모순과 거짓, 우상을 깨부수는 것이다.

　이스라엘 민족의 역사는 평화·안정·발전의 시기와 혼란·위기·전쟁의 시기를 오간다. 바로 이런 상황에서 예언자들이 등장한다. 혼란이 커지자 당시 왕의 편을 드는 왕실 제사장 아먀샤와 아모스 예언자 사이에서 충돌이 있었다. 오늘날 대부분의 목사들도 기득권에 빌붙어 항상 보수적인 모습만 보여 주고 있으니 안타까운 일이다! 아직도 청산되지 않는 일제의 만행에도 불구하고 현재에도 일본에 아부하는 사람들이 있는가 하면, 독재 시대 때는 독재자에게, 지금은 기득권 세력에 빌붙어 있다. 한국 교회 목사들은 안팎으로 힘 있는 자들, 기득권자들의 편에만 안주하지 않고 역사적 시야를 보다 넓게 볼 수 있는 눈을 가질 수 없을까?

　아모스가 드고아 산골짝에서 내려와 6개월 정도의 짧은 시간에 어마어마한 영향력을 끼치게 된 것이 참 믿기 어려울 정도다. 그가 하나님의 말씀을 전달했다고는 하지만, 그것만 가지고는 이해하기가 쉽지 않다. 아모스가 전한 말이 백성들의 공감을 얻었고 그들은 그것을 하나님의 말씀으로 인식했다. 당시 이스라엘 사회의 인구 규모와 밀도는 현대의 기준으로 볼 때 아주 작은 숫자다. 1-2천 명의 주민이 사는 마을이 여기저기 흩어져 있었고, 나라 전체를 이동하는 데도 오랜 시간이 걸리지 않았다. 이스라엘은 아래로 길게 뻗어 있는 우리나라 강원도만한 크기의 작은 땅이다. 스마트폰이 없는 사회이지만 소식이 아주 빠르게 퍼져나갈 것은 당연하다. 이 모든 것을 고려한다 해도 백성들이 당시 벌어지는 상황을 분별했다는 것은 놀라운 일이지 않는가!

3. 이웃 열방국가 심판 암1:3-2:3

3 여호와께서 이와 같이 말씀하시되 다메섹의 서너 가지 죄로 말미암아 내가 그 벌을 돌이키지 아니하리니 이는 그들이 철 타작기로 타작하듯 길르앗을 압박하였음이라 4 내가 하사엘의 집에 불을 보내리니 벤하닷의 궁궐들을 사르리라 5 내가 다메섹의 빗장을 꺾으며 아웬 골짜기에서 그 주민들을 끊으며 벧에덴에서 규를 잡은 자를 끊으리니 아람백성이 사로잡혀 기르에 이르리라 여호와께서 말씀하셨느니라 6 여호와께서 이와같이 말씀하시되 가사의 서너 가지 죄로 말미암아 내가 그 벌을 돌이키지 아니하리니 이는 그들이 모든 사로잡은 자를 끌어 에돔에 넘겼음이라 7 내가 가사성에 불을 보내리니 그 궁궐들을 사르리라 8 내가 또 아스돗에서 그 주민들과 아스글론에서 규를 잡은 자를 끊고 또 손을 돌이켜 에그론을 치리니 블레셋의 남아 있는 자가 멸망하리라 주 여호와께서 말씀하셨느니 9 여호와께서 이와 같이 말씀하시되 두로의 서너 가지 죄로 말미암아 내가 그 벌을 돌이키지 아니하리니 이는 그들이 그 형제의 계약을 기억하지 아니하고 모든 사로잡은 자를 에돔에 넘겼음이라 10 내가 두로 성에 불을 보내리니 그 궁궐들을 사르리라암 1:3-10

예언자 아모스는 하나님께서 만국의 하나님이시요, 지역신이 아니라는 것을 보이기 위하여 하나님께서는 남유다와 북이스라엘을 심판하기 전에 이스라엘과 이웃에 있는 혈통적 관계가 없는 여섯 나라와 민족들을 향해 심판을 선언하신다. 이웃 이방 나라를 향한 심판은 아모스서 전체 아홉 장 중에서 한 장을 차지할 정도로 길지만 내용이 비슷하여 한꺼번에 살펴본다.

3-5절 다메섹은 포로들에 대해서는 철 타작기로 인간을 죽이는 비인간적 잔혹성을 질타하고 있다. 생명 경시에 대한 심판이다. 전쟁 그 자체가 아니라 포로들에 대한 고문을 포함한 극단적 행위들이 정죄의 대상인 것을 알 수 있다. 여섯 나라가 받는 벌은 거의 동일한데 예언자 아모스는 이 범죄에 대한 처벌은 두 가지 수준에서 이루어질 것이라고 예언한다. 왕이 궁궐과 함께 불에 탈 것이고, 백성들은 죽임을 당하거나 사로잡혀 기르로 끌려갈 것이라는 것이다. 이 모든 일은 50년 후 앗시리아 왕에 의해 이루어졌다.

6-8절 가사는 블레셋 족속의 영토다. 블레셋 족속은 가나안 족속들과 함께 그 지역에 아주 오래전부터 살았던 민족이다. 그들은 해안을 따라 펼쳐진 땅에 살았다. 그들의 죄는 전쟁포로들을 노예로 팔아버린 것이다. 당시에는 노예제가 흔했고 금지된 것이 아니었다. 노예무역을 금지하는 유일한 성경 본문은 신명기 23장 15절로 그 본문의 기록 시기는 아모스 이후다. 그러므로 아모스서는 전쟁포로를 노예로 파는 일이 심각한 처벌을 받을 만한 범죄라고 선언한 첫 번째 책이다. 우리는 그 지역에서 노예무역이 어떻게 진행되었는지 알고 있다. 블레셋 족속은 호전적인 민족으로 많은 전쟁포로를 획득했다. 그들은 전쟁포로를 당시 노예무역의 중심지였던 에돔으로 팔아 넘겼다. 그 노예들 중 상당수는 이오니아로 팔렸고, 다시

그리스로 수송되었다. 전쟁포로들을 노예로 파는 행위에 대한 형벌은 불, 왕과 백성의 죽음, 그들의 주요 도시의 파괴다.

9-10절 두로페니키아도 노예제로 규탄을 받지만 블레셋 족속의 경우와는 사정이 다르다. 페니키아인들과 히브리인들은 '형제의 계약'을 맺은 동맹국가였다. 그런데 페니키아인들이 이 약속을 깨뜨리고 자국 영토에 살던 소규모 유대인들을 에돔에 노예로 팔았다. 하나님은 두로에 불을 보내어 그 요새들을 파괴하셨다.

11-12절 에돔은 아주 독특한 경우다. 에돔 민족은 에서의 후손이다. 에돔은 '붉은 자'를 뜻한다. 창세기 본문에 따르면 에서가 야곱에게 팥죽 한 그릇을 받고 장자 권을 팔았는데, 팥죽의 붉은색을 따라 이름을 지었다. 이 사건으로 에서의 후손들은 이스라엘의 거주지가 야곱이 그들에게서 훔친 땅이라는 주장을 그치지 않았다. 두 형제는 화해한 이후 상당히 좋은 관계를 유지했지만, 에돔 족속은 이스라엘에게 끊임없이 화를 내고 줄곧 분노를 품었고 그로 인해 두 나라는 오랫동안 사이가 나빴다. 그러므로 하나님께서는 불을 보내어 그들의 성채를 파괴하였다.

13-15절 암몬은 영토를 넓히기 위해 벌인 전쟁에서 길르앗 임신부들의 배를 갈랐다. 이것 자체도 끔찍한 범죄였으나 자국 영토 너머에 살았던 이스라엘 자손을 최대한 많이 제거하겠다는 결정을 내림으로써 죄를 더했다. 암몬의 영토는 이스라엘과 앗시리아 사이에 낀 작고 비좁은 땅이었는데, 암몬 족속은 동정심이 없는 분노로 이스라엘의 아이들과 아직 태어나지 않은 아이들까지 모두 죽여 이스라엘 땅을 텅텅 비게 만들어 버렸다. 아모스는 태아까지 죽이고 더 많은 영토를 정복하려 한 이 민족이 전쟁의 무서움을 제대로 알게 될 것이라고 선포한다. 이 예언은 암몬 족속이 앗시리아인들에게 정복당하고 노예로 팔려가는 것으로 성취되었다. 본문에는 중요한 세부사항이 나오는데 왕의 호칭이 다른 예언들의 경우와 다르다. 여기 왕은 '바알'이라고 불리는데, 주主를 뜻하는 바알과 하나님을 혼동하는 등의 여러 일이 있었음을 짐작할 수 있다. 그들의 신은 황소였는데, 유대인들은 아이러니하게도 그것을 금송아지라고 불렀다. 암몬 족속이 다산의 상징으로 숭배한 황소를 '말한다. 아모스 시대에 바알 신앙은 이스라엘을 끊임없이 유혹했다. 황소를 상징물로 삼는 바알 숭배는 여로보암2세와 웃시야가 통치하던 시기에 이스라엘의 주도적인 종교적 세력이 되었다. 아모스는 이스라엘의 바알 숭배에 대해서 규탄하고 있다.

2:1-3절 마지막으로 모압은 에돔 왕의 뼈를 불살라 재로 만들었다. 이 범죄의 심각성은 그것이 단지 왕의 뼈였다는 데 있지 않다. 당시에는 누군가의 뼈를 불살라 재로 만드는 것이 전쟁에서 흔히 있던 관행이었다. 문제는 그 재를 석회 액으로 만들어 모든 집의 백색 도료로 썼다. 이것이 의미하는 것은 죽은 사람들이 적절한 종교적 의식을 거쳐 매장되지 못했다는 것이다. 신명기는 장례절차의 중요성을 분명하게 밝히고 있다. 동서양을

막론하고 장례절차는 중요했다. 죽은 사람이 불에 탔으면 뼈를 수습해 적절한 종교적 의식에 따라 매장하도록 하는 것이 인간의 도리다. 결과적으로 모압은 한 사람을 완전히 소멸시키는 지독한 악을 저지른 것이다. 모압의 행위가 얼마나 비인간적인가?

이상의 주변 여섯 나라에 대한 예언을 간략하게 살펴보았다. 거의 모든 반인륜적 범죄가 일어나고 있음을 보여준다. 고문 · 노예 삼기 · 추방 · 종족학살 · 인간의 절멸 등 우리는 아모스가 모든 인간에 대한 존중이 하나님의 뜻이라고 선포한 예언자임을 확인할 수 있다. 다시 말하면 여기 나와 있는 여섯 나라 심판은 특정 민족들에 대한 정죄에 그치지 않는다. 그 뒤에 오는 역사와 나라에게도 적용되는 것이다. 이들이 범한 죄들은 모두 앞으로 오게 될 세상에 일어날 인류의 총체적인 전쟁을 보는 것이다. 오늘날 한국 교회가 할 수 있는 예언자적 역할은 지금 여섯 나라에서 일어나는 패악들을 지적하고 창조적 교훈을 얻어야 할 것이다. 아모스의 외침은 당시 이 땅에 일어나는 정치 · 종교 · 경제 · 사회 등 모든 분야에서 급진적이고 혁명적이었다. 당시 왕을 비롯한 권력자들, 악한 부자들과 종교 지도자들은 아모스를 반란을 꾀하는 자라고 비난했다.

이웃 이방 6개국 심판 선언은 왜 이루어졌는지 앞에서 살펴보았다. 여기서는 이웃나라들이 지은 죄의 의미를 살펴본다. 이를 굳이 '서너 가지'라고 표현한 것은 그러한 죄악이 어쩌다가 한 번 일어난 사건이 아니라 지속적으로 거듭하여 반복되었다는 것을 말한다. 무엇이든지 잘못된 것을 반복하면 좋지 않다.

아모스는 첫째, 이방 민족을 향한 심판이 이스라엘의 하나님이 지역 신이 아니심을 드러낸다. 아모스는 이스라엘의 하나님은 창조주이시며, 우주적인 하나님이심을 선포한다. 여러 민족이 하나님을 알아보지 못할 수는 있지만, 그런다고 해도 달라질 것은 없다. 우리가 믿는 하나님은 자연과 역사의 주인임을 알아야 한다. 제2차 세계대전 때 독일의 히틀러가 아우슈비츠 등에서 포악하기 그지없는 만행을 저질렀다. 유대인이었던 아인슈타인은 "인간은 충격적인 전쟁이 지난 후에 다시 기억에서 사라질 것이며, 앞으로 나치의 만행보다 더 흉악한 전쟁이 일어날 수 있음을 알아야 한다"고 말했다. 인간이란 그런 존재다. 그러나 노아 언약에서 약속하신 것과 같이 다시는 인간을 전멸하는 홍수 심판은 없을 것이다. 우리나라도 일본 제국주의 아래에서 얼마나 큰 고통을 당했는가? 그때 살아 있는 인간을 대상으로 마취도 하지 않은 상태에서 배를 가르고 장기들을 꺼내 생체실험을 한 뒤 그대로 화장해 버리는 일을 자행했다. 이 얼마나 끔찍하고 잔인한 일인가? 이런 문제로 전후에 이 일에 참여했던 일본의 양심적인 의사들 가운데 정신 질환으로 시달리는 이들이 많았다.

독일에서도 이와같이 유대인들을 대상으로 생체 실험을 했는데 이것은 나라를 불문하고 인간이 얼마나 잔인한 존재인가를 잘 보여주고 있다. 단지 다른 것이 있다면 일본과 독일 중에서 독일은 전후에 당시 수상이었던

빌리 브란트가 유대인들이 많이 살고 있는 폴란드를 찾아가 무릎을 꿇고 사죄했고 나아가 유대인을 위한 특별 우대정책을 폈지만, 일본제국은 오늘에

◀ 독일 드레스덴에 설치된 평화의 소녀상

이르기까지 전혀 반성조차 하고 있지 않으니 얼마나 무자비한 족속인지를 잘 보여준다. 화 있을진저, 일본이여! 우리나라가 2020년 독일에서 소녀상을 설치하려다 독일의 자치단체로부터 철거 명령을 받았다. 그러나 바로 소녀상 철거 명령이 일본의 외교적 압력으로 이루어진 사실이 밝혀지자 오히려 소녀상의 실체를 알게 된 독일 사람들은 소녀상을 설치해야 한다는 방향으로 선회했다. 독일인들의 나치로 받은 고통 때문에 한국이 일본에게 받은 잔혹한 고통에 공감했던 것이다. 아, 아직도 사과하지 않는 잔인한 일본 놈들이여! 오히려 독일에서 소녀상 건립은 가속화될 전망이어서 혹 떼려다 혹 붙이는 격이 되었다. 거기다 일본 사람들의 반성하지 않는 모습이 독일인들에게 알려진 계기가 되었다! 일본은 위의 여섯 나라와 같이 언젠가 "하나님의 그 벌을 돌이키지 않으실 것이다.1:3, 6, 9, 11, 13; 2:1

둘째, 이방 국가들도 하나님과의 언약때문에 심판을 받는다. 즉 노아와 맺은 언약과 관련된다.[2] 창조 언약으로부터 노아 언약·아브라함의 언약·모세 언약·다윗언약 그리고 예수님에 이르기까지 그때그때 마다 언약이 새롭게 갱신되면서 새 언약에 이르게 된다. 이 언약들은 연속적인 것으로 하나도 빠질 수 없다.

이방 여섯 나라가 심판받은 것은 그들의 폭력적이고 잔인한 행위 때문이다. 이 문제는 노아 언약과 연결된다. 이방 국가들의 잔악한 행위에 대한 심판은 보편적 양심이니, 인간이 가져야 할 보편적 덕목 등으로 설명하는 견해들이 있는데 이보다는 이방 국가들도 하나님과의 언약 관계 때문이라고 보는 것이 옳다고 본다. 북이스라엘과 남유다는 하나님과 언약 관계에 있기때문에 그들을 심판할 때는 언약을 통해서 심판이 가능하다. 그

---

2) 피터 J. 젠트리, 스티븐 J. 웰럼, 『언약과 하나님 나라』, 김귀탁 역, 새물결플러스, 2017, 232-253. 이 책은 언약과 하나님 나라와 관련해서 이 분야의 압권이다. 1,150쪽의 방대한 내용으로 세대주의 입장이 아닌 언약신학적 입장에서 쓰였다.

렇다면 언약 관계가 없는 이웃 나라 또는 세상 열방들은 어떠한 근거로 심판하실 것인가? 노아 언약에 근거한다.

　노아 언약이 중요한 만큼, 노아 언약에 대해 좀더 살펴보자. 노아는 모든 인류의 아버지이자 선조다. 인류의 조상은 아담이 아니다. 모든 민족과 인종은 노아의 세 아들의 후손으로, 서로 친척 관계로 이어져 있다. 다시 말해, 우리가 입버릇처럼 말하듯 인류가 하나님의 피조물이라고 해서 서로 이어져 있는 것이 아니다. 여기에 담긴 함의는 크다. 아담의 후손으로 태어난 인류는 하나님과 분리되고 하나님께 반역했다. 아담과 하와 이후 인간들은 하나님이 주실 수 있었던 사랑과 은혜를 거부했다. 그러나 노아의 후손으로 나온 인류는 하나님이 인류와 맺기로 결정하신 언약을 믿었다. 이 언약에는 모든 인간 사이의 형제애를 가지고 전 인류의 통일성을 이루기로 하신 하나님의 결정이 들어 있다. 셋째는 이 통일성을 바탕으로 하나님은 사람들에게 함께 평화롭게 살아가라 하시고 인간의 특별한 가치를 드러내신다. 예언자 아모스는 이방 국가들을 심판하는 것은 모든 인간이 같은 조상의 후손이고 하나님의 보호와 사랑을 받는다는 단순한 사실에 근거하여 보편적 도덕이 존재한다고 선언한다. 이렇게 선언한 것은 아모스가 처음이다. 유대인들과 기독교인들 뿐만 아니라 모든 인간이 언약[3])에 토대를 둔 보편적 도덕을 받아들일 수 있다. 대부분의 학자들이 이방 나라의 심판에 대해서 노아 언약에 대해 언급이 거의 없기 때문이기도 하고, 또 중요하기 때문에 계속해서 살펴보기로 한다.

　성경에서 '언약' 이란 말이 처음 나오는 곳은 창세기 6장 18절이고 노아 언약이 언급된다. "그 때에 온 땅이 하나님 앞에 부패하여 포학함이 땅에 가득한지라." 창세기 6:11 이어 하나님의 세계심판인 홍수 심판이 나온다.

---

3) 1부 〈언약〉 참고.

'부패하다' 는 것은 아름답고 좋은 세계가 이제 파괴되고 손상되고 왜곡되어 있음을 보여준다. '포악' 은 사회적 폭력과 정의가 구현되지 못하는 인간 사회를 가르킨다. 따라서 홍수 심판은 인간의 부패함과 폭력에 대한 하나님이 행하시는 심판이다."[4] 노아는 자신이 살고 있던 사람들과 다르게 사회적 부패와 폭력이 판을 치는 시대에 의로운 자였다. 창세기에서 노아가 하나님의 은혜의 대상이었음을 암시한다. "노아는 의인이요. 당대에 완전한 자라. 그는 하나님과 동행하였으며"^{창 6:8}라는 표현은 명백히 하나님이 언약을 세우기 오래전부터 노아가 하나님과 관계를 맺고 있었음을 보여준다. '의인' 차디크이라는 표현은 하나님께서 보시기에 노아의 행위가 정의로웠음을 말하는 단어다. 하나님과 이웃을 향한 노아의 행동은 하나님과의 관계에 대한 성실함과 충성됨에 기초해 있다. 창조주이신 하나님과의 관계는 어떤 관계든 윤리적 기준을 포함하므로 '의인' 은 노아의 행위가 하나님의 말씀에 순종했음을 보여준다. '의' 는 모든 것, 곧 공동체와 물리적 영역 및 영적 영역과 관련된 개인들 간의 관계에서 정의와 조화를 가져오는 것을 말한다. 그러므로 창세기 6장과 9장에 나오는 "보증하거나 지킨다"는 본문은 하나님께서 노아와 맺은 언약은 노아와 그의 자손들인 모든 인류를 위해 이전에 시작된 언약 즉 아담과 맺은 창조 언약을 말한다. 이러한 내용은 분명히 창조 당시 하나님과 창조물 사이에 또는 하나님과 인간 사이에 이미 세워진 언약을 암시한다.

선악을 알게하는 나무의 열매는 먹지 말라. 네가 먹는 날에는 반드시 죽으리라창 2:7

---

4) 앞의 책, 214-239.

하나님께서 노아와 세우신 언약을 보증하거나 지키겠다고 말씀하실 때 그것은 그분이 창조물에 대한 성실한 언약, 곧 아담과 하와와 그의 가족을 통해 그리고 그들에게 시작하신 복과 규례를 포함해 그분이 지으신 모든 것 즉 모든 인류와 생물과 자연을 보존하고 부양하고 통치하시는 창조자로서의 보살핌이 이제 노아와 그의 자손에게 주어질 것이라고 말씀하시는 것이다. 창조 때에 주신 창조 언약이 모든 인류를 대표하는 것처럼 노아와 그의 자손들에게, 아브라함과 모세와 다윗 시대에서부터 아모스시대 뿐만 아니라 오고 오는 모든 인류에게 적용되는 것을 말한다. 노아의 시대에는 아직 이스라엘이 존재하지 않았다. 창세기에서 하나님은 노아에게 복을 주시고, 새로운 아담으로서 그에게 명령을 주신다. 노아가 받은 명령은 하나님이 아담에게 주신 것으로 타락한 세상의 상황에 알맞게 갱신된 것이다. 창세기 9장은 창세기 6장 18절에서 하나님이 노아에게 하신 진술의 연장이다.

노아 언약의 신학적 중요성은 두 가지로 요약할 수 있다. 첫째, 노아 언약은 우리가 하나님을 신뢰하는데 기초가 된다. 노아 언약은 하나님이 창조 질서를 계속 유지하실 것이라는 확신을 우리에게 준다. 비록 우리의 죄악과 혼돈이 창조 질서를 삼켜버릴 듯이 위협할지라도 하나님은 그렇게 하실 것이다. 둘째, 노아 언약의 보편적 범위는 의심할 것 없이 중요하다. "노아 언약의 보편적 범위는 인간이 창조되고 창조물이 현재 보존되는 복은 궁극적으로 한 사람이나 한 민족이 아니라 온 땅을 포괄한다는 것이다. 노아 언약은 하나님께서 세상이 지속되는 동안 하나님이 지으신 창조물과 전체 인간을 보살피시겠다는 약속하신다는 사실을 미래까지 울려 퍼지게 하신다.

이와같이 이방 민족을 향한 하나님의 심판은 하나님이 친히 인도해 내신 이스라엘처럼 축복의 약속과 저주의 대상이 된다. 그러므로 오랜 후에 탄생한 이스라엘과 맺은 시내산 언약·다윗언약이 언약 백성에게 주어졌다면 훨씬 이전에 맺어진 노아 언약은 인간의 보편사와 연결된다. 노아 언약은 예수님의 마지막 언약인' 새 언약'과 연결된다.["5] 그러므로 하나님 언약에 불순종한 이스라엘과 이방 민족에게 심판과 저주를 똑같이 내리시는 것은 당연하다.

　본문의 모든 예언은 하나님께서 불을 보내시어 사르고 파괴하신다고 말한다. 우리가 살펴본 대로, 하나님은 어떤 일이 시작되게 하시고 그 일이 끝까지 전개되도록 내버려 두신다. 더이상 개입하지 않으신다. 이 말은 하나님이 상황을 되돌리지 않으신다고 말할 수도 있다. 한 민족이 죄를 지어 자초한 운명에서 그들을 구해내지 않으실 것이다. 하나님은 그런 식으로 우리에게 다시 한번 말씀하시는 것이다. 그 다음부터는 사건들이 그분을 대신하여 말하게 하신다. 역사가 하나님을 대신해서 말한다고 할 수 있을 것이다. 예언자 아모스는 여기에서 이스라엘의 하나님이 지역 신이 아니심을 드러내신다. 아모스는 이스라엘의 하나님은 우주적인 만군의 하나님이시라고 선포한다. 그는 하나님이 세계와 모든 민족, 자연과 역사의 주인이심을 보여준 예언자다. 모든 민족이 하나님을 알아보지 못할 수는 있지만, 그런다고 해서 달라질 것은 없다. 바로 이 하나님은 역사 사건들을 일으킬 수 있는 분이시다.

　이 내용을 시리아의 나아만 장군 이야기에서 잘 보여주고 있다. 왕하 5장 나아만 장군은 나병 치료를 받고자 이스라엘로 왔던 사람이다. 그는 엘리

---

5) 노아언약과 예수님과 새언약의 관계는 『언약과 하나님 나라』, 213-253, 837-840. 참고할 것.

사에게 치유를 받고 난 뒤 이스라엘의 흙을 시리아로 가져가게 해달라고 요청한 후 그 흙 앞에 하나님을 예배하겠다고 말한다. 나아만은 이스라엘의 하나님이 이스라엘 영토에만 계신 지역 신이라고만 철석같이 믿었다. 그래서 그는 노새 두 마리에 흙을 싣고 그의 나라에 가지고 가서 거기서 하나님을 섬기려 했다. 이스라엘의 하나님은 나아만의 나라를 포함한 모든 나라, 만국의 하나님, 만군의 하나님이신 것을 몰랐던 것이다. 왕하 5:14-17 나아만이 어느 곳을 가더라도 이스라엘의 하나님을 만날 수 있을 것이 아니겠는가!

가끔 목사들 중에는 이스라엘 여행을 다녀올 때 힘들게 그곳의 물을 담아온 후 돌아와 그것은 이스라엘에서 담아온 물이라면서 교회에서 그 물로 세례를 베푸는 일을 하는 것을 볼 수 있는데 노력은 가상하지만 이것은 미신일 뿐이다. 이스라엘 요단강에서 떠온 물이나 우리나라에서 나오는 물이나 똑같이 하나님이 주신 물이기 때문이다.

여기서 우리가 생각할 수 있는 것은 일반적으로 하나님께서 역사를 만들어 가시는 분으로 당연히 생각하는 경향이 있는데 아모스는 하나님이 역사를 만들어가는 분이 아니라고 말하고 있다. 하나님은 역사의 무대에서 벌어질 일을 결코 지시하지 않으신다. 그러나 자유롭게 역사에 개입하실 수 있는 분이시다. 본문에는 이방 민족들이 벌이는 여러 전쟁에 대한 기록이 나온다. 하나님은 거기에 개입하시지 않고 민족들이 그들이 할 일을 하도록 허용하신다. 하나님이 역사의 주관자라 하면 우리는 당연히 하나님이 직접 역사를 만들어 가시는 분이라고 생각한다. 만일 그런 하나님이시라면 하나님은 인간을 자유의지가 없는 로봇으로 만드셨다는 말과 같다. 그러나 하나님은 언제든 원하실 때 자유롭게 개입하실 수 있는 분이시다. 바벨 사람들이 높은 탑같은 도시를 건설하기로 했을 때, 하나님이 내려오셔서 그것을 보시고 언어를 혼란하게 하는 조치를 취하기로 하셨다. 또 하나님은 예수 그리스도를 통해 역사에 개입하셨다. 이와같이 하나님께서는 인류 역사를 위해 발전과 주권적 결정에 따라 역사에 개입하신다.

이스라엘 주변의 이웃 이방 여섯 나라를 규탄하는 예언이 묘사하는 온갖 죄들은 '반역'을 뜻하는 히브리어 단어 '페샤'다. 아모스는 이스라엘 주변의 모든 민족이 하나님의 권세 아래 있지만, 그들이 하는 일이 모두 하나님에 대한 반역이라는 사실을 분명히 보여주고 있다. 이 반역이 바로 그들의 죄다. 물론, 자신들이 지켜야 할 "하나님의 선한 뜻을 계시받지 못했다면 그들이 그것을 어떻게 알 수 있겠는가"라는 질문이 가능할 것이다. 이 질문에 답하기 위해서는 그들이 노아의 후손이라는 사실을 기억해야 한다. "앞에서 살펴 본 바 와같이 그들은 노아의 후손이므로 하나님이 노아 및 그 후손들과 세우신 언약의 당사자가 된다. 이 언약의 조건은 창세기 9장에 분명하게 나와 있고, 거기에서는 어떤 신조도 신학도 찾아볼 수 없다. 하나님이 자신을 여호와로 계시하시지 않았다는 뜻이다. 그러므로 노아 언약에 따라 사는 데는 특별히 유대교 신앙이나 기독교 신앙이 필요하지 않다. 이것은 하나님이 노아의 모든 후손 즉 모든 인간과 맺으신 언약이기 때문이다. 언약의 표시인 무지개가 그 사실을 분명히 보여준다."[6]

예언자 아모스는 모든 인간이 좋건 싫건 같은 조상의 후손이고 하나님의 보호와 사랑을 받는다는 단순한 사실에 근거하여 보편적 도덕이 존재한다고 선언한다. 이 단순한 보편적 도덕은 인간의 본성 또는 인간성에 근거한 것이 아니기에 유엔의 보편 인권선언과는 많이 다르다. 보편적 도덕의 토대가 인간성이라는 생각은 진지하게 받아들이기가 어렵다. 오히려

6) 『언약과 하나님 나라』, 244-247.

유대인들과 기독교인들이 보편적 도덕의 근거가 하나님과 노아의 언약이라 생각하는 것은 자연스럽다. 어쨌건, 유대인들과 기독교인들은 하나님이 노아와 맺으신 언약, 그로 인해 모든 인간과 맺으신 언약에 토대를 둔 것이다. 예언자 아모스가 예언을 통해 사람들의 온갖 죄와 잘못을 드러내고 그것을 하나님에 대한 반역으로 여기는 근거는 노아 언약이다.

이웃 이방 나라들을 규탄하는 아모스의 여러 예언의 마지막 유사성은 그 나라들의 죄가 모두 유다와 이스라엘 왕국을 대상으로 한 것이라는 점이다. 예를 들어, 길르앗은 이스라엘의 열두 지파 중 하나다. 길르앗은 므낫세의 손자 주변 나라들의 모든 죄는 솔로몬의 통치가 끝난 이후, 이스라엘의 여로보암 2세와 유다의 웃시야가 통치하던 기간에 오랫동안 이어진 무정부 상태와 갈등과 관련이 있다. 이 부분에서 우리는 하나님이 벌을 예고하신 민족이 정죄 받은 다른 민족에 의해 그 벌을 받고 그 다른 민족 또한 하나님의 벌을 받게 되는 경우를 본다.

예를 들어 에돔은 하나님의 정죄를 받지만, 에돔 사람들을 학살하고 그 왕을 불태운 모압도 정죄를 받는다. 모압은 에돔을 처벌하는 도구였지만 그 정도가 지나쳤기 때문이다. 이것은 성경에 자주 등장하는 상당히 중요한 원리를 보여준다. 하나님은 한 사람이나 민족을 통해 어떤 일을 이루시지만, 그 사람이나 민족에게 상대방에 대한 최소한의 존중과 지혜를 기대하신다. 앗시리아는 다른 민족들을 향해 진노를 쏟으시는 하나님의 도구였다. 하지만 그들은 인도적이지 않았다. 앗시리아는 다른 민족들을 존중하지 않았다. 그들은 승리자로서 심판을 수행하며 하나님처럼 행동했다. 그렇기 때문에 하나님은 앗시리아를 벌하셨다. 그들은 전쟁과 약탈로 하나님의 백성을 벌하도록 선택되었지만 완전한 말살과 파괴를 허락받은 것은 아니었다. 그런데 그들은 한계를 넘어섰고 결국 하나님의 정죄를 받게 된다.

본문을 보면 예언자 아모스는 하나님의 선택을 받는 일의 심각성과 중요성을 이해했던 것을 알 수 있다. 하나님께 선택받은 자들은 자신이 전달해야 할 것이 하나님의 진노이건 말씀이건, 적정선을 지키면서 상대를 존중해야 한다. 자신이 맡은 책임을 권력으로 오해하고 자기 목적을 위해 이용해서는 않된다. 모압은 에돔을 벌하는 임무를 맡았지만 전혀 인간적으로 보아도 용인할 수 없는 방식으로 그 일을 수행했다. 그러나 앗시리아인들은 하나님이 그렇게 하라고 지시를 받은 것이 아니었다. 그들은 하나님이 자신들을 보내셨다고 주장할 수 없다. 그런 일은 있을 수 없다. 앗시리아인들이 하는 일의 의미는 하나님만이 아시고, 하나님은 그들이 전쟁 중에도 상대를 존중하며 행동하기를 기대하신다. 당시에는 지금보다 적군을 비교적 존중하며 인간적으로 전쟁을 치를 수 있었다. 이에 비해 오늘날의 전쟁은 고대 시대의 전쟁보다 더욱 잔인하다. 오늘날은 핵무기, 잠수함, 전폭기 등 전쟁문기들이 너무 강력해서 인간적인 전쟁이 완전히 불가능해졌다. 오늘날의 전쟁은 너무 잔인하다. 폭탄을 실은 비행사들은 레이다 망으로 목표한 지점을 포착한 뒤 버튼만 누르면 땅에서는 수천수만 명이 죽어도 눈 하나 까닥하지 않는다. 수많은 전쟁에 수많은 사람들이, 지상에서는 피가 튀기고 목이 달아나고 죽어가도 폭탄을 맞은 사람들과 가족들은 말할 수 없는 처참한 상황인데도, 그런 상황에 대해 전혀 관심이 없다. 거기에다 세계적인 매스컴들은 기다렸다는 듯이 이러한 잔인한 전쟁상황들을 아이들 장난감 놀이처럼 생방송으로 보고 있으며 즐기고 있으니 이 얼마나 잔인한 세상이 되었는가? 이것도 한계를 넘어선 일은 아닌가? 앞으로 볼 나라들의 만행에서 살펴보겠지만 누가 인간은 진화한다고 말하

는가? 인간은 하나님의 형상을 닮은 위대한 존재이긴 하지만 그렇다고 우
아한 존재는 결코 아니다!

모든 사람이 죄를 범하였으며 하나님의 영광에 이르지 못하더니롬 3;23

4. 유다를 향한 예언암2:4-5

4 여호와께서 이와 같이 말씀하시되 유다의 서너 가지 죄로 말미암아 내가

그 벌을 돌이키지 아니하리니 이는 그들이 여호와의 율법을 멸시하며 그 율

례를 지키지 아니하고 그의 조상들이 따라가던 거짓 것에 미혹되었음이라.

5 내가 유다에 불을 보내리니 예루살렘의 궁궐들을 사르리라.암 2:4-5

원래 이스라엘은 하나의 국가였으나 솔로몬 왕과 르호보암 왕 때부터 불행하게도 남유다와 북이스라엘로 분열되었다. 유다와 이스라엘 왕국을 둘러싼 이방 민족들을 규탄하는 여섯 나라에 대한 여섯 개의 예언의 근거는 하나님이 노아를 통해 인류와 맺으신 언약이었다는 점을 보았다. 그런데 유다를 규탄하는 예언들은 다른 언약에 근거하고 있으며 예언의 성격이 다르다. 이 본문에는 세 가지 주제가 있다. 하나는 유다를 질타하는 예언이고, 그 다음은 북이스라엘을 규탄하는 예언 중에서 하나님이 이스라엘을 위해 하신 일과 이스라엘이 저지른 죄에 대한 기록을 담은 첫 번째 부분과 아모스 예언자의 반응과 예언된 형벌의 내용을 담은 두 번째 부분이다.암2:6-16

4절 앞에 나오는 이웃 이방 여섯 나라에 대한 예언에 이어 먼저 유다에

대한 심판이 이어진다. 여호와의 율법은 개인적 · 사회적 · 정치적 그리고 종교적 행위의 모든 범위를 망라하고 있다. 아모스가 지적한 유다의 죄들은 그들이 이미 소유하고 있었던 언약의 책 안에 들어있다. "저희가 여호와의 율법을 멸시하고 그의 규례들을 멸시하고 저버린 것이다." 또한 "거짓 것들 즉 우상에 미혹되어 곁길로 나갔다." 유다의 죄에 대한 처벌은 어떻게 이루어질 것인가? 그들이 가진 바로 그 율법에 의해 점검될 것이며 그들이 가진 언약에 의해 심판받게 될 것이다. 유다의 왕들은 다윗의 직계 후손들이다. 유다 왕국과 북이스라엘을 구성하는 두 왕국의 핵심은 언약을 통한 하나님과의 관계였다. 유다 왕은 다윗의 후손이므로 어떤 일이 있어도 율법을 중요하게 여겼고, 따라서 율법을 어긴 왕을 규탄하고 나선 것이다. 우리는 율법이 무엇인지 분명히 알아야 한다. 아모스 시대에 이미 완전한 율법이 존재했다. 그런데 이스라엘은 하나님이 출애굽 시절부터 그들과 맺어온 역사 전체에 대한 기억이 담긴 이 가르침을 저버렸다.

이스라엘 민족에게 율법은 추상적이고, 이론적이고, 일반적인 계명의 집합이 아니었다. 율법은 이스라엘 민족의 역사적 출애굽 경험7)과 밀접하게 연결되어 있었다. 십계명을 이해하려면 이집트의 파라오 왕으로부터 받은 압박 · 고통 · 부자유 · 불평등으로부터 여호와 하나님의 인도하심으로 마침내 얻는 해방 · 자유 · 평등을 얻은 출애굽 사건과 광야에서의 방랑, 시내산 도착과 같은 이스라엘의 장구한 역사적 경험을 알아야 한다. 십계명은 다른 역사적 사건들과도 분리되지 않았다. 다시 말해, 토라는 어떤 지성인이나 철학자가 추상적으로 만들어낸 도덕이 아니다. 거기에는 역사가 반영되어 있다. 그런데 바로 유다 왕국이 이 역사를 버렸다! 또한 율법의 계명들은 일반적으로 우리가 법이나 규칙으로 생각하는 것들과는

---

7) 1부 〈출애굽사건〉 참고할 것.

성격이 많이 다르다. 십계명을 단순한 계명의 집합으로 읽어서는 안된다. 그것은 약속이자 미래다. 이 법을 존중하고 순종하면 살 수 있지만, 율법을 어기면 죽음에 이르게 된다. 이것이 바로 언약이요 언약적 저주다. 언약적 저주는 개인이나 민족이라도 하나님과의 언약을 어긴다면 죽음에 이르는 것을 말한다. 이처럼 율법은 생명이 가능하고 허용되는 영역을 묘사한다. 이와같이 율법토라을 어기면 생명의 영역에서 벗어나 죽음의 영역으로 들어가게 된다.

본문에서 유다 왕국이 "거짓 것에 미혹 되었다"는 말은 거짓 우상들에게 미혹되었다는 것이다. 이것은 우리가 흔히 생각하는 우상숭배 개념 이상의 것이다. 우상이 가짜 신이기도 하지만 거짓 · 사라지는 연기 · 아무 것도 아니라는 의미의 '헛됨'이라는 사실을 보여준다. 거짓 우상들을 따라가는 것은 아무 것도 아닌 껍데기에 불과한 권력 · 아름다움 · 돈 · 성공 등의 겉모습에 현혹되는 것이다. 우상을 섬긴다는 것의 핵심이 바로 '아무것도 아님'이다. 우상을 따르는 것은 인간의 욕망에 불을 지르며 세상에서 겉모습을 택하는 것이다. 그들은 하나님의 율법을 무시하고 다른 거짓 신들을 따르며 외형적인 종교의식만을 따르는 미신을 믿는 자들이었다. 오늘 우리에게 우상은 무엇인가? 나와는 전혀 상관없는 문제일까? 나에게 하나님 보다 더 귀한 것, 아름다운 것, 좋은 것이 있다면 그것이 무엇이든 바로 우상이다! 실제로 나의 학벌이, 나의 지위가 나의 성공이 내가 추구할 최고의 것이요 자랑거리리라고 생각한다면 우상을 숭배한 사람이다. 그런데도 예수 그리스도를 따른다면서 교회에서 집사, 장로 심지어 목사라는 사람 중에서도 실천적 무신론자가 얼마나 많은가? 또한 예수님께서 "하나님이냐 돈이냐"는 문제를 제기하셨다. 눅6:13 이때 돈은 우상이다.

이것을 알면 왜 하나님을 '견고한 바위' 시편31:2, 8)라고 부르는지 이해할 수 있다. 하나님만이 우리의 진정한 견고한 바위일 뿐 그 이외의 것은 모두 우상이다! 이 세상 어느 것도 우리가 의지할 견고한 바위는 없다! 하나님은 흩어질 무無로 사라지는 연기와 같지 않기 때문이다. 하나님을 질투하는 분이라고 말하는 성경 말씀도 이런 맥락에서 이해해야 한다. 십계명 중 두 번째는 하나님께서는 자신을 '질투하는 하나님'이라고 말한다. 이 질투 는 우리가 인간의 애정 관계에서 질투라고 부르는 것과 공통점이 없다. 하 나님이 질투하시는 이유는 인류를 사랑하시기 때문이다. 인류가 살아 계 신 하나님으로부터 떨어져 나가면 죽게 된다는 것을 너무나 잘 아시기 때 문이다. 예언자 아모스가 유다에 대해 지적한다. 죄가 유다 역사의 어떤 특정한 시기에 국한된 것이 아니라 유다의 조상 때부터 오늘 우리 시대까 지 이르는 것임을 알아야 한다.

5절 우리말 성경에는 '그러므로'가 빠져있다. '그러므로'는 어떤 일의 결과를 말한다. 유다가 죄를 지은 결과는 유다에 불을 보내실 것이고 그 불 이 예루살렘 궁궐들의 요새들을 파괴할 것이다. 그 어떠한 난공불락의 요 새라도 하나님의 심판을 막아낼 수 없다. 그럼에도 불구하고 아모스의 유 다 심판을 들었던 백성이 눈물로 회개하고 돌아오지 않았다. 예언자 아모 스의 외침은 심판하는데 있지 않고 하나님께 회개하고 돌아오라는 것이 다. 남유다는 정확히 주전 734년에 바벨로니아 제국으로 강제로 끌려간 뒤에야 처절하고 고통스런 시간을 보냈으나 이미 때는 늦었다.

---

8) 구약에 하나님을 '바위'와 비교한 내용이 많이 나오는데 시편에 나타난 것을 보면 '나 의 바위' (18:2, 92:15). '높은 바위' (27:5), '견고한 바위' (31:2), '높은 바위' (61:2), '숨을 바위' (71:3), '구원의 바위' (89:26) 등이 있는데 전체적으로 여호와 하나님이 우리에게 어떤 분이신가를 보여주는 메타포다.

5. 이스라엘을 향한 예언_{암2:6-16}

6 여호와께서 이와 같이 말씀하시되 이스라엘의 서너 가지 죄로 말미암아 내가 그 벌을 돌이키지 아니하리니 이는 그들이 은을 받고 의인을 팔며 신 한 켤레를 받고 가난한 자를 팔며 7 힘없는 자의 머리를 티끌 먼지 속에 발로 밟고 연약한 자의 길을 굽게 하며 아버지와 아들이 한 젊은 여인에게 다녀서 내 거룩한 이름을 더럽히며 8 모든 제단 옆에서 전당 잡은 옷 위에 누우며 그들의 신전에서 벌금으로 얻은 포도주를 마심이니라 9 내가 아모리 사람을 그들 앞에서 멸하였나니 그 키는 백향목 높이와 같고 강하기는 상수리나무 같으나 내가 그 위의 열매와 그 아래의 뿌리를 진멸하였느니라 10 내가 너희를 애굽땅에서 이끌어 내어 사십 년 동안 광야에서 인도하고 아모리사람의 땅을 너희가 차지하게 하였고 11 또 너희 아들 중에서 선지자를, 너희 청년 중에서 나실인을 일으켰나니 이스라엘 자손들아 과연 그렇지 아니하냐 이는 여호와의 말씀이니라 12 그러나 너희가 나실 사람으로 포도주를 마시게 하며._{암:6-12}

이제 예언자 아모스는 유다 왕국의 심판에 이어 이스라엘의 권력자들과 부자들을 등장시키면서 그들의 윤리적 죄악들을 조목조목 지적하면서 그들이 치러야 할 죄값이 얼마나 큰가를 말한다. 이웃 이방 여섯 나라와 유다의 죄를 고발한 예언자 아모스는 유다의 심판 선언 이후, 이스라엘 백성의 죄를 고발한다. 예언자가 지금까지 장황하게 이웃 이방 나라의 범죄를 들추게 된 것은 자기 동족 이스라엘의 죄와 악을 밝히 드러내고 그 죄악의 길에서 돌이켜 하나님의 진노의 손길을 피해 보고자 하는 민족에 대한 안타까운 사랑 때문이다. 나라의 수치와 허물을 무작정 덮어두는 자는 그러한 수치스러운 일을 하는 자보다 결코 낫지 않다. 인간 역사는 기득권자들에 의해 얼마나 많은 애국자를 괴롭혔으며, 또 그들의 입을 막고 그들의 생명을 끊어버렸는지를 보여주지 않았던가? 예언자는 자신의 나라가 바로 서고 위험으로부터 벗어나 새롭게 되기를 원하는 사람이라는 면에서 진정한 애국자다. 아모스는 결코 스스로 나라를 위한다고 나선 사람이 아니다. 그는 다만 자기가 살고 있었던 북왕국 이스라엘의 종말을 바라보면서 민족과 국가를 사랑하는 마음으로 그 백성을 지도하고 있었던 왕을 비롯한 권력자들과 악한 부자들의 그릇된 생각과 행동을 바로 잡으라고 외친 것이다. 이 외침 때문에 그는 핍박을 받았지만 그는 하나님의 대언자의 사명을 다한 사람이다. 그는 하나님의 성령의 이끌림을 받아 하나님의 뜻을 백성과 지도자들에게 진실하고 대담하게 외친 예언자다. 나라가 잘되어 간다는 것을 말하는 것이 백성의 의무인 것과 마찬가지로 부패하고 정의를 실천하지 못하는 나라를 향하여 똑바로 말하는 것도 나라를 사랑하는 일이다. 오늘 한국 교회 목사들도 예언자 아모스와 같이 오늘의 잘못된 현실을 보고 안타깝게 호소해야 한다.

내 속에 병이 있어 그 결과가 분명하게 나타나고 있는데 "나는 건강하다." "나는 병이 없다"고 말하는 것은 무지요 자기기만이다. 예수님께서 "그들에게 이르시되 건강한 자에게는 의사가 쓸 데 없고 병든 자에게라야 쓸 데 있느니라 나는 의인을 부르러 온 것이 아니요 죄인을 부르러 왔노라 하시니라"^{막 2:17}라고 말씀하시지 않았던가! 아모스는 비록 양을 치고 뽕나무를 재배하는 목자였지만, 하나님의 말씀에 비친 이스라엘의 현실은 중병으로 신음하고 있는 것으로 보았다. 더욱이 그 병이 쉽게 치유할 수 있는 것이 아니라 치명적이란 것을 바라볼 때 그는 견딜 수 없었다.

그러나 아모스는 그 질병이 무엇이라 진단하고 소생할 가망이 없다는 절망적인 외침을 한 사람은 아니다. 어떻게 하면 이스라엘이 하나님에 대한 불순종을 회개하여 정의와 사랑을 가지고 살아갈 수 있을 것인가를 외친 사람이다. 다음 6-8절에는 이스라엘이 범죄한 7가지 내용이 나오고 있다. 6절에서 북왕국 이스라엘의 병들을 진단하고 있다. 하나님의 진노의 손길이 돌이킬 수 없을 정도로 무서운 벌을 받기에 합당한 범죄 곧 나라를 멸망의 나락으로 떨어질 수 밖에 없는 현실을 고발한다. 북왕국에 살고 있는 백성이라기보다는 왕을 비롯한 권력자들, 부자들을 대상으로 한 것이다. 예언자 아모스 예언 전체를 통해 힘없는 사람들과 가난한 사람들의 죄를 공격하는 일은 없다. 백성들이 무슨 잘못이겠는가? 역사적으로 나라의 운명은 왕을 비롯한 권력자들과 부자들, 오늘날로 말하면 대통령·국회의원·사법부·부자들의 타락으로 멸망하지 않았던가? 그러므로 아모스는 이들을 향해 외치고 질책했던 것이다.

아모스가 말하는 이스라엘의 첫 번째 죄악은 의인정직한 백성을 종으로 팔아 넘긴 것이다. 물론 사람들 가운데는 게을러서 가난한 경우가 있다. 그러나 사회 구조적인 원인으로 가난하게 되는 경우가 대부분이다. 지금도 부유층과 권력자들은 갈수록 부유해지는데 빈부격차는 날이 갈수록 커지고 있지 아니한가? 우리나라 옛말에도 "돈 앞에 장사", "돈이면 인간사 않될 것이 없다.", "돈은 살아있는 신이다.", "돈이 있으면 지옥문도 여닫는다."가 있다.

6절 은돈을 받고 의인을 팔아 넘겼다. "의인"차디크은 결코 율법적인 의미에서 실수와 죄를 범하지 않는 사람을 가리키는 것이 아니라 법정에서 무죄한사람을 말한다. 2,700여 년 전 당시 가난한 사람과 힘 없는 자들이 무시당하고 억압당한 것이 무엇이 그리 대단한 일인가? 그러나 이스라엘의 하나님께서 보시기에는 엄청난 죄였고 심각한 문제다. 그렇기 때문에 가난한 자를 학대하고, 의인을 멸시하고 괴롭히는 사람들에게 아모스는 정면으로 도전하고 외치고 있는 것이 아니겠는가?

두 번째 죄악은 "신 한 켤레 값을 받고 가난한 자를 팔고" 넘긴 것이다. 가난한 사람들을 빚을 갚지 못한다는 이유로 신 한 켤레 값 정도의 터무니없이 싼값으로 팔아 버린다. 가난한 사람에게 죄를 씌워 돈을 빼앗고 싼 값으로 팔아버리는 행위는 사람을 물건 취급을 하고 노예로 팔아버린 것이다. 인신매매다. 황금만능주의 세상이다! 부패한 법정들은 파렴치한 권력자들과 악한 부자들에게 노예 노동이 가능하도록 그들을 도와 주었다. 민·형사 소송에 패소한 가난한 사람들에게 무거운 세금이 주어졌다. 그 세금을 내지 못할 때 그들은 노예로 팔렸다. 법정과 그 노예를 산 사람들은 이익을 챙겼으나 중요한 것은 하나님의 언약을 위반하였다. 가난한 자들의 비참한 모습과 잔인한 권력자들과 부자들의 모습을 볼 수 있다.

잠언은 가난한 사람과 부자에 대해 자주 언급하는데

> 가난한 사람을 학대하는 자는 그를 지으신 이를 멸시하는 자요 궁핍한 사람
> 을 불쌍히 여기는 자는 주를 공경하는 자니라 공의는 나라를 영화롭게 하고
> 죄는 백성을 욕되게 하느니라.잠 7:31,34

무엇보다 가난한 자를 신 한 켤레 값으로 사고파는 일은 사람의 눈으로도 잔인하게 보이는데 무엇보다 언약에 불순종하는 것이다. 사회에서 천

대와 멸시를 받고 있는 사람들은 가난하게 살아가고 또 대우를 못 받는 천 덕꾸러기로 살아가는 사람들이다. 이기적이고 탐욕적인 사람들 때문에 제대로 대접을 받지 못하고 살아가는 사람들이다.

7절 세 번째 죄악은 "힘없는 사람들의 머리를 티끌 먼지 속에 발로 밟은" 것이다. 힘없는 사람아나빔 anawim이란 약하고 비천한 사람을 말한다. 그런데 그들의 머리를 마치 흙을 밟듯이 짓밟았다. 이것은 하나의 비유적 표현이라기보다 아모스가 눈으로 목격했던 광경이라 할 수 있다. 어제나 오늘이나 돈과 권력은 변함없이 힘을 발휘한다. 당시 고아나 과부, 이방인들은 이렇게 살았다. 이런 상황에서 그들을 보호해주는 사람이 있어야 한다. 그러나 아무도 그들에게 관심을 갖지 않았다. 야고보서에 나오는 "가난한 자의 얼굴을 맷돌질한다"약3:15는 말과 서로 통한다. 이스라엘 권력자들, 부자들은 그렇지 않아도 어렵게 사는 사람들을 더없이 비참하게 만들었고 그들을 극도의 절망으로 몰아부쳤다. 이어 "연약한 자의 길을 굽게 하며"는 재판의 왜곡을 말한다. 이러한 잘못된 재판을 통하여 부당한판결을 받는 것이다. 이와 같은 인간 관계의 파괴, 가난하고 힘 없는 사람에 대한억압과 착취, 힘 없는 약자가 바른 재판을 받는 것을 막는 법정과 사회의 불의를 하나님께서 용납하지 않으시며 그들을 심판하실 것이다.

신명기에도 "재판장과 지도자들은 … 공의로 백성을 재판할 것이니라. 너는 굽게 판단하지 말며 사람을 외모로 보지 말고 뇌물을 받지 말라. 뇌물은 지혜자의 눈을 어둡게 하고 의인의 말을 굽게 하느니라. 너는 마땅히 공의만 좇으라. 그리하면 네가 살겠고 네 하나님 여호와께서 네게 주시는 땅을 얻으리라."신 16:18 이하 하나님께서 이스라엘이 정의의 나라가 되도록 재판관을 세우셨다. 그러나 그들은 정의에 따라 재판하지 아니했음을 고발하고 있다. 하나님은 재판관들이 뇌물을 삼가고 죄가 없는 자에게 무죄를 선고하는 자를 칭찬하시는 반면왕상 8:32 뇌물을 취하는 자를 비난하신다. 미 3;11, 7:3 재판관들은 사람을 외모로 보지 않고 항상 뇌물의 유혹을 피하고 자비를 보여야 한다. 재판관들은 그들의 권위를 남용하였다. 그런데도 오늘 우리의 판검사들과 변호사들은 하나님의 정의는 온데간데없고 자신들의 돈과 권력을 갖기에만 혈안이 되었다.

예수님께서 가난하고 버림받은 사람들과 연대한 까닭에 죽음을 맞으신다. 바울 서신에서 가난한 사람들은 세상의 보잘것없는 인간들이다. 사회에서 버림받은 인간쓰레기, 그러나 이들이야말로 하나님 나라의 주춧돌 역할을 할 사람들이다. 예수님께서는 가난한 자로 시종일관 제시된다. 가난한 자는 항상 부자와 권력자의 압제와 핍박과 착취 때문에 만들어진 사람임을 보여준다. "가난한 자를 학대하는 악한 권력자는 부르짖는 사자와 주린 곰 같다"잠 28,15는 말씀은 가난한 사람이 어떻게 가난해져서 천민이 되고 약자가 되는가를 설명하고 있다. 부자와 권력자가 학대하고 착취한 결과 이미 하나의 사회 계층을 이루고 있는 가난한 백성들을 말한다. 개인적인 의미보다 집단적으로 가난한 계층 전체가 권력자들과 부자들에 의해 운명적으로 압박과 착취를 당하고 있는 현실을 말한다. 가난한 사람은 이스라엘의 '언약의 책', 출 20−23장과 신명기 15장에서 그들의 권리를 변론한다. 그들의 억울함을 대변하는 하나님의 정의는 가난한 자가 권력자, 부자들에 의해 학대와 압박당하는 것을 금지하고 있다. 어느날 부자 청년이 예수께 와서 인생에서 가장 중요한 문제인 "어떻게 해야 영생을 얻을 수 있습니까?" 하고 물었다. 예수님의 대답의 핵심은 "네가 가진 것을 다 팔아 가난한 자들에게 주라. 그리하고 나를 따르라 그는 슬픈 기색을 하고 근심하며 가니라", "부자가 천국에 들어가기 어렵다." 막 10: 17-22 부자 청년은 영생보다는 부를 택했다. 그 청년의 모습은 나와는 상관없는 그 만의 모습일까? 오늘의 나의 모습은 아닌가? 예수님은 다른 곳에서도 가난한 자들과 고통받는 자들 즉 "창녀와 세리들이 너희보다 먼저 하나님 나라에 들어가리라" 마2:31 고 말씀하신다. '먼저' 라는 말이 눈에 띤다. 우리가 무시하고 버린 사람들이 우리보다 먼저 하나님 나라에 들어가다니 역설이 아닐 수 없다. 하나님은 그러한 분이시다. 오늘날도 마찬가지다.

그 때에 임금이 그 오른편에 있는 자들에게 이르시되 내 아버지께 복 받을 자들이여 나아와 창세로부터 너희를 위하여 예비된 나라를 상속받으라 내가 주릴 때에 너희가 먹을 것을 주었고 목마를 때에 마시게 하였고 나그네 되었을 때에 영접하였고 헐벗었을 때에 옷을 입혔고 병들었을 때에 돌보았고 옥에 갇혔을 때에 와서 보았느니라 … 이에 의인들이 대답하여 이르되 주여 우리가 어느 때에 주께서 주리신 것을 보고 음식을 대접하였으며 목마르신 것을 보고 마시게 하였나이까, 어느 때에 나그네 되신 것을 보고 영접하였으며 헐벗으신 것을 보고 옷 입혔나이까 … 임금이 대답하여 이르시되 내가 진실로 너희에게 이르노니 너희가 여기 내 형제 중에 지극히 작은 자 하나에게 한 것이 곧 내게 한 것이니라 … 내가 진실로 너희에게 이르노니 이 지극히 작은 자 하나에게 하지 아니한 것이 곧 내게 하지 아니한 것이니라 하시리니 그들은 영벌에, 의인들은 영생에 들어가리라 하시니라. 마 25: 35-46

영원한 생명에 관한 말씀이다. 들을 귀 있는 자는 들을지어다! 여기 주린 자, 나그네, 병든 자, 옥에 갇힌 자, 소외된 자는 정확하게 아모스서를 비롯한 구약성경의 모든 예언서들과 신약성경에 등장하는 하나님께서 친히 돌보시는 사람들이다! '사마리아 사람의 비유'를 생각해 보라. 제사장과 레위인들은 수많은 변명거리를 가지고 지나쳐 버렸지만, 오히려 그들이 미워하는 사마리아 사람은 진정한 이웃 관계를 가지고 사랑을 베풀지 않았던가? 이웃은 우리에게 찾아오는 것이 아니라 우리가 찾아가는 것이다!

"가난한 자의 머리에 있는 티끌을 탐낸다." 권력자들과 악한 부자들의 탐욕적인 삶이 어느 정도인지를 여지없이 보여주는 상징적인 표현이다. 극도의 개인주의요 깡패나 다름없다. 예수님을 믿는다는 사람들이 이 사회의 노동문제에 대해 얼마나 관심을 가졌는가? '노동'을 '근로'라는 말로 바꾸는 것으로 노동문제가 해결되는 것은 아니다. 재벌 회장들은 노동조합이라면 치를 떤다. "그놈들은 돈 한푼 내지 않으면서 월급 가져가면 되지 무슨 말이 많아"라고 말하는 것이 그들의 태도다. 노동자들이 단순히 일만 하는 사람에 불과한가? 물론 자본과 기계들을 소유한 자본가들도 중요하지만, 노동자들이 온 몸과 시간을 바쳐 피땀 흘려 한 일에 대한 보상이 단지 몇 푼의 월급을 주는 것으로 끝나는 것인가. 얼마나 비인간적인 모습인가? 어떻게 이렇게도 무정한 사회가 되었는가? 도산 안창호의 「무정한 사회와 유정한 사회」라는 제목의 글이 있다. 그런데도 한국 보수주의 교회는 재벌들의 편을 들어주고 노동자들이 파업이라도 할라치면 무슨 큰 죄를 진 사람처럼 보아왔다. 갈수록 빈부격차가 심해지는 현상을 보지 않는가? 부자들과 보수 기득권자들은 눈물도 피도 없는 인간들이다. 남이야 어떻게 살든 상관없고 눈물도 없는 인간, 공감 능력도 동정심도 없는 미친 프랑켄슈타인 같은 잔인한 괴물 인간이다.

사람의 값을 티끌과 같게 만드는 일이나 가난하고 힘없는 자의 비극을 탐심의 기회로 삼는 비인간화의 문제다. 여기서 지배하는 세력은 권력자·부자·판검사들의 기득권 카르텔에 의해서이다. 가난한 자들이 기득권 카르텔에 의해 지배되고 있다는 것은 사회가 병들어 있다는 증거이기도 하다. 오늘 우리가 사는 사회가 돈에 사로잡혀 있는 참으로 불행한 일이기도 하지만 이러한 현실을 바꾸는 것이 기독교인들의 할 일이 아니겠는가?

이와같이 정의를 실천되도록 성경의 여러 곳에서 반복적으로 말하고 있다. 가난한 자와 힘 없는 자들이 돈으로 사고 팔리는 세상이라면 그 사회가 얼마나 불행한 사회인가? 무전유죄無錢有罪, 유전무죄有錢無罪의 현상이다. 돈이 없으면 없는 죄도 만들어 죄가 있게 만든다. 어디서 듣고 본 모습이 아닌가? 바로 우리가 살고 있는 나라가 지금 그런 나라가 아닌가? 이 땅의 기독교인이라고 부르는 사람들이 20% 안팎이라고 하니 지금의 세상 돌아가는 일에 교회가 아무 관련이 없다고 누가 말한다면 방관자요 구경꾼이다. 방관자는 또 다른 방관자를 만들어 낸다. 이것이 하나님을 믿는 사람들의 모습이 아니다.

한국 교회 보수주의자들은 한결같이 성속이원론을 주장하고 정치에 관심을 가져서는 안된다고 말하지만, 역설적이게도 지금 한국 교회는 이 세상 정치·경제·사회 등 모든 분야에서 큰 영향을 미치고 있지 아니한가? 한국교회는 사람들로부터 손가락질 받고 있으며 '개독', '해충' 이라는 등, 욕을 먹고 있는 현실이 아닌가? 순백한 아동작가인 권정생은 "교회는 정치와는 떨어져 순수한 도덕적 수양만으로 높은 신앙인이 되라고 가르치면서, 어쩌면 교회는 그렇게 정치와 결탁하면서 하나님의 자녀들을 기만

하는 것입니까? 갈보리 산 언덕에서 죽은 예수님은 진실로 정치와 대결했던 분입니다. 예수님은 이 세상의 모든 정치를 부정했기 때문에 죽은 것입니다. 정치를 비판하니 왕과 제사장, 로마의 앞잡이들의 미움을 산 것입니다.… 대제사장들이 성전에서 장사꾼이 되어도 강대국이 유대 나라를 짓밟아도 예수님이 순수한 복인 말씀을 전하지 않으셨더라면 그에게 십자가는 있을 수 없습니다."고 말했다.[9]

한국 교회 지성인들이 집필하는 각종 월간지나 전문 계간지들[10]에서 기독교의 현실을 고발하고 글을 쓰고 죄담회를 열면서 한국 교회를 성토하고 있는지를 알고나 있는지 모르겠다. '너희는 세상의 소금'이라 하신 주님께서 하신 말씀을 기억하고 있는가? 한국 교회의 현실은 불행하게도 "소금이 만일 그 맛을 잃으면 무엇으로 짜게 하리오 후에는 아무 쓸데 없어 다만 밖에 버려져 사람에 밟힐 뿐이니라"[마 5; 13]는 주님의 말씀이 한국 교회에 성취되었다고 할 수 있다. 물론 기독교인이라해서 완전한 인간은 아니다. "너희는 세상의 빛이라" 그러나 기독교회가 사람들의 도덕적인 수준이 어느 정도인지, 세상을 위한 전도와 계몽은 커녕 교회가 계몽해야 될 대상이 되어버리고 손가락질 당하게 된지 오래다. 계몽enlightment이라는 영어에는 '빛' enlightment이라는 말이 들어 있다.

가난한 자와 힘 없는 자를 은돈으로 팔아먹는 일이란 생각할 수 없는 일이다. 목사는 가난한 자들과 힘 없는 자들이 욕을 당하고 멸시 당하는 현실을 보면서 예언자처럼 외치고 나서야 할 것이 당연하지 않겠는가? 필자는 어느 설교에서 불의한 재벌의 폐악을 지적하다 설교를 중단하게 된 사연

---

9) 홍인표, 『강아지 똥으로 그린 하나님 나라』, 세움북스, 2021, 42. 이 책은 권정생 작가의 삶과 작품을 해설한 것이다.
10) 「문화과학」 91호, 「창작과 비평」 171호, 「인문과 사상」 16호, 「철학과 현실」 11호, 「경제와 사회」 62호, 「사회비평」 33호 등에서 특집으로 다루고 있다.

이 있다.

한 사회에서 집이 없어 인간다운 삶을 살지 못하는 사람들이 얼마나 많은가? 이스라엘의 율법은 여호와께서 가난한 자들의 하나님이라고 말씀하고 있다. "부자가 하나님 나라에 들어가기 어렵다." 하나님과 재물을 동시에 섬길 수 없기 때문이다. "염려와 탐욕에 사로잡힌 세상 안에서 돈은 성스러운 광채를 지니며 치명적인 힘을 가진다. 돈의 신, 맘몬의 경제적 양식은 자본주의다. 예수께서는 인간을 속이고 노예를 삼고 부자유하게 하는 인간의 적이 맘몬임을 폭로한다."11) '부자 청년'을 향한 예수님의 말씀은 그 청년에게만 해당하는 말이 아니다. 예수님을 따르려는 모든 교인들을 향한 말씀이다. 예수님의 이 말씀을 부자청년에게만 적용하는 것은 아전인수격 해석이다. 예수님의 말씀도 구약성경의 말씀을 알아야 충분히 이해할 수 있다.

돈으로 옳고 그름이 가려지는 사회는 병든 사회의 모습이다. 사법부와 검판사의 농간에 의해 의인과 죄인의 구별이 좌우된다면 아모스의 고발은 결코 옛날 이야기만이 아니다! 가난한 자가 신 한 켤레 값으로 죄인으로 판가름 나는 나라라면 얼마나 병든 나라인가? 인권이 돈으로 결정된다면 얼마나 비극적인가! 노예제도란 인간을 돈과 같은 소유물로 보는 것인데, 이것은 노예제도가 용납되는 사회에만 있는 것이 아니라, 오늘날도 인간이 신 한 켤레 값으로 팔리고 있음을 얼마든지 볼 수 있다. 돈이 중심인 사회를 기독교적이라 생각하는 것은 무지에서 온 결과다. 돈 앞에 장사 없다! 몇천 년이 지나도록 고대사회의 모습에서 한 발자국도 나가지 못했다. 아

---

11) 한스 요아힘 크라우스, 『조직신학, 하나님나라』, 박재순 역, 한국신학연구소, 2000. 458.

니 극단을 치닫고 있다. 정말 돈돌아버린 세상이다. 막스 베버가 쓴『프로테 스탄트 윤리와 자본주의 정신』은 현대 사회학에서 논쟁거리를 제공해왔 다. 그러나 그의 글은 청교도의 근검, 절약이 기독교인들의 집단적인 행동 에서 근거한 것이라고 주장한다. 그러한 주장은 칼빈의 예정론에 근거하 여 교인들이 구원의 확실성을 확보하기 위하여 근검 절약 정신이 자본주 의가 형성되었다는 베버의 주장은 여러 학자들에 의해 반박되고 있다. 그 럼에도 불구하고 보수 기득권 기독교인들이 별 생각없이 베버가 쓴 제목 만 보고 기독교가 자본주의의 기원이었다는 생각은 피상적이라는 것이 이 분야 전문 신학자들의 일치된 견해다.[12] 우리나라 현대사는 그야말로 정 신차릴 사이도 없이 오늘에 이르게 되었다. 그러니 인권이니 복지니 정의 니 하는 말들이 너무도 생소한 현실이 되었다. 우리나라 사람들이 박정희 를 가장 훌륭한 대통령이라고 생각한다니 돈으로 인간의 혼을 팔아 먹는 자들이다. 그때부터 우리나라 사람들이 돈과 탐욕에 빠지기 시작하지 않 았는가? 그가 한 일은 보리고개를 넘기는 수준에서 다소 경제적 성장을 이 루었지만, 그때부터 대기업들이 형성되고 빈부격차와 사회적 불평등이 커지기 시작하고 군대 문화가 내재화되기 시작하여 오늘에 이르게 되었 다.

하나님이냐, 돈이냐? 둘 중에 하나다. 어느 목사가『깨끗한 부자』라는 책을 썼는데 그 자체가 형용모순일 뿐만 아니라 세상 돌아가는 일에 이다 지도 무지하단 말인가? 성경은 매우 현실적이다. 깨끗한 부자는 있을 수 도 없거니와 일종의 기복주의를 표방한 말이다. 부자도 되고 하나님의 자

---

12) 이 주제는 이오갑,『칼빈, 자본주의의 고삐를 잡다』, 한동네, 2018.를 보면 칼빈 연구 가에 의해 밝히고 있다. 또한 정세열,『종교개혁과 경제』, SFC, 2016, 61-87.〈막스 베버의 논지와 칼빈의 비교〉에서 성경을 심각하게 왜곡하고 있다고 말한다. 로드니 스타크는 사회학자로서 자본주의가 어떻게 발생했는가를 자세하게 설명한다. 로드니 스타크,『우리는 종교개혁을 오해했다』, 손현선 역, 헤르몬,, 2018, 101-128.

녀도 될 수 있으니 이 얼마나 좋은 복음인가? 얼마전 세상을 떠난 조용기는 『5중 복음과 삼박자 축복』에서 '예수 믿으면 복 받는다'는 유행어를 퍼뜨림으로써 돈을 많이 가진 사람이 복받은 자라는 '다른 복음' 갈:6-9을 전하는 사람의 시조가 되었다. 하루라도 빨리 조용기 목사가 설파한 잘못된 복음이 연기처럼 사라지기를 소망한다.

7절 후반 마지막 부분 다섯 번째 죄악은 "아버지와 아들이 한 젊은 여인에게 다녀서 내 거룩한 이름을 더럽힌다"는 한 가정의 아버지와 아들이 모두 한 여자에게 성적 타락에 빠져 있다는 것이다. 마치 『카라마조프씨네 사람들』에 나오는 아버지와 큰 아들 드미트리 사이에 한 여자를 두고 사랑 다툼을 하는 모습을 생각나게 한다. 본문의 젊은 여인은 제의 창녀이기도 하고 성적으로 문란한 이스라엘의 현실을 말해 주고 있다. 이것은 아버지가 자신의 부인을 두고 다른 젊은 여성에게 성적 만족을 얻기 위해 정규적으로 다닐 뿐만 아니라 그 아들도 동일한 여자와 성관계를 맺기 위해 다닐 정도로 이스라엘의 성적 타락이 극도에 이르렀음을 말해 주고 있다. 아모스가 말하는 죄악은 이스라엘의 성적 도덕이 이교적 악습에 따라 여호와 하나님의 영광을 더럽히고 있다는 것이다. 이스라엘은 여호와의 거룩한 언약 백성이다. 그들이 바알 종교 풍습을 따른다는 것은 여호와의 언약을 스스로 파기하는 것이다. 이스라엘이 권력자들 부자들과 백성들이 성적으로 얼마나 타락했는가를 보여주고 있다. 6-7절은 짧지만 이스라엘의 죄악을 압축적으로 보여주고 있다.

8절 "모든 제단 옆에서 전당 잡은 옷 위에 누우며 저희 신전에서 벌금으로 얻은 포도주를 마심이니라." 6-8절에서 벌금으로 얻은 포도주를 저당잡는 것은 갚아야 할 빚을 갚지 못함으로 발생한 것이라고 생각된다. 가난한 자들에게 이자를 받고 돈이나 양식, 포도주를 빌려 주는 경우가 있었다. 무엇인가를 빌려주고 대신 받은 포도주를 먹은 행동이 법적으로 문제가 없을 수 있지만, 여기서 문제가 되는 것은 가난한 자의 형편에 대한 무심함과 냉정함이라고 할 수 있다. '제단 옆'과 '그들의 신전에서' 적을 두고 있으면서 가난한 자의 형편을 돌아보지 않은 채 자신의 법적 권리만 행사하는 이들이 제단과 성전에 출입하며 종교예식을 행한다는 점을 강조한다. 열심히 자신의 신앙에 따라 종교행위를 하지만 가난한 자로부터 저당잡은 옷은 해가 서산에 떨어지는 때로 가난한 자에게 옷을 돌려주라고 규정출22:266 되었지만 벌금으로 취득한 포도주를 성전에서 마신다.

2장에서 이방 여섯 나라는 전쟁 중에 일어난 비인도적인 가혹한 행위 때문에 심판받는데 반해, 이스라엘의 일상 사회, 경제적 현실 속에서 권력자와 부자들에 의해 자행되는 가난한 자에 대한 착취와 억압에 대해 압축적으로 보여 주고 있다. 이것이야말로 여호와의 거룩한 이름을 더럽히는 것이고 이스라엘에서는 심판의 근거가 된다.

9-12절 예언자 아모스는 이스라엘의 과거를 회고하면서 역사적으로 이스라엘의 만성적이고 본질적인 현실을 말하고 있다. 여호와의 은혜를 무시하고 하나님의 율법을 거부한 죄를 말하고 있다. 이 부분은 이스라엘의 긴 역사를 말해 주고 있다. 여호와께서 원하셨던 것에 정반대되는 것을 행하는 이스라엘의 배은망덕과 그러한 경향성을 생각나게 하는 암시들을 통해 이스라엘의 역사를 묘사하고 있다.

9절 이스라엘 백성이라면 누구나 알고 있듯이 그들의 조상은 이집트를 탈출하여 시내광야를 지나 가나안 땅을 들어가면서 수많은 어려움에 직면 했다. 그중 하나가 강하고 잔인한 민족 아모리 족속과의 전투였다. 그들의 체구는 마치 상수리나무와 같이 크고 백향목처럼 장대하고 강했다. 창과 칼도 훈련된 군사들도 없었던 이스라엘 민족은 그들 앞에 메뚜기 떼나 다름없었다. 이스라엘의 승패는 불을 보듯 뻔했다. 그러나 다윗이 말한대로 이스라엘 역사에서 유명한 신앙고백이 된 전쟁의 승패는 칼과 창에 달려 있지 않다.

> 다윗이 블레셋사람에게 이르되 너는 칼과 창과 단창으로 내게 나아 오거니 와 나는 만군의 여호와의 이름 곧 네가 모욕하는 이스라엘 군대의 하나님의 이름으로 네게 나아가노라 또 여호와의 구원하심이 칼과 창에 있지 아니함 을 이 무리에게 알게 하리라 전쟁은 여호와께 속한 것인즉 그가 너희를 우 리 손에 넘기시리라 손을 주머니에 넣어 돌을 가지고 물매로 던져 블레셋 사람의 이마를 치매 돌이 그의 이마에 박히니 땅에 엎드러지니라.삼상 17; 45, 47, 49

세계 평화를 위한 전략적 의미에서 미국이 우리나라에 주둔하고 있다 지만, 천문학적으로 군비를 늘리고 무기 수입을 강요당하고 있다. 하지만 우리의 마음 밑바닥에는 이런 전쟁의 승패와 인도하심이 하나님께 있다는 믿음이 있어야 할 것이다. 어려운 상황에서도 이스라엘은 하나님의 능력으로 강한 군대였던 아모리 족속에게 승리하는 역사가 있지 않았던가!민 21:32 전쟁에 능한 여호와가 계시지 아니한가? 주여, 믿음없는 저희들을 불쌍히 여기소서.

10절 이스라엘은 누구였던가? 그들은 자신의 역사 가운데 우뚝 서 계신 하나님, 바로 이 하나님을 자신들의 종교 제의를 통해 반복적으로 기억하고, 그분의 인도와 간섭과 구원이 오늘에도 재현되기를 요청한 신앙의 민족이었다. 그들은 출애굽 해방과 지속적인 인도와 보호의 이야기로 점철된 자신들의 구원 역사가 하나님의 은총을 경험하는 역사였다는 사실을 알고 있어야만 했었다. 그런데 이제는 하나님께서 친히 심판하는 민족이 되어버렸다. 그들은 기억을 상실한 나라가 된 것이다. 위대한 신전과 막강한 군대를 지닌 이집트를 상대로 기적적으로 탈출했던 출애굽 사건, 갈대바다 홍해를 마른 땅처럼 건넜던 기적, 길이 없는 망망한 광야에서 낮에는 구름 기둥과 밤에는 불기둥으로 인도함을 받고 살았던 추억, 먹을 것이 없는 광야에서 기적의 만나와 메추라기를 먹었고, 물이 없는 사막에서 기적의 생수를 마시며 살았던 그들의 과거 이야기, 창과 칼이 없이도 막강한 족속 아모리 민족을 물리쳤던 위대한 승리의 추억들, 그들을 위한 하나님의 이러한 장엄한 구원사는 이스라엘 민족 신앙의 거대한 흐름을 생생하게 보여주고 있다.

그들에게 신앙의 살과 피를 공급해 주었던 바로 그 이야기를 구원 공동체로서 이스라엘은 기억하고 자녀들에게 부지런히 전수해 오지 않았었던가? 그런데 불행하게도 이스라엘은 그들이 하나님께서 친히 함께하신 임마누엘의 하나님을 상실해 버렸다. 이것은 분명 이스라엘 민족적 치매 현상이 아닌가?

역사가 신채호는 "기억하는 자들이 사라지면 역사는 사라진다"고 말했다. 소설가 박경리는 『토지』를 통해, 소설가 조정래는 대하소설 『태백산맥』, 『아리랑』, 『한강』을 통해 일제시대부터 남북 분단상황에 이어 지금까지 일어난 통 큰 역사를 기록하고 우리의 슬픈 역사를 기억해야 한다는 마음으로 그 방대한 글을 썼다. 뒤틀려진 역사, 고통스러운 역사는 기억해야 한다. 기억력 상실은 개인에게도 불행한 일이지만 역사에 있어서는 더욱 치명적이다! 그들은 자신들의 역사가 하나님의 구원의 이야기라는 사실을 철저히 망각하고 있었다. 왜 예언자 아모스가 출애굽 사건을 아모리 족속을 물리친 사건과 연관시켜 언급하고 있는지에 대해 알아야 한다. 하나님께서는 이집트에서 고통받고 잔인하게 대우받으며 울부짖는 힘없는 이스라엘의 편이 되어 물리치셨다. 그런데 그렇게 구원받은 이스라엘이 이제는 자신들 가운데 있는 가난한 사람들, 힘없는 사람들, 과부와 고아들, 나그네를 압제하고 착취하는 당사자가 되었으니 이 얼마나 어처구니없는 역설인가? 하나님은 선포하신다. 그분은 권력자들과 악한 부자들 앞에서 거룩한 종교심과 외형적 신앙 앞에서 불끈 일어나 그들에 의해 압제받고 불이익을 당하는 힘이 없고 가난한 사람들을 위해 대신 싸우실 것이며 그들을 멸하실 것이다. 출애굽 사건의 경우, 아모리인들은 압제자들이었고 이스라엘인들은 압제 받는 피해자들이었다. 이스라엘은 자신들의 비참한 상황에서 보호자가 되시고, 그들을 대신하여 싸워주신 하나님의 은혜를 망각한 자들이 되었다. 우리도 성경을 알고 있고 하나님의 거룩한 역사, 그리고 우리의 한 많은 역사를 알고 있지 아니한가. 우리 또한 기억 상실증에 걸린 사람은 아닌가?

11-12절 이스라엘을 위한 하나님의 무한하신 사랑과 돌보심은 그들의 반역과 배반에도 불구하고 계속되었다. 하나님은 곁길로 나가는 민족을 위해 자신의 대언자와 신실한 지도자들을 세우셨다. 암 2:11-12 그분이 예언자들을 세우신 것은 병든 나라를 고치시고, 길을 잃고 방황하는 그들을 인도하시며, 반항하는 그들을 통해 돌아오기를 바라시기 때문이 아니신

가?

하나님이 나실인들을 세우신 것은 헌신되고 희생적으로 주님의 길을 따르는 모범적인 젊은이들을 통해 어떠한 축복들이 오는가를 만방에 보여 주기 위함이었다. 나실인들은 그들의 헌신과 충성, 일편단심의 신앙심과 정결한 생활을 통해 이스라엘 사회 안에 신선한 청량제 역할을 할 뿐만 아니라, 그들의 성결한 삶에서 우러나오는 빛은 모든 사람의 열망과 존경의 대상이 되었다. 나실인은 사랑의 하나님이심을 보여주신 구체적 사례다. 나실인은 이스라엘에서 신앙적 모델이었다. 그럼에도 이스라엘 백성들은 나실인들이 성별된 삶을 살지 못하도록 포도주를 강요하고 다른 여러 규례들도 지키지 못하도록 했다. 타락한 이스라엘 백성들이 나실인들의 성별된 삶을 불편하게 생각했을 것이기 때문이다.

따라서 이스라엘은 하나님과 맺은 언약을 떠나서는 자신들을 달리 생각할 수 없었다. 이런 이유 때문에 이스라엘의 예언자들은 하나같이 하나님과 맺은 언약을 기억하라고 외쳤다. 하나님과 그들 사이에 있었던 수많은 사건들 그리고 이 사건들에 대한 기억은 이스라엘의 신앙에 뼈와 살이 되었다. 역사에 대한 '기억 상실'에 걸릴 때 이스라엘 안에는 방종과 배도, 부패와 타락이 우후죽순처럼 일어나기 시작한 것이다. 하나님께서 행하신 일과 그분이 이스라엘과 맺은 언약적 관계들을 망각할 때, 하나님이 누구시며, 하나님과 맺은 관계가 무엇을 의미하는가에 대해 말해 주는 이야기들을 잊어버리기 시작할 때, 우리의 신앙은 습관화되고 형식화될 수밖에 없다.

윤리는 추상적인 요구 조건들이 아니다. 정의롭고 공의로운 삶, 윤리적이며 도덕적인 순결한 삶은 우리가 이미 알고 경험한 하나님의 사랑과 은총으로부터 감사함으로 자연스럽게 흘러나온다는 사실을 기억해야 할 것이다. 예언자 아모스는 이스라엘에게 하나님과 향유했던 아름답고 영광스러운 과거 역사를 다시금 들려준다. 그들은 자신들의 구원 역사를 잘 알고 있었다.

예언자 아모스는 청중을 향해 다시금 그들의 죄악을 확인한다. "그러나 너희는 나실인들로 하여금 술을 마시게 하였고 예언자들에게 예언을 하지 말라 하였도다." 그것은 하나님의 가르침과 인도하심에 맞서 정면으로 도전하는 행위였다. 그들의 삶이 하나님의 율법과 가르침에 의해 시작되고 양육되었는데 이제 와서 나실인을 보고 본받기는 커녕 오히려 그들이 할 일을 못하게 하였다.

13-16절 우리성경에는 '그러므로'가 빠져있다. 위와 같은 행위의 결과는 이스라엘이 심판받는 것이다. 처절한 형벌, 죄와 벌, 그것은 하나님이 요구하는 당연한 원인과 결과가 아닌가. 분노하시는 하나님의 목소리는 부르짖는 사자처럼 들려온다.

보라, 이제 내가 너희를 밟아 누르리니 마치 곡식을 실은 수레가 누르듯이 그러할 것이다. 민첩한 자도 도피하지 못할 것이며 힘센 자라도 그 힘을 쓰지 못하고, 용사라도 자신의 생명을 건질 수 없을 것이다. 활을 쏘는 자도 견딜 수 없고 발이 빠른 보병이라도 빠져나갈 수 없고 마병이라도 자신의 생명을 건질 수 없을 것이다. 심지어 가장 용맹한 전사들이라도 그날에는 벌거벗은 채로 도망칠 것이다 .암 2:13-16

모든 것이 혼돈스러우며 도망치는 내용을 묘사하고 있다. 이스라엘 백성들은 공격이 임할 때 두려움으로 얼어붙을 것이다. 다시는 돌이킬 수 없을 만큼 철저히 부패하고 악해진 이스라엘에게 하나님의 상상할 수 없는 무서운 심판이 있을 것이다. 예언자 아모스는 하나님을 곡식을 가득 실은 수레에 비유하는 은유를 사용한다. '수레가 누르듯이'는 마차에 곡식을 너무 많이 실어 수레가 굴러가지 못하고 멈추어 서듯이, 하나님께서 이스라엘의 군대를 움직이지 못하게 하겠다는 뜻이다. 이는 이스라엘 군대를 무력화시키겠다는 선언이다. 이것은 비난받고 있는 자들이 착취와 압제를 통해 부유하게 되었다는 것을 보여줌으로써, 바로 그들의 번영과 풍요 자체가 그들을 무력화시키는 원인이 된다는 뜻이다. 빨리 달음박질하는 자도 도망할 수 없으며, 강한 자도 자기 힘을 낼 수 없을 것이며, 용사도 피할 수 없을 것이다. 활을 가진 자와 말 탄 자도 두려움으로 자신들의 힘을 잃게 될 것이다. 활을 가진 자가 땅 위에 서지 못한다면 정확하게 쏠 수가 없다. 병거를 타는 자들이 공격을 하는 대신에 도망을 치지만 그런 시도도 실패할 것이다. 여호와께서 공격하시는 날에 이스라엘 전역은 전대미문의 혼란에 빠질 것이다.

이 메시지는 이스라엘의 어느 누구도 멸망에서 벗어나지 못할 것을 말하고 있다. 그들이 자랑하던 모든 요새와 성채들 그리고 삶의 모든 안전 장치들은 철저하게 무너뜨려 질 것이다. 예언자 아모스는 이스라엘의 보병들, 화살과 특수 무기로 무장한 군사들, 마병들을 언급하면서 치열한 전쟁 장면을 그리고 있다. 그러나 놀랍게도 이스라엘과 싸우는 적군은 등장하지 않는다. 여호와 하나님이 자신의 백성 이스라엘의 대적자로 등장하시기 때문이다. 이스라엘을 위해 이스라엘의 원수 국가들을 치시고 싸우시던 여호와가 이제는 친히 나서서 이스라엘에 대항해 처절한 파멸을 가져오는 전쟁을 하실 것이다. 그분을 감당할 군대가 어디 있으며, 그분의 칼을 피할 자가 누구일까. 이스라엘 중 가장 강력하고 민첩한 부대라 할지라도 여호와 하나님의 심판의 칼날을 피하지 못할 것이며, 가장 용감하고 용맹스러운 군사들이라도 죽음으로부터 도망할 수 없을 것이다. 하나님의 언약 백성에게는 더 큰 책임을 물을 것이다. 놀랍고 두려운 일이다. 유다와 이스라엘을 향한 예언자 아모스의 심판 선언은 그들이 여호와 하나님의 율법을 알았고 하나님과 맺은 언약을 알고 있기 때문이다. 참 예언자들의 가르침과 권고, 책망과 훈계를 받았음에도 불구하고 그들은 스스로 교만하여 예언자 아모스의 말에 귀를 막았다. 오히려 그들은 거짓 예언자들의 가르침을 따르고 잘못된 가르침에 귀를 기울였다. 오늘날 한국 교회에 얼마나 많은 거짓 예언자와 잘못된 말씀이 현란하게 활개를 치고 있는가? 대형교회 목사들이 얼마나 높이 받들어지고 얼마나 존경을 받고 있는가? 이스라엘은 주님의 율법을 실천하라는 말씀에 불순종했다. 그들은 자신들이 하나님과의 관계가 더 깊을수록 하나님에 대한 자신들의 의무와 책임이 역시 더욱 중하다는 것을 왜 잊었던 것일까? 한 걸음 더 나아가 그들이 자신의 백성을 위해 주신 순종해야 할 율법들을 알고 있었다는 점에서 그들을 향한 정죄의 심각성은 더해간다. 그들은 하나님의 계시와 행동을 배척하고 거절했기 때문에 정죄 받았다.

이스라엘이 하나님의 선택된 백성이라고 해서 그들에게 무조건적으로 미래가 보장된 것은 아니다. 하나님이 이스라엘에게 베푸셨던 위대한 출애굽의 은총이 그들의 미래의 심판을 유보하거나 취소하지 않는다. 그분은 언약 백성들에게 책임 있는 순종하는 삶을 요구하신다. 예언자 아모스가 선포한 심판 메시지 안에는 일말의 희망도, 빛도 보이질 않는다. 하나님이 완고하시기 때문이 아니라 이스라엘이 완악하기 때문이다.

하나님 말씀을 들을 때 회개하고 무제한적 포용과 무조건적 사랑으로 껴안아 주시는 하나님께로 돌아와야 한다. 지금 한국 교회가 그러할 때가 아닌가! 이러한 아모스의 심판 선언을 듣는 한국 교회는 가난한 자와 힘 없는 자와 함께 하라는 음성을 들어야 할 것이다.

6. 들으라, 이스라엘이여! 암3:1-8

1 이스라엘 자손들아 여호와께서 너희에 대하여 이르시는 이 말씀을 들으라. 애굽땅에서 인도하여 올리신 모든 족속에 대하여 이르시기를 2 내가 땅의 모든 족속 가운데 너희만을 알았나니. 그러므로 내가 너희 모든 죄악을 너희에게 보응하리라 하셨나니 3 두 사람이 뜻이 같지 않은데 어찌 동행하겠으며, 사자가 움킨 것이 없는데 어찌 수풀에서 부르짖겠으며 4 젊은 사자가 잡은 것이 없는데 어찌 굴에서 소리를 내겠느냐 5 덫을 땅에 놓지 않았는데 새가 어찌 거기 치이겠으며 잡힌 것이 없는데 덫이 어찌 땅에서 튀겠느냐 6 성읍에서 나팔이 울리는데 백성이 어찌 두려워하지 아니하겠으며 여호와의 행하심이 없는데 재앙이 어찌 성읍에 임하겠느냐 7 주 여호와께서는 자기의 비밀을 그 종 선지자들에게 보이지 아니하시고는 결코 행하심이 없으시리라 8 사자가 부르짖은즉 누가 두려워하지 아니하겠느냐 주 여호와께서 말씀하신즉 누가 예언하지 아니하겠느냐 아모스 3:1-8

앞의 2장에서 이방 나라를 비롯해 하나님의 선민이라 불리는 남유다와 북이스라엘의 죄와 그에 대한 고발이 끝났다. 아모스는 하나님의 심부름꾼이다. 아모스는 여호와께서 하신 말씀을 정확히 전달하는 하나님의 대변인이다. 이 3장에서는 이스라엘의 정체성 문제를 다룬다. 백성들은 아모스의 외침을 듣고 어떤 반응을 보였을까? 여호와께서는 이스라엘 백성을 이집트의 속박으로부터 건져주셨다. 왜 이들을 이끌어 내셨는가? 이들은 세상 모든 나라들 중에서 특별한 지위를 부여받았는데, 이는 제사장 나라를 삼기 위해서였다. 출19:6 하나님은 이들에게 정의를 추구하는 모범적인 선교 공동체가 되기를 소원하셨다. 그러나 이스라엘은 불순종하였고 하나님은 이스라엘을 심판 하시겠다는 것이다. 아모스의 이러한 외침에 대하여 설마 우리에게 이런 일이 일어날까? 그래도 "우리는 하나님께서 세우시고 택하신 선민이 아닌가" 하는 단순한 믿음을 가졌다. 이런 소망을 갖는 백성들에게 아모스는 "이스라엘 백성아, 이 말씀을 들으라"는 말로 심판의 메시지를 보내고 있다. 그러나 "여호와의 날"은 축복의 날이 아니라 저주의 날이 될 것이다. 이와 같은 헛된 소망이 잘못된 것이라는 사실을 곧 이스라엘은 알게 될 것이다. 한국 교회의 목사들과 교인들 또한 이러한 생각을 가지고 있다고 한다면 누가 이런 말에 대해 부정할 수 있을 것인가? 하나님께서 나를 예정해 주셨으니 안일하게 살아도 되는 것일까? 이런 식으로 믿는다면 한번 구원 얻으면 어떠한 죄를 지어도 구원 얻는다는 박옥수 구원파 이단과 다른 것이 무엇이겠는가? 무서운 이단이다.[13]

1절 예언자 아모스는 이스라엘이 불순종할 때마다 자신들을 위해 이집트로부터 해방시켜 주신 여호와를 기억하면서 '들으라'고 말로 시작한다. 이스라엘에게 출애굽 사건은 매우 중요하다.[14] 아모스는 중요한 말씀을 외칠 때마다 출애굽 사건을 소환한다. 아모스서에서도 네 번이나 이 사

---

13) 허호익, 『한국의 이단 기독교』, 동연, 2020, 335-384. 박옥수는 한 번 구원을 얻으면 어떠한 죄를 지어도 구원 받는다는 교리를 가르친다. 이것은 실천 없는 믿음을 말한다. 어쩌면 정통 기독교인이라는 사람들도 실제로 박옥수의 가르침을 그대로 받아들이고 있다.

14) 1부 〈출애굽-결정적 사건〉과 〈언약〉을 참고할 것.

건을 기억하도록 한다. 이어 지구상의 모든 백성 중에서 "너희만을 알았다"고 말씀하신다. 이스라엘의 범죄를 심판하기 전에 먼저 말씀을 들어야할 대상인 '이스라엘 자손'을 부른다. 그러나 예언자 아모스가 부른 이스라엘은 단순히 북이스라엘 백성들만이 아니다. 구약 전체에서 출애굽 사건을 기억하도록 하는 것은 무엇보다 온 이스라엘이 여호와 하나님과 맺은 언약과 선택을 다시 기억하도록 하는 것이다.

2절 "하나님께서 이스라엘만을 알았다." '알았다'는 히브리어 '야다'는 이스라엘만을 선택하셨다는 말이며 반대로 심판의 근거가 된다. '야다'는 성적 의미도 있지만 여기서는 관계적 의미, 선택적 의미, 언약적 의미를 동시에 갖는다. 그들을 이집트 제국의 파라오 치하의 고역과 착취로부터 구원해 내셨다. 이어 예언자 아모스는 이스라엘의 죄악을 지적하기 위해 민족의 탄생의 출발점인 출애굽 사건을 기억하도록 한다. 예언자 아모스의 의도는 자신의 심판을 이해하는 데 있어 언약 백성임을 기억하게 하고 언약을 파기하는 행위는 재앙과 멸망을 초래한다는 것을 선포하려는 것이다. 이제 이스라엘은 하나님의 심판의 대상자들이 된다. 선택은 율법에 따른 구별된 삶을 실천해야 한다. 그러나 이러한 선택과 언약은 오히려 가혹한 심판이 결과를 가져온다는 사실을 알아야 했다. 하나님의 구원은 은혜무료로 되는 것이지만, 거기에 따른 책임도 수반한다. 책임을 지는 것은 진정한 은혜에 대한 감사의 표현이다. 한국 교회 목사와 교인들 또한 마찬가지로 이스라엘처럼 하나님의 사랑을 배신하고 정의를 실천하지 않는다면 심판을 면치 못하리라. 이스라엘이 하나님을 떠난 것처럼 오늘 한국 교회도 하나님이 떠난 교회가 아닌가!

3-8절 하나님은 이스라엘을 향해 아홉 가지 질문을 던지고 있다. 이 질문들을 받는 사람이라면 누구나 '그렇다' 고 대답할 수밖에 없는 내용들이다. 이스라엘을 향한 자신의 분노와 심판의 정당성을 최종적으로 확인하신다. 첫 일곱 개의 질문은 모두 일상적인 경험을 통해서 얻어낼 수 있다. 1) 마음이 맞아야 두 사람이 함께 동행하지 않겠는가? 2) 먹을 것이 없는데로 사자가 부르짖겠는가? 3) 힘센 사자가 굴속에서 으르렁대는 것은 사냥감을 먹어치웠기 때문이 아니겠는가? 4) 미끼를 놓았으니까 새가 미끼 놓은 덫을 향해 내려오는 것이 아니겠는가? 5) 아무것도 걸린 것이 없는데 덫이 튀어 오르겠는가? 6) 사람들이 두려워 떠는 것은 전쟁을 알리는 나팔 소리가 도시에 울려 퍼졌기 때문이 아니겠는가? 7) 성읍에 재앙이 닥치는 것은 여호와께서 그렇게 하셨기 때문이 아닌가? 8) 사자가 부르짖으면 두려워하지 않을 것인가? 9) 주 여호와께서 말씀하라고 강권하시는데 누가 거절할 수 있겠는가?

이상의 아홉가지 질문은 일반적인 상식에 호소하면서 스스로 대답할 수 있는 질문들이다.

3절 서로가 친숙하고 잘 아는 사이가 아니고서 머나먼 길을 함께 떠날 수는 없다. 만일 함께 길을 가는 두 사람이 친밀한 사이가 아니라면 그 여행길은 오히려 괴로울 수 있다.

4절 두 개의 비슷한 내용이 나온다. 사자들은 사냥감을 조용히 노리다가 갑자기 습격하여 먹이를 잡은 후에 큰 소리로 포효한다. 이 사실도 누구나 인정할 수 있는 내용이다.

5절 또 새 덫을 놓지 않았는데 새가 덫에 걸릴 리 없고 덫에 아무것도 잡힌 것이 없는데 그물이 땅에서 튀어 오르겠는가.

6절 "성읍에서 나팔을 분다." 성읍에서 나팔을 분다는 것은 중요한 일이 있을 것과 경계를 나타낸다. 성읍에서 나팔소리가 들리는데 어찌 두려워하지 않겠느냐? 당연히 그렇다. 이것은 예언자 아모스의 선포 배경이 되고 있는 이스라엘의 심판을 암시한다. 예언자 아모스는 이러한 여러 가지 이미지를 통하여 이스라엘의 기억력과 무감각을 깨우치려는 외침이며 이스라엘이 무감각과 안일에 빠져 있음을 지적하고 있다. 그들은 하나님의 선민이니 늘 구원과 승리만이 있을 것으로 착각하고 있다.

본문에 나타난 구체적인 죄들은 언약안에서 이해할 수 있다. 이스라엘을 위한 복된 삶은 하나님의 선물이다. 결코 이스라엘에 대한 보상이 아니다. 이스라엘은 단지 순종해야 할 뿐이다! 그러나 거절된 여호와 하나님의 이스라엘을 향한 사랑은 하나님을 무섭게 포효하는 사자로 만들었다. 그들을 이집트에서 건져내실 때 하나님은 이집트 온 땅을 죽음의 사자로서 방문하셨다. 그들만을 살려주시고 이집트의 모든 장자들을 죽이셨던 분이 아니셨던가? 그들을 하나님이 인도하시고 새로운 민족으로 태어나게 하셨다면 동시에 감사와 책임이 따르는 것은 당연하다. 이스라엘에게 세상을 섬기는 나라라는 선교적 사명이 주어졌다. 오늘 한국 교회도 이점을 기억해야 한다. 하나님이 우리를 구원하신 것은 그 자체로 끝난 것이 아니라 새로운 사명이 주어지는 것이다! 십자가를 알고 고백하는 것으로 끝나는 것은 단순한 지식에 불과하다. 아무리 십자가에 대한 지식을 많이 안다해도 십자가의 삶을 살지 않고, 정의를 추구하지 않고, 삶이 바뀌지 않는다면 이스라엘과 같이 한국 교회도 심판을 면하지 못하리라는 것이 당연하지 않는가? 예수님께서 그분을 따르는 무리들을 향해 "무릇 내게 오는 자가 자기 부모와 처자와 형제와 자매와 더욱이 자기 목숨까지 미워하지 아니하면 능히 내 제자가 되지 못하고 누구든지 자기 십자가를 지고 나를 따르지 않는 자도 능히 내 제자가 되지 못하리라"고눅 14; 25-27 하셨다. 과연 우리가 십자가를 따르는 삶을 실천하고 있는가? 아무리 예수님을 따른다고 수천, 수만 번을 고백해도 그가 목사이든 그 누구든, 헌금을 잘 내고, 직분을 갖든, 주일 예배를 빠짐없이 다닐지라도 믿음은 행동으로, 삶으로만 증명되어야 한다. 아모스가 외치는 메시지가 바로 그것이다. 오늘날도 하나님의 언약을 가볍게 생각하거나 율법을 과거에 이스라엘 만을 대상으로 주어진 것이라 간주해버리고 쓰레기통에 넣어버린다면, 구약 성경과 신약 성경의 통일성과 연속성을 잊어버리는 하나님의 말씀을 부정하는 큰 죄를 범하는 것이다!

> 예수님께서 "내가 율법이나 선지자를 페하러 온 줄로 생각하지 말라 폐하려 온 것이 아니라 완전하게 하려."마 5:17

우리는 예수님의 이 말씀을 바로 이해해야 한다. 신약시대의 유일한 성경은 오직 구약성경만이 있었을 뿐이라는 사실을 기억하자. 지금 우리는 새 이스라엘로써 '새 언약' 속에서 살고 있다는 점을 알아야 한다! 하나님의 선택과 값없이 주어진 구원의 은총은 우리에게 책임 있는 실천을 요구한다. 마틴 루터가 종교개혁 이후 야고보서와 요한계시록에 대한 최초의 고등 비평을 수행하고 야고보서를 "지푸라기 서신"이라고 말한 것은 '오직 믿음'만을 강조하다가 저지른 오류다. 마틴 루터나 존 칼빈이나 성 어거스틴이나 기독교 역사상 위대하고 존경할 만한 인물들이지만, 그들을 우상으로 만들지 말아야 한다. 야고보서는 신약 성경에서 가난한 자들에게 어떻게 행해야 하는지 즉 정의를 강조하는 책이다. 물론 우리는 '오직 믿음'으로만 구원을 얻는다. 여기에 어떤 이의도 제기하지 않는다. 또 루터가 행함을 가르쳤다는 것은 너무도 당연하다. 그럼에도 불구하고 이러한 '오직 믿음'이라는 기치는 한국 교회가 '행함 없는 믿음'이 현상화되고 있는 것은 루터의 의도와 상관없이 그 영향에서 비롯되었다는 것은 필자만의 생각은 아니다.

하나님이 이스라엘과 맺은 하나님의 언약은 신명기 28장에서 그들에게 각종 축복들을 약속하는 동시에 저주들도 말씀하신다. 이스라엘 민족이 언약의 요구들을 지킬 때 언약적 축복들이 주어지지만, 불순종할 때 무서운 대가가 주어질 것은 그들도 알고 있었다. 지금 예언자 아모스가 심판의 메시지를 전하는 것은 바로 이 언약적 저주에 해당한다. 그렇다면 아모스가 선포하려는 하나님의 심판은 무엇인가?

7절 하나님의 명령하신 말씀은 거역하거나 피할 수 없다. 사자가 포효할 때 두려움을 느낄 수밖에 없듯이 말씀을 전하는 자들은 경외심을 가지고 말씀을 선포해야 한다. 하나님의 엄위하신 말씀을 선포하는데 사람들의 눈치를 보고 분명한 메시지인데도 두리뭉실하게 전한다면 직무유기일 뿐더러 하나님의 말씀을 왜곡시키는 무서운 죄를 저지르는 것이다. 신구약 성경의 말씀이 상식적으로 생각해도 급진적이고 혁명적이거늘 감히 보수적으로 전하고 있다니 참으로 안타까운 일이다. 생각해보라! 하나님께서 죽을 수밖에 없는 죄인인 인간에게 하신 말씀이 어찌 급진적이고 혁명적이지 않겠는가! 하나님께서 인간에게 하신 말씀이 한 차원 높게 말씀하시는 것이 당연하지 않은가? 아모스가 하나님의 대변자로 예언한 것은 자신의 기분에 따라 울분을 토하듯 전한 것이 아니다. 그는 하나님의 부르심에 사로잡혀 있음을 분명하게 밝히고 있다. 그리고 아모스는 여호와 하나님의 말씀을 그대로 전했을 뿐이다. 이렇게 예언자 아모스는 많은 핍박과 고독 가운데도 이스라엘을 향해 심판을 외치지 않을 수 없었다.

8절 예언자 아모스가 하나님의 심판을 외치면서 왕과 권력자들, 부자들로부터 받을 반발과 적대감들을 충분히 예상할 수 있었다. 특히 3장 2절에 포함되어 있는 심판 선언은 그러한 반발과 비난을 초래했을 것이 당연하다. "누가 당신더러 그러한 저주와 형벌을 우리에게 선포하도록 위임했는가?" "무슨 권위로 이러한 재앙을 선포하는가?" 마치 바리새인들이 예수님을 향하여 "이 사람이 마리아의 아들 목수가 아니냐, 야고보와 요셉과 유다와 시몬의 형제가 아니냐, 그 누이들이 우리와 함께 여기 있지 아니하냐 하고 예수를 배척한지라."막6:3고 한 것과 같다. 그들은 예수님의 신분과 배경을 보고 배척했다. 예언자 아모스 또한 왕과 권력자들, 부자들에 의해 배척 받았던 것은 당연하고 결국 백성을 선동했다는 이유로 비판을 받았다. 그러한 상황에서도 예언자 아모스를 통해 하나님의 심판 선언에 대한 이스라엘의 도전과 불순종에 대해 최종적인 선언을 내린다. 하나님은 징벌을 내리시기 전에 그의 종 예언자들에게 먼저 말씀하신다. 이것은 오늘날 말씀을 전하는 목사와 같다.

그렇기 때문에 목사들은 죄악에 총체적 불감증에 걸린 시대에 예언자처럼 담대하게 시대의 불의를 보고 외치고 고발해야 한다. 한국 교회의 목사들은 무지몽매한 보수주의적 마인드에서 벗어나 급진적인 예언자의 모습을 닮아야 한다. 목사는 하나님의 말씀을 외치는 오늘의 예언자가 아닌가? 목사들은 시대정신을 간파하고 정의가 없는 이 세상을 향하여 예언자들이 전한 급진적 메시지들을 '지금, 여기'에서 전할 책임과 의무가 있다.

예언자 아모스가 전하는 메시지는 왕과 권력자들과 부자들을 향하고 있다는 사실을 명심해야 한다. 오늘 한국 교회 목사들이 잘못된 정치, 경제, 사회 등 다양한 분야를 향해 아무런 메시지가 없다는 것 자체가 비성경적이고 예언자답지 않는 일이다. 예언자는 자기 말을 전하는 사람이 아니다. 목사가 자기 말을 함부로 하면 안된다. 산천초목을 비롯한 우주 만물을 통치하시며 다스리시는 하나님의 엄위한 말씀을 가감없이 전하는 것이다. 하나님은 우리가 믿는 종교 안에만 계신 분이 아니다. 그렇게 생각한다면 일종의 신성모독이다. 하나님의 통치 앞에 서지 않아도 될 자가 과연 누구이며 하나님의 통치에서 벗어난 영역이 어디 있단 말인가? 하나님을 좁디좁은 옹졸한 하나님으로 만드는 신성모독을 즉시 멈추라. 하나님을 교회당 담벼락에 유폐시키지 말라!

하나님의 말씀이 포효하기 시작하자, 우리는 1장 2절에서 보았듯이 이스라엘의 온 국토가 메마르고 그 백성들이 사시나무 떨듯이 떨게 될 것을 아모스가 선포한 것을 기억할 것이다. 말씀을 전하는 오늘의 목사들도 진리의 말씀을 알기 위해 베뢰아 교인들처럼 마음의 문을 열고 마치 검사가 죄인을 심문하듯이 깊이 파고 들어가야 한다. 행17:11 성경 말씀을 떠나 세상의 주변으로 밀려난 한국 교회, 목사들은 부패하고 시들어가는 한국 교회가 먼저 회개하고 이 부패하고 타락한 세상을 향해 통곡하며 회개하고 몸소 정의를 실천해야 할 것이 아닌가? 듣기는 들어도 듣지 못하는 이 한국 교회 목사들은 눈물의 예언자 예레미야가 생각나지 아니 하는가! 하나님과의 언약을 파기한 이스라엘 백성에게 무엇이 기다리고 있는가? 남은 것은 언약이 정하는 심판만이 기다리고 있을 뿐이다. 사자가 사냥감을 앞에 두고 포효하기 시작한다. 온 숲이 전율하고 야생 짐승들이 몸을 움츠린다.

야수의 왕인 사자 앞에서 땅의 모든 짐승은 두려워할 뿐이다. 예언자를 통한 여호와 하나님의 부르짖음도 이와 마찬가지다. 들으라 이스라엘이여! 들으라 한국 교회여!

예언자 아모스는 심판을 다시금 생생하게 알릴 뿐만 아니라 자신의 메시지가 구원하는 예언이 아니라 오히려 멸망의 선포임을 알리고 있다. 그는 이스라엘이 이미 사자의 발톱 안에 잡혀 있는 사냥감처럼 하나님의 심판의 손 안에 이미 들어왔음을 외치고 있다. 마치 한국 교회의 비성경적이며 반지성적이고 무감각한 이스라엘은 아모스의 외침을 들으려 하지 않는다. 아모스가 그토록 비판하고 있는 사치와 향락, 탐욕과 자만은 그 당시 이스라엘이 얼마나 감각적이고 물질 지향적이었는가를 반영한다. 인간에게는 볼 수 있고, 만질 수 있으며, 먹을 수 있고, 즐길 수 있는 것들만이 가치가 있는 것이었다. 가족, 우정과 사랑 등 인간 세상의 덕목은 사라지게 될 것이다.[15] 오늘도 "물질을 향한 도덕적 집단 투항"이 일어나는 이 시대에 교회는 창조적으로 이 세상을 향한 복된 공격을 해야 함에도 불구하고 오히려 하나님과 말씀을 떠난 타락한 교회가 되었다. 그런데도 자신이 어떤 상태에 놓였는지도 모르고 있으니 안타까운 일이다.

하나님의 주도 아래 시작된 특별한 민족, 언약의 축복과 특권을 향유할 수 있었던 이스라엘은 이제 하나님을 향한 그들의 배은망덕한 행위와 언약을 지키지 않고 오히려 비인간적이고 부도덕한 행위들, 가난한 자와 힘없는 자들을 위한 사랑과 정의는 어디로 갔는가? 호화로운 자색 옷을 입은 부자가 날마다 친구들과 환락을 즐기면서도 현관에 앉자 먹을 것을 구하는 거지 나사로에게 아무런 관심도 보이지 않았다. 부자는 이스라엘 사람

---

15) 이 주제에 대한 자세한 내용은 마이클 센델, 『돈으로 살 수 없는 것들』, 안기순 역, 2021, 133–180.

으로 정의를 실천해야 한다는 것을 알고 있는 사람이다. 심지어 개도 가난한 나사로를 위해 할 일을 했다. 눅 16: 19-31 정의를 실천하지 않는 부자는 결국 심판받게 된 것을 우리는 알고 있다. 이것이 이스라엘의 상황이요 한국 교회의 현실임을 누가 부정 하겠는가? 가난한 사람들을 형제와 같이 도와 주기는커녕 폭력과 압제가 만연된 사회에서 정의와 공평을 행하지 못한 이스라엘에게 심판은 분명하게 이루어질 것이다. 한국 교회는 덩치는 세계적이지만, 세상 사람들에 욕을 먹고 손가락질을 당하고 있지 아니한가? 세상 사람들은 한국 교회를 무시하고 조롱하고 있다.

목사들이 아모스와 같이 담대하게 정의를 말하며 시대의 타락상을 보고 안타깝고 뜨거운 마음을 가지고 외칠 때 청중은 변화할 것이다. 오히려 자신이 하나님이나 된 듯이 오만한 자세를 가질 때, 청중들은 그의 메시지에 반응하지 않는다. 하나님의 고통스럽고 애절한 마음을 갖지 않는다면 목사들의 메시지는 시끄럽게 울리는 꽹과리의 소음에 지나지 않는다.

7. 포악과 겁탈을 쌓는 자들아 _{암3:9-15}

9 아스돗의 궁궐들과 애굽땅의 궁궐들에 선포하여 이르기를 너희는 사마리아 산들에 모여 그 성 중에서 얼마나 큰 요란함과 학대함이 있나 보라 하라 10 자기 궁궐에서 포학과 겁탈을 쌓는 자들이 바른 일 행할 줄을 모르느니라 여호와의 말씀이니라 11 그러므로 주 여호와께서 이와 같이 말씀하시되 이 땅 사면에 대적이 있어 네 힘을 쇠하게 하며 네 궁궐을 약탈하리라 12 여호와께서 이와 같이 말씀하시되 목자가 사자 입에서 양의 두 다리나 귀 조각을 건져냄과 같이 사마리아에서 침상 모서리에나 걸상의 방석에 앉은 이스라엘 자손도 건져냄을 입으리라 13 주 여호와 만군의 하나님의 말씀이니라 너희는 듣고 야곱의 족속에게 증언하라 14 내가 이스라엘의 모든 죄를 보응하는 날에 벧엘의 제단들을 벌하여 그 제단의 뿔들을 꺾어 땅에 떨어뜨리고 15 겨울 궁과 여름 궁을 치리니 상아 궁들이 파괴되며 큰 궁들이 무너지리라 여호와의 말씀이니라 _{암:9-15}

9절 하나님은 이스라엘에서 일어나는 이 어처구니없는 죄악들이 하나라도 숨겨지기를 원치 않으신다. 자신이 창조한 나라, 이스라엘의 타락한 모습을 보여주기 위해 아스돗과 이집트 사람들을 증인으로 부르신다. 마치 법정에 '야곱의 집'을 소환하여 피고로 세우고 그의 범죄를 논고하는 검사처럼 여호와 하나님은 아스돗과 이집트인이 이스라엘에 대해 증언해

주기를 바라고 계신 것이다. "들으라! 너희 아스돗과 이집트인들이여, 그리고 이스라엘이 무슨 일을 하는지 살펴 보아라." 하나님이 얼마나 마음이 고통스러웠으면 이스라엘의 죄악을 만천하에 드러내기 위해 이웃 나라들의 왕들과 지도자들에게 초청장을 보내려고 하셨을까? 당시는 옛날의 강대한 나라들이었던 그러나 지금은 초라한 모습만 남아 있는 이집트와 아스돗에게 하나님께서 자신의 언약 백성의 죄악과 부끄러운 모습을 보여주시는 것은 매우 충격적이다. 그것도 이스라엘과 적대적 관계를 맺고 있었던 앗시리아인들과 이집트인들에게 이스라엘의 부패와 포악한 사회상을 보여주려 하시다니!

이스라엘의 수도 사마리아가 범한 죄들은 무엇인가? 이스라엘의 권력자들과 부자들이 저지른 악행들은 무엇인가? 하나님은 벧엘의 제단들 그리고 상아로 치장된 겨울 궁, 여름 궁에서 일어나는 이스라엘의 죄들이 어느 정도인지 알아보라는 것이다. 종교적 부패와 정치·경제·사회적 불의로 상징될 수 있는 대표적인 건축물들인 성전과 궁궐과 요새들은 하나님 보시기에 위선과 타락의 상징이 되어 버렸다. 사마리아는 회칠한 무덤처럼 겉으로는 깨끗해 보였으나 실상 그 안에는 온갖 더러운 모습들과 냄새나는 것들이 많은 죽음의 도시였다.

하나님의 집이라 불리던 벧엘은 오랜 전통과 명성을 등에 업고 종교의 이름으로 가난한 사람들을 착취했다. 왕을 비롯한 왕족들과 부자들의 탐욕스런 삶은 호화스런 저택들을 소유했다. 거대한 궁궐과 저택들을 팔레스타인 지방에서는 생산되지도 않는 상아로 장식한다는 것은 그들 삶이 얼마나 향락과 사치, 허세와 교만에 탐닉했는가를 보여주는 증거들이다. 여름에는 별장들, 겨울에는 겨울 궁들에 사는데 이 모든 것이 가난한 백성들의 피와 땀 위에 건축되지 않았던가! 백성의 고혈 위에 세워진 고가 주택들, 성채들일 뿐이다. 그들은 폭력과 착취를 통해 얻어낸 더러운 이득으로 자신들의 배를 불려갔고, 자기 부인들의 아름다운 몸매는 탐욕과 사치, 권력 남용과 부패를 가리키는 살아 있는 증거들이었다. 암4:17 어찌 정의로우신 하나님께서 침묵하실 수 있겠는가! 춘향전의 한 대목을 보자.16)

금 술잔의 맛난 술은 천 사람의 피요.	금준미주천인혈	金樽美酒千人血
옥 쟁반의 안주는 만백성의 기름이라	옥반가효만성고	玉盤佳肴萬姓膏
촛불 눈물 떨어질 때 백성 눈물 떨어지고	촉루락시민루락	燭淚落時民淚落
노랫소리 높은 곳에 원망 소리 높도다.	가성고처원성고	歌聲高處怨聲高

10절 가난한 자와 힘 없는 자에 대한 포악과 압제는 이스라엘의 완전한 멸망을 나타내는 표현이며, 정의와 공평의 반대되는 것이다. 렘6:7 '포악'은 파괴적 공격으로 백성의 피까지 흘리게 하는 폭력을 의미하고 억압은 가난한 자들에 대한 약탈을 말한다. 사마리아 사람들이 소유하고 있는 이 호화롭고 사치스러운 왕궁과 요새는 하나님 보시기에는 백성들을 폭력으로 약탈하고 착취한 범죄의 증거일 뿐이다. "바른 일을 행할 줄 모르는 자들"은 하나님 보시기에 옳고 합당한 정의를 실천하지 않는 이스라엘을 말한다. 거기에다 풍요의 신, 가나안 종교에 빠져들었다. 오늘날로 말하면 기복주의자들이 되었다.

가나안 종교, 즉 성경에서 우상숭배로 표현되는 이 종교는 물질적 탐욕을 바탕으로 한 정사와 권세의 세력들이다. 단순히 물질의 풍요를 얻기 위한 수단으로서의 풍요를 얻기만 하면 되었고 윤리적 삶은 중요하지 않았다. 그들에게 체제의 모순과 문제점도 권력자의 죄악도 문제되지 않았다.

---

16) 신동훈, 『춘향전』, 한겨레아이들, 2018, 100.

물질의 풍요만을 누리면 되었다. 어찌도 오늘의 교회, 오늘 이 나라의 모습과 이리도 닮았을까?

　하나님께서는 언약 안에서 하나님이 거룩하심같이 그들도 거룩해지길 원하셨던 것이다. 그러나 사마리아 사람들은 정의와 사랑의 하나님에 대한 충성을 저버리고 가나안 사람들처럼 풍요의 신 바알을 섬기는 삶을 살았다. 불의의 체제를 합리화하며, 그 불의를 당연시하며 실천이 없는 형식적 제사에 집착했다. 하나님은 이러한 종교적 제의를 원치 않으신다. 언약의 하나님이요 정의와 사랑의 하나님의 명령에 순종하여 이웃에 대한 정의와 사랑을 구체적으로 실천하기를 원하신 것이다. "행함 없는 믿음은 헛것이다." 약 2:14 – 26; 3:13 이스라엘은 그러하지 못했고, 하나님의 길을 거역하며 불의의 길을 걸었다. 하나님은 그들에게 언약적 저주를 내리신다. 믿음의 사람, 셰인 클레어본은 자신이 산 혁명적 삶을 그린 『믿음은 행동이 증명한다』[17]에서 예수님을 따르는 자의 능력있고 아름다운 모습을 잘 보여주고 있다.

　한국 교회에도 바알을 추구하는 경향이 있다. 이것이 바로 기복주의 형태로 나타나고 있는 것이다. 맘몬mammon과 바알Baal은 의좋은 형제로 나타나기 때문이다. 상업적인 물질추구가 사회의 지배적 경향이 될 때 법과 질서가 설 수 없는데, 하물며 교회까지 떠밀려 여호와를 버리고 세상적 축복만을 추구하는 일에 어느새 모르게 한국 교회도 바알신을 숭배하게 되었다. 그 결과 한국 교회는 외적 부흥과 물질적 풍요를 추구하는 교회가 되었다. 바알과 맘몬을 거부하라. 머리 숙이지 말라. 이것은 여호와 하나님의 명령이다!

---

17) 셰인 클레어본, 『믿음은 행동이 증명한다』, 아바서원. 이 책은 클레어본의 혁명적 예수따르미로서의 행동을 통해 예수님을 증거한 책이다. 10년간 전세계적으로 30만부가 팔린 이 책은 전면개정판으로 2018년에 나왔다.

11절 '그러므로'로 시작한다. 앞에서 일어난 이스라엘의 죄악이 어떠한 결과를 가지고 오는지를 말한다. 이스라엘의 언약 파기에 따른 하나님의 심판은 세가지 모습으로 나타난다. 첫째는 이스라엘 땅 사면에 대적이 있어, 적들에 의한 포위 공격이 있을 것을 말한다. 이것은 신명기 언약법 28:47-57에 선포된 내용이다. 둘째 "네 힘을 쇠하게 하며"의 모습이다. 이 말은 도시의 요새화된 성, 방어 체제가 무너져서 무력화될 것을 의미한다. 셋째 "네 궁궐을 약탈하리라"는 이방인들에 의해 그들의 모든 소유를 잃게 될 것을 말한다. 언약을 파기한 이스라엘 백성에게 그 모든 것을 박탈하는 심판을 내리시고 징계하신다. 출애굽을 통해 주신 모든 은혜를 망각하고 하나님의 뜻을 저버린 이스라엘은 하나님이 주신 땅에서 쫓겨나 다시 이집트로 끌려 갈 수도 있다. 신 28 : 68 이러한 징벌을 통해서 하나님의 길, 하나님의 언약에 대한 순종의 길을 가야 할 것이다.

12절 하나님께서는 아모스 입을 통해 자신이 사마리아 위에 내리실 치명적인 심판에 대해 비유로 말씀하신다. 이스라엘의 수도인 사마리아 사람들 "목자가 사자 입에서 양의 두 다리나 귀 조각을 건져 냄과 같이 사마리아에서 침상 모서리에나 걸상의 방석에 앉은 사람도 건져냄을 입으리라"는 구원에 대한 약속이 아니라, 맹수에게 먹힌 잔해를 간신히 건진 것에 불과한 구원이 될 것이라는 뜻이다. 목자가 사자 입에서 양의 두 다리나 귀 한쪽을 빼내듯이, 사마리아에 사는 이스라엘 자손도 구출되기는 하지만 멋진 침대와 화려한 잠자리에서 다리 조각만 겨우 남는 것과 같을 것이다. 이 선포는 호화와 사치를 누리는 사마리아의 부유한 부자들에게 조롱조로 말하고 있다. 여기에서 이스라엘은 야곱의 족속 또는, "야곱 가문"을 말하는데 이것은 사마리아 사람들이 하나님의 언약과 무관한 것이 아니라, 바로 지금 사치와 호화를 누리며 신앙적 나태에 빠져있는 사마리아 사람들 모두가 그들의 조상처럼 하나님과의 언약 안에 있지만, 그 언약에 충실하지 못할 때 언약적 저주를 받는 것은 당연할 것이다.

"노블리스 오블리주noblesse oblige"라는 말이 있다. 이 말은 사회적 지위에 합당한 도덕적 의무를 말하는 데, 초기 로마시대에 왕과 귀족들이 보여준 투철한 도덕의식과 솔선수범하는 공공정신에서 출발하였다. 영국은 1, 2차 세계대전에서 영국의 고위층 자녀들이 다니던 이튼 컬리지 출신 2,000여명이 전사하였고, 포클랜드 전쟁에서는 영국 여왕의 둘째 아들 앤드류가 전투헬기 조종사로 참전했다. 미국에서 마이크로소프트사 창업주인 빌게이츠나 워런 버핏 회장도 전재산의 99% 이상을 기부한 것도 모범적 사례 중 하나다. 우리나라에도 '경주 최부자집'이 있다. 1600년대 초 경주 지방에서 처음 가문을 일으킨 최진립에서 광복 직후 모든 재산을 바쳐 대학을 설입한 최준까지, 10대 300년 동안 거부로 이름을 떨쳤다. 오늘날의 재벌이나 부자들이 얼마나 졸부인 것을 우리는 안다. 재벌과 부자들이 사회에 기부하는 것은 사실상 세금 절약을 위한 꼼수에 불과하다. 경주 최부자집의 가훈은 "과거시험을 보되 진사 이상은 하지 말라. 재산은 만석 이상은 모으지말라. 지나가는 사람에게 후하게 대접하라. 사방 백리 안에 굶어 죽는 사람이 없게 하라."는 것이었다. 참으로 아름다운 부자의 모습이다.[18]

또 유한양행을 설립한 유일한 박사가 있다. 그는 미시간 대학 스탠포드에서 국제법을 연구했다. 귀국하여 연희전문학교 교수로, 부인은 세브란스 의전 소와과과장으로 가르쳤고 대한상공회의소 초대의장을 역임했으

---

18) 전진문,『경주 최부잣집 300년 부의 비밀』, 민음인, 2020. 필자가 전체 내용을 요약하였다.

나 이승만 대통령의 협력 제의에 두번이나 거절하였다. 독립운동으로 건국훈장을 받았다. 유일한은 윤리경영에 힘썼다. 그는 회사를 경영하면서 한번도 탈세하지 않았다. 기독교 신자인 그는 자신이 가지고 있는 재산이 자신의 소유가 아닌 예수님이 맡기신 것"이라고 생각했다. 1971년 죽기 전 아들과 딸들에게 1만불을 제외한 모든 돈을 사회에 환원하고 죽었다.[19] 아름답고 멋진 삶이다. 돈이 많다고 사치 낭비하지 않고 자기를 위해서 살지 않고 어려운 이웃을 위해서 산다는 것이 얼마나 아름다운 일인가!

13절 "너희는 듣고 증언하라"는 법정에서 죄인의 죄를 선고할 때 청중을 향하여 주의를 환기시키고 그들의 죄를 똑똑히 알려주라는 것이다. 이스라엘 백성들이 그들의 죄 때문에 하나님의 심판을 받아야 할 상황에 와 있다는 것을 말하고 있다. 사치와 호화를 누리며 신앙적 나태에 빠져있는 사마리아 사람들은 그들의 조상처럼 언약에 순종해야 하며, 그러하지 못할 때 하나님의 징벌이 당연하다.

14절 "제단의 뿔들을 꺾어 땅에 떨어뜨린다"는 제단에 있는 네 귀퉁이에 있는 네 개의 뿔에 제사장이 제물로 바친 짐승의 피를 바쳤는데, 뿔이 땅에 떨어져 없어졌으니, 이제 더는 제사를 드릴 수 없고 용서를 받을 수 없다는 뜻이다.[20] 그분이 이스라엘의 모든 죄를 보응할 심판의 날이 다가오고 있다.

이스라엘의 신앙은 시간이 흐를수록 생명력을 잃어갔으며 점점 화석화

---

19) 조성기, 『유일한 평전』, 작은씨앗, 2005년에 나온 책으로 그리스도인으로서 아름답고 위대한 삶을 보여주고있다.

20) 성막에 대한 자세한 모형과설명은 필자가 쓴 『성경의 제사』, 대장간, 2012, 141-161. 참고할 것.

되기 시작했다. 날마다 새로워지지 않는 신앙은 누구든지 예외 없이 굳어져 갈 것은 너무도 당연하다! 나는 참된 교인이라면 어느 땐가 큰 잘못을 하고 죄를 범했을지라도 언젠가는 틀림없이 회개하고 회복하는 복원력을 가진 사람들이라고 믿는다. 우리는 이 사실은 믿고 나아가야 한다. 또한 다른 교인들에게도 그렇게 기대해야 한다.

15절 겨울 궁과 여름 궁, 상아 궁과 같은 궁들이 무너질 것이다. 먼저 죄악의 근거지인 벧엘에 대한 심판이 언급되고 그들의 사회 윤리적 죄악들인 착취와 억압으로 얻은 화려한 궁들이 무너질 것이다. 아모스에게 가난한 자들을 압제해서 얻은 이들의 부요함은 그들의 행악의 결과를 잘 보여줄 뿐이다. 예언자 아모스는 죄악으로 축적된 부와 이것이 가져오는 신앙적 타락, 즉 하나님을 경외하지 않는 타락한 신앙적 양심을 경계하는 것이다. 암 6 : 6 벧엘하나님의 집은 이제 더 이상 하나님의 집이 아니었다. 하나님은 그분의 집인 벧엘을 파괴하시고, 겨울 궁과 여름 궁 등 권력자 · 부자들 · 왕들이 갖고 있었던 고래같은 궁들도 자취도 없이 사라질 것이다. 계절을 따라 화려한 궁들을 소유하고 있다는 것 자체가 타락과 사치의 모습이다.

이스라엘 왕과 권력자들, 부자들은 소외받으며 살아가는 가난한 자들의 피땀으로 만들어진 고혈까지 착취하였으니 사마리아 사람들의 불의 곧 호화와 사치와 타락한 궁전과 저택들을 파괴하심으로써 그들의 죄악을 징계하실 것임을 선포하신다. "이는 여호와의 말씀이니라." 이 말은 하나님이 말씀하신 내용을 확인하고 인장을 찍는 것과 같이 확실하는 것을 뜻한다.

요사이 중고상품을 파는 곳이 많이 생기고 있다. 중고상품을 이용하는 것은 새상품과 거의 다름이 없을 뿐만 아니라 싸기도 하고 재사용함으로써 환경문제를 해결하는데도 도움이 될 것이기 때문이다.

8. 돌아오지 않는 이스라엘 암4: 1-13

1 사마리아의 산에 있는 바산의 암소들아 이 말을 들으라 너희는 힘 없는 자를 학대하며 가난한 자를 압제하며 가장에게 이르기를 술을 가져다가 우리로 마시게 하라 하는도다 2 주 여호와께서 자기의 거룩함을 두고 맹세하시되 때가 너희에게 이를지라 사람이 갈고리로 너희를 끌어 가며 낚시로 너희의 남은 자들도 그리하리라 3 너희가 성 무너진 데를 통하여 각기 앞으로 바로 나가서 하르몬에 던져지리라 여호와의 말씀이니라 4 너희는 벧엘에 가서 범죄하며 길갈에 가서 죄를 더하며 아침마다 너희 희생을, 삼일마다 너희 십일조를 드리며 5 누룩 넣은 것을 불살라 수은제로 드리며 낙헌제를 소리내어 선포하려무나 이스라엘 자손들아 이것이 너희가 기뻐하는 바니라 주 여호와의 말씀이니라 6 또 내가 너희 모든 성읍에서 너희 이를 깨끗하게 하며 너희의 각 처소에서 양식이 떨어지게 하였으나 너희가 내게로 돌아오지 아니하였느니라 여호와의 말씀이니라 7 또 추수하기 석 달 전에 내가 너희에게 비를 멈추게 하여 어떤 성읍에는 내리고 어떤 성읍에는 내리지 않게 하였더니 땅 한 부분은 비를 얻고 한 부분은 비를 얻지 못하여 말랐으매 8 두 세 성읍 사람이 어떤 성읍으로 비틀거리며 물을 마시러 가서 만족하게 마시지 못하였으나 너희가 내게로 돌아오지 아니하였느니라 여호와의 말씀이니라 9 내가 곡식을 마르게 하는 재앙과 깜부기 재앙으로 너희를 쳤으며 팥중이로 너희의 많은 동산과 포도원과 무화과나무와 감람나무를 다 먹게 하였으나 너희가 내게로 돌아오지 아니하였느

니라 여호와의 말씀이니라 10 내가 너희 중에 전염병 보내기를 애굽에서 한 것처럼 하였으며 칼로 너희 청년들을 죽였으며 너희 말들을 노략하게 하며 너희 진영의 악취로 코를 찌르게 하였으나 너희가 내게로 돌아오지 아니하였느니라 여호와의 말씀이니라 11 내가 너희 중의 성읍 무너뜨리기를 하나님인 내가 소돔과 고모라를 무너뜨림 같이 하였으므로 너희가 불붙는 가운데서 빼낸 나무 조각 같이 되었으나 너희가 내게로 돌아오지 아니하였느니라 여호와의 말씀이니라 12 그러므로 이스라엘아 내가 이와 같이 네게 행하리라 내가 이것을 네게 행하리니 이스라엘아 네 하나님 만나기를 준비하라 13 보라 산들을 지으며 바람을 창조하며 자기 뜻을 사람에게 보이며 아침을 어둡게 하며 땅의 높은 데를 밟는 이는 그의 이름이 만군의 하나님 여호와시니라 아모스 4:1-13

예언자 아모스는 3장에서 하나님의 선민 이스라엘 백성들이 언약과 율법을 어기고 가난한 자를 학대하고 압제하여 정의를 실천하지 못한 것에 대해 하나님의 심판이 내려질 것을 선언한다. 이어서 그는 4장에서 이스라엘 백성들이 하나님 앞에서 범한 죄악들 중에 세 가지를 구체적으로 소개하고 그러한 죄악들에 대한 하나님의 반응을 말한다.

1절 첫째, 이스라엘 사회의 부패상 중의 한 면을 보여주는데 여기에서 강조되는 죄악의 주체는 사치와 향락에 빠진 사마리아 여인들이다. 고대 사회에서 여성들에게 과연 이런 일이 일어날 수 있었는가를 생각하게 하는 충격적인 사실이다. 예언자 아모스는 그들을 '바산의 암소'로 비유한다. 바산은 갈릴리 호수 동쪽에 위치한 지역으로 울창한 살림과 넓은 초장, 그리고 살찐 가축이 사는 곳으로 알려져 있다. 그러므로 아모스가 이스라엘의 수도 사마리아에 살고 있는 여인들을 바산의 암소에 비유한 것을 보면, 그들은 물질적인 풍요와 안일 속에서 윤기 넘치는 얼굴과 아름다운 옷과 사치품으로 치장하였다. 예언자 아모스는 이스라엘의 불의와 부정, 이를 통해 얻어진 사치와 향락 속에 살아가는 모습을 폭로하기 위해 '바산의 암소' 들이라는 비유를 사용한다. 바산 지역에서 나는 암소들은 최상급의 진품이라 이스라엘 권력자와 부자들이 애지중지하였고 값도 아주 비쌌다. 이 암소들은 착취당하지 않았고, 보호받았고 아주 잘 먹였다.

예언자 아모스는 바산의 암소들로 불리는 사마리아의 부유한 여인들의 죄악을 세 가지로 말하고 있다. 첫째, 가난한 자를 압제하고, 둘째, 힘없는 자들을 학대하며, 셋째로, 그들은 자신들의 남편들에게 술을 가져오라고 말한다. 그들은 남편의 권력과 사회적 지위를 이용해 사회의 약한 자들 즉 고아와 과부, 가난한 자, 나그네를 압제하고 협박해서 부당한 재물을 축적했다. 여기 '나그네' 란 우리로 말하면 외국인 노동자를 말한다고 볼 수 있다. 그들은 탐욕스럽고 향락적인 삶을 누릴 뿐만 아니라 안방에서 남편들을 시켜 사회적 부패를 가져오게 한다. 이러한 과정에서 희생되는 사람들은 가난한 사람이었다. 부패한 정치 권력자들과 사법 권력의 뒷 무대에는 이러한 바산의 암소들이 있었고, 폭리를 취하는 부정한 상거래로 호화로운 삶을 살아가는 사마리아의 부유한 여인들이었다. 그런데도 그들은 자기만의 삶을 사는데만 분주했고, 주위의 가난하고 궁핍한 이웃들의 고통은 아랑곳하지 않고 그러한 일들이 당연한 것처럼 재산을 불의한 방법으로 착취하여 이기주의와 향락주의에 빠져 살아갔다. 오늘날의 부자와 권력자들의 아내의 모습을 연상케 한다.

2절에서 "주 여호와께서 자기의 거룩함을 두고 맹세하신다. 때가 너희에게 이를 지라" 그 날은 어떤 날인가? 예언자 아모스는 이스라엘을 향해 다시금 '여호와의 날'이 가까이 왔다고 선포한다. 이러한 불의와 부패한 모습을 하나님께서 언제까지 보고만 계실 것인가? 아모스는 두 개의 비유를 통해 그날을 묘사한다. 첫째는 갈고리의 비유다. 이 표현은 갈고리로 낚시에 걸린 물고기나 고리에 코를 꿴 송아지처럼 비참하게 포로로 끌려갈 것이라는 것이다. 범죄한 이스라엘이 얼마나 처절하게 심판받을 것인지를 말하고 있다.

예언자 아모스의 글은 읽다보면 시로 쓴 메시지와 함께 비유와 재치, 아름다운 글솜씨를 보여준다.[21] 이방 민족을 심판의 도구로 사용하시는 하나님께서는 이스라엘로 하여금 그들이 경멸하고 저주했던 이방 민족에 의해 수모와 수치를 당하게 하실 것이다. 낚시에 걸려 자루에 담긴 물고기의 운명은 무엇이겠는가! 갈고리와 낚시에 끌려갈 때, 살진 암소들이 도살되는 날이요, 이스라엘이 멸망하는 날이다. 예언자 아모스는 부유하고 방탕한 귀부인들인 바산의 암소들이 마치 코에 고리를 낀 채 한 사람도 남김없이 도살장으로 끌려가는 소에 비유하고 있다.

3절 이스라엘의 성과 요새들이 무참히 파괴된 모습을 그려준다. 이스라엘이 그렇게도 자랑했던 견고한 성들이 이제는 적군의 침략으로 사방이 무너지게 될 것이다. 우리는 자신의 안녕과 안전을 보장해줄 분은 오직 우리의 주 여호와라는 사실을 분명히 알아야만 한다! 하나님을 알고 있던 믿음의 사람들은 이렇게 노래했다.

여호와는 나의 반석이시요. 나의 요새시요. 나를 건지시는 이시오. 나의 하

---

21) 불행하게도 우리가 보는 개역개정판 성경으로는 아름다운 문장을 볼 수 없다. 조금이라도 좋은 문장을 보려면 『새번역성경』, 『공동번역성경』을 보기 바란다.

나님이시요. 내가 그 안에 피할 나의 바위시요. 나의 방패시요. 나의 구원의 뿔이시요. 나의 산성이시로다. 시18:2

돈과 권력만을 의지했던 이스라엘이 아무리 공들여 만든 요새들이라 할지라도 하나님께서 철저히 파괴해 버리실 것이다! 자신들이 세운 돈과 권력으로 가난한 사람들을 무시하고 자신이 만든 안전을 의지한다면 하나님이 필요할 이유가 없을 것이다. 이스라엘이 그렇게도 믿고 자랑했던 견고한 성들이 이제는 이방인 적군의 침략으로 완전하게 무너지게 될 것이다. 지금 나를 지켜주는 성과 요새는 무엇인지 생각해보라?

'하르몬' 은 헤르몬으로 읽을 수 있다. 헤르몬은 바산 지역의 산이다. 따라서 바산의 살진 암소 같은 사마리아의 귀부인들이 이제 그들의 죄 때문에 이방의 땅에 끌려가게 될 신세가 될 것이다. 헤르몬은 향락의 산이 아니라 심판의 날을 맞이하게 될 것이다! 이것은 "여호와의 말씀이니라" 부귀영화에 취해 가난하고 힘없는 사람들을 압제하는 이들을 향해 아모스는 사자가 부르짖는듯한 모습으로 이를 통렬하게 고발하고 있다. 이토록 안타깝게 부르짖는 예언자의 메시지는 오늘 한국 교회와 목사들은 알 바가 아니며 현실의 세계를 모두 영적인 세계로 추상화해 버린다. 그러나 "이스라엘의 사고방식은 매우 현실적이며 직설적이다." 신약성경을 볼 때 유대교적 사고방식을 아는 것은 매우 중요하다. [22]

가난의 문제는 매우 현실적인 주제다. 〈OECD 고용전망〉보고서는 "우리나라 소득 격차가 코로나19의 영향으로 더 커졌다고 밝혔다. 보고서에 따르면 2020 상반기 가구소득 하위 20%는 전년 동기와 비슷한 수준인

---

22) 자세한 내용은 마빈 R. 윌슨, 『기독교와 히브리 유산』, 160-190. 참고할 것.

반면, 상위 20%의 소득은 6.3% 증가해 격차가 크게 벌어졌다고 보고했다."[23]

개혁주의 철학자요, 신학자인 니콜라스 윌터스토프는 『정의와 평화가 입맞출 때까지』에서 "하나님은 언제나 조건 없이 또 열정적으로 가난한 자들의 역사를, 아니 그들의 역사만을 옹호하신다. 그리고 교만한 자를 대적하시며 낮은 자의 역사의 편에 서시고 이미 권력과 특권을 향유하는 자를 반대하신다"라고 말했다. 네덜란드 수상을 역임한 세계적 신학자 아브라함 카이퍼A. Kuyper는 오래전 1891년 〈기독교 사회 대회〉 강연에서 "부자와 가난한 자가 서로 대치할 때 예수님은 부유한 자의 편에 서신 적이 없으며 언제나 가난한 자의 편에 서신다"고 말했다. 그분은 마굿간에서 태어나셨다. 여우도 굴이 있고 새도 보금자리가 있으나 자신은 머리 둘 곳도 없는 처지에 있었다. 계속해서 예수님을 비롯하여 이전의 예언자들과 사도들은 모두 힘 있고 사치스런 자들에게 반대했고 한결같이 가난하고 억압받는 자들 편에 섰다. 자끄 엘륄도 『하나님이냐 돈이냐』에서 "교회가 가난한 자에 대하여 망각하고 있는 것은 정말 놀라운 일이다"라고 말했다.

오늘을 사는 기독교인들이 마땅히 생각해야 할 최우선의 문제는 당연히 가난한 자의 문제이다. 스위스가 펴낸 『2019년 글로벌 부富 보고서』에 의하면 전 세계 성인 인구 0.9%가 글로벌 부의 43.9%를 차지하고 있다.[24] 우리나라의 경우도 이와 비슷하다. 윌터스토프는 "인류의 치욕이라 할 수 있는 대량빈곤 자체만이 문제가 아니라 더욱 심각한 것은 이러한 비참한 가난의 현실이 오늘날 불가피한 것이 아니라는 점이다. 풍요 속에 가난이

---

23) 박진도 외, 『GDP 너머 국민총행복』, 한계레출판, 2021, 49.

24) 앞의 책 55. 이 책이 쓰여진 이후 우리나라의 자세한 경제 지표, 불평등 지표에 대한 내용이 담긴 책이 나왔다. 박재용, 『불평등한 천국』, 북루덴스, 2022. 참고할 것(총 460쪽)

있고 빈부격차가 더 빚어지는 현실, 이것이 우리의 치욕이다. 우리는 가난한 자의 존재를 더 이상 무시할 수 없다. 그들의 울부짖음이 우리의 귓전을 때리고 있기 때문이다"라고 말했다. 힘을 가진 권력자들과 부자들의 소수가 지나치게 많이 갖고 많이 먹기 때문에 힘없는 다수가 모자라고 배고픈 것이다. 세계적 가난의 실상을 알기 위하여 교수이자 2,000년부터 유엔 인권위원회 식량 특별조사관이었던 장 지글러Jean Ziegler가 쓴 『왜 세상의 절반은 굶어 죽는가』에서 지금 세계 인구의 절반이 가난 때문에 죽어가고 있다고 말했다. 여기에서 제안하고 싶은 것은 한국 교회와 개개인들이 세계 구호 단체를 힘써 도와야 할 것이다. 스위스 칼빈주의 경제학자인 앙드레 비엘레Andre Vieler는 "가난한 사람을 돕지 못할 정도로 가난한 사람은 없다"고 말했다.

왜 기독교인들이 가난한 자에게 그토록 신경을 써야 하는지 궁금하게 생각할 사람도 있을 것이다. 이것은 성경에 대해 무지하기 때문이다.

> 가난한 사람을 학대하는 자는 그를 지으신 이를 멸시하는 자요. 궁핍한 사람을 불쌍히 여기는 자는 주를 공경하는 자니라. 잠 14:31

예수님께서 마태복음 25장에서 "지극히 작은 자에게 한 것이 곧 나에게 하는 것이다"고 말씀하셨다. 예수님은 지극히 작은 자─가난한 자를 자신과 동일시 하고 있다. 가난한 자로 오신 예수님께서는 자신이 전하는 복음이 가난한 자의 것임을 여기저기에서 반복하신다.

가난한 자란 무엇보다 경제적으로 박탈당한 사람들이다. 성경에서 청각장애인·언어장애인·시각장애인·지체장애인·포로·옥에 갇힌 자·짓밟힌 자들이란 가난하고 힘없고, 실업자, 낙심한 자들을 달리 부른 말이다. 왜냐하면 포로된 자 · 묶인 자 · 시각장애인 · 지체장애인은 물질적으로 가난할 수밖에 없는 존재이기 때문이다. 구약성경에서는 고아 · 과부 · 가난한 자 · 나그네로 표현하고 있다. 그렇다고 가난한 자라 할지라도 정당화하지는 않는다. 그러므로 가난한 자를 위한다고 불의한 판결을 내려서는 안 된다.

> 가난한 자의 송사라고 해서 편벽되이 두둔하지 말지니라. 너는 가난한 자의
> 송사라고 정의를 굽게 하지 말며호3:3

이와 같이 가난은 특권이 아니다. 가난은 선이 아니다. 그러나 왕을 비롯한 권력자들, 부자들은 하나님의 말씀을 들어야 한다! 기독교인들은 가난한 자의 문제가 구약성경과 신약성경에 나타난 중심 주제 중 하나이며 신앙과 매우 밀접한 관계가 있다는 사실을 알아야 한다.

> 네가 이 세대에서 부한 자들을 명하여 마음을 높이지 말고 정함이 없는 재
> 물에 소망을 두지 말고 오직 우리에게 모든 것을 후히 주사 누리게 하시는
> 하나님께 두며 선을 행하고 선한 사업을 많이 하고 나누어 주기를 좋아하며
> 너그러운 자가 되게 하라. 그러나 자족하는 마음이 있으면 경건은 큰 이익
> 이 되느니라.딤전6:17-19

우리가 세상에 아무것도 가지고 온 것이 없으매 또한 아무것도 가지고 가지 못하리니 우리가 먹을 것과 입을 것이 있은즉 족한 줄로 알 것이니라. 부하려 하는 자들은 시험과 올무와 여러 가지 어리석고 해로운 욕심에 떨어지나니 곧 사람으로 파멸과 멸망에 빠지게 하는 것이라 돈을 사랑함이 일만 악

의 뿌리가 되나니 이것을 탐내는 자들은 미혹을 받아 믿음에서 떠나 많은
근심으로써 자기를 찔렀도다. 딤전 6:7-10

　기독교인이 이 세상에서 정직과 성실로 열심히 살아갈 때 하나님께서
는 그 열매로 부자가 되게 하신다. 문제의 핵심은 자신의 이익과 쾌락을
위해서가 아닌 하나님과 가난한 이웃을 위하여 기꺼이 자기가 가진 부를
베푸는 것이다. 예수님께서는 "주는 것이 받는 것보다 복이 있다"고 하셨
다. 행20:35 유대인 정신의학자요 사회학자인 에리히 프롬은 『사랑의 기
술』25)에서 "준다는 것은 무엇인가를 포기하는 것, 빼앗기는 것, 희생하는
것이라고 생각하는 것은 오해다. 받아들이고 착취하고, 혹은 저장하는 것
을 지향하는 단계를 넘어서지 못한 사람은 '준다'는 행위를 이런식으로 경
험한다. 시장형 사람은 주려고 하지만 단지 받는 것과 교환할 뿐이다. 그
에게는 받는 것 없이 주기만 하는 것은 사기당하는 것이다. … '주는 행위'
를 통해 나는 나의 힘, 나의 부, 나의 능력을 경험한다. 고양된 생명력과 잠
재력을 경험하고 나는 매우 큰 환희를 느낀다. 주는 것은 받는 것보다 즐
겁다. 물질적인 영역에서 준다는 것은 부자임을 의미한다. 많이 주는 자가
부자다. 가난한 자가 부자보다 더 준다는 것은 널리 알려진 사실이다."
　예수님께서 선한 사마리아인의 이야기를 들려주신 목적은 '이웃'의 의
미가 무차별적으로 모든 인간에게 확장된다는 것을 가르치기 위함이며 그
것은 모든 인류가 신성한 교제의 끈으로 하나로 묶여 있다는 것을 보여준
다. 그러므로 칼빈이 설교할 때 부자들을 격렬하게 비난한 것은 결코 놀라
운 일이 아니다. 칼빈은 사재기, 독점하는 자들을 향하여 '살인자' '사나
운 짐승' '가난한 자를 물어뜯고 삼키는 자' '가난한 자의 피를 빨아먹는

---

25) 에리히 프롬, 『사랑의 기술』, 황문수 역, 문예출판사, 2009, 40-42.

자' 라고 비난했고 또 "유산 때문이건 자기 사업과 노력으로 부자가 되었건 부자들이 먹고 남는 것이 무절제나 사치를 위해서가 아니라 가난한 자의 필요를 채워주는 일에 쓰게 되어 있음을 기억해야 한다."라고 말했다.[26]

요즘 우리나라 드라마 〈오징어 게임〉이 전 세계적인 관심을 받고 있다. 우리나라 영화전문가들도 칭찬하기에 입이 마른다. 그러나 우리 기독교인들에게는 생각해 볼 점이 많다. 스토리 · 세트 · 음악 · 연기 등 드라마의 요소들이 충분히 설득력 있게 만들어졌다. 무엇보다 이 드라마에는 서사의 단순함이 있다. 사회적으로 거액의 상금을 걸고 생과 사를 가르는 게임은 누구나 쉽게 이해할 수 있는 내용이다. 이러한 단순함만으로 〈오징어 게임〉을 볼 수만은 없다. 「오징어 게임」은 오늘날 우리 사회의 세태를 반영한다는 면에서 깊이 생각할 필요가 있다. 첫째는 성폭행을 하는 목사를 등장시킴으로서 기독교를 비난하고 있다는 점이다. 이 드라마에서 목사를 등장시켜야 할 필연성이 없다. 이러한 내용이 나오는 것은 기독교의 타락과 무능을 보여주고 있다. 둘째는 사람을 너무 쉽게 죽이고 살리는 지나친 폭력성이다. 아이들의 놀이를 모티브로 해서 인명을 쉽게 죽이는 것, 움직이기만 해도 가차없이 죽인다. 잔혹하고 살벌한 현실을 보여준다. 최근 해외 언론에서 〈오징어 게임〉의 폭력성을 경고하고 있다. 미국 플로리다 주 공립학교인 베이 디스트릭스 학교는 학무모들에게 "아이들에게 폭력적인 게임을 하지 않도록 협조해 달라"는 당부를 했고 호주 시드니에 있는 공립학교에서도 자녀들이 〈오징어 게임〉을 시청하는 것을 차단하도록 당부했다. 그 외의 해외 각종 매체에서도 〈오징어 게임〉의 성공요인을 분석하면서도 폭력성과 잔인성을 항상 빼놓지 않고 있다. 독일의 보수 언론 슈테른Stern

---

26) 막스 베버가 칼빈의 사상에 의해 자본주의가 발달되었다는 사실은 많은 학자들이 부정하고 있다. 108-109쪽 참고.

기사는 주저하지 않고, 끔찍한 폭력성을 경고하면서 아이들이 〈오징어 게임〉을 보지 않도록 협조해 달라고 보고하고 있다. 〈오징어 게임〉은 우리 사회의 추악한 자본주의 사회의 돈과 폭력성을 수반하는 모습은 세계의 종말적 현상을 보여주는 우리나라와 세계인들의 부끄러운 자화상이다. 기독교인들은 결코 단순한 드라마로만 보아서는 안될 것이다.

　가난한 자에 대한 억압과 관련하여 고대 이스라엘 사회의 탐욕스런 물질주의를 생각할 때 오늘날의 자본주의를 생각하지 않을 수 없다. 자본주의는 인간의 탐욕에 근거한 본능적이고 종교적 힘을 가지고 있다. 한국 보수주의 교회는 역사적 배경을 알아보지도 않고 자본주의가 성경적이라도 되는 것처럼 알고 있다는 점은 참으로 안타까운 일이다. 어쨌든 우리는 가난한 사람들을 고대 이스라엘의 문제로만 보아서는 않되고 오늘의 문제로 생각해야 하기 때문이다. 왜냐하면 고대 사회에서 빈부의 문제가 오늘의 자본주의와 무슨 상관이 있느냐고 물을 수 있는 사람이 있을 것 같기도 하지만, 오늘의 현실에 적용해 볼 때 자본주의에 대하여 생각하는 것은 매우 중요하다. 물론 고대 이스라엘에 자본주의는 없었다. 그러나 고대 이스라엘에서 권력자들과 부자들이 폭압을 통한 빈부격차의 문제는 오늘날의 자본주의와 연결하여 생각하지 않을 수 없다. 이와같이 자본주의는 물질에 의존하는 돈자본 주의, 돈 중심주의이기도 하지만, 자본주의는 매우 비성경적인 것이긴 하지만 부도덕하기 때문이다. 한스-요아킴 크라우스는 "소외되고 염려와 탐욕에 사로잡힌 세상에서 돈은 성스러운 광채를 지니며 치명적인 힘을 가진다. 돈의 신 맘몬이 세상과 삶을 지배한다. 맘몬의 경제적 현현향식을 자본주의라 한다."[27] 이 문제는 이스라엘이 왜 멸망의

---

27) 한스-요아힘 크라우스, 『조직신학 하나님 나라』, 박재순 역, 한국신학연구소,

심판에 이르렀는가를 생각했을때 오늘날 자본주의를 생각하지 않을 수 없다. 구약성경이 말하는 것은 공동체주의를 지향하고 있는데 기독교가 지금처럼 개인주의와 미래주의, 도피주의와 이원론으로 전락하고 말았다. 이스라엘 민족이 개인주의·미래주의·도피주의·이원론적 사고를 한다는 것은 전혀 상상할 수 없는 사고방식이다.

르네 빠딜라는 『복음에 대한 새로운 이해』에서 "오늘날 자본주의는 인간이 아니라 돈을 섬기고 있다. 인간은 공급과 수요의 원칙에 의해 돌아가며, 환경오염의 주범이 되고 거대한 기계 부속품으로 전락했다. 자본주의 체계는 가진 자와 못 가진 자라는 결코 좁힐 수 없는 차이를 만들어 냈을 뿐만 아니라 국제적인 차원에서도 부유한 나라와 가난한 나라의 큰 격차를 만들어 냈다"고 말한다. 자본주의는 도둑의 논리다. 약육강식이다. 사탄문제에 대한 세계적 권위자인 월터 윙크Walter Wink는 "많은 사람이 굶어 죽는데 소수가 과식하는 것은 악마적인 구조"라고 하였다. 세계적 철학자 슬라예보 지젝은 "자본주의 최선보다 스탈린주의의 최악이 낫다"고 까지 말한다.28) 슬라보예 지젝Slavoj Zizek과 프랑스 철학자 알랭 바디우Alain Badiou 도 오늘의 자본주의가 이렇게 가다가는 멸망을 자초할 뿐이라며 세계를 돌아다니며 외치고 있다. 그는 자본주의를 '임박한 파국'이라고 말하면서 얼핏 보면 종교적 종말론을 외치는 듯 절박하다. 지젝은 『멈춰라 생각하라』에서 "자본주의는 자본의 자체 추진력이 너무 강하기 때문에 제어하기 어렵다." 이어 지젝은 "자본주의의 섬뜩한 폭력은 더는 어떤 개인이나 그들의 사악한 의도를 물을 수 없을 만큼 순수하고 객관적·체계적·익명적이다." 얼마 전까지만 하더라도 자본주의를 비판하는 발언을 하면 금방 '빨

2000, 450.

28) 슬라예보 지젝, 『자본주의에 희망은 있는가』, 박준형 역, 문학사상, 2017, 229-331.

갱이', '종북'으로 몰렸다. 정의의 하나님께서 사회적 약자에게 부여하신 권리를 고의적으로 짓밟는 것이기에 죽어가는 자들을 직접 신체적으로 공격한 것과 다를 바가 없다. 정말 슬픈 것은 주류 한국 교회가 이렇게 무정한 한국 사회를 변화시켜나가기는 커녕 오히려 그 흐름에 편승하고 자본주의를 숭상하는 자들이 되었다. 가난한 사람은 더욱 가난해지고 있으며 부자들은 더욱 부자가 되고 있다. 자본주의가 심각한 위기에 처했다는 사실은 일부 좌파들만의 이야기가 아니다. 우리나라 또한 경제 전문지「헤럴드 경제」는 "2014년을 기준으로 하여 우리나라 가정 10곳 중 1.5가정이 평생 빚을 갚을 수 없는 한계 가정이며 이는 2010년 59.8%보다 6%가 오른 65.7%가 된다"고 보도했다. 문제는 해마다 한계 가정이 늘어날 전망이다. 현재 우리나라의 경우 "상위 1% 사람들이 32%의 땅을 가지고 있다."[29]

돈을 가진 극소수가 토지·주택·주식 등 불로소득으로 힘들이지 않고 버는 돈이, 대다수의 사람들이 땀을 뻘뻘 흘리면서 노동을 해 버는 돈보다 많다. 그러므로 주식이나 주택 투자를 통해 노동없이 큰 이익을 본다는 것 자체가 도적질이다. 간디는 "도적질하지 않는다는 것은 단지 훔치지 않는 것만을 뜻하지 않는다. 자신에게 필요 없는 것을 가지고 있거나 가지려고 하는 것 또한 도둑질이다. 그리고 도적질에는 어김없이 폭력이 따른다"고 말했다. 우리의 지갑 속 돈과 통장, 우리가 가입한 금융상품, 우리가 사는 집의 가격, 매달 갚는 대출금과 이자, 이 모든 것이 금융자본주의와 깊은 연관이 있다. 오늘의 자본주의는 우리의 일상생활 말하자면 경제활동의 미세한 모세혈관까지 깊숙이 침투해 들어와 있는 금융 자본주의가 되었다. 과거에는 노동자들이 직접 노동하여 만드는 제조업이 대부분이었다. 다양한 제조업을 통해 생산해내는 각종 재화와 서비스가 부의 근원이

---

29) 한겨레신문, 2021. 10. 7일자 1면 기사.

었다. 얼마전 대통령 후보가 손과 발로 하는 노동은 아프리카에서나 하는 일이라고 말한 것은 얼마나 무지한 말인가? 어쨌든 이제 그런 복잡한 제조 과정을 거치지 않고서도 돈이 직접 부를 창출하는 돈으로 돈을 버는 시대가 본격적으로 시작되었다. 이 결과 양극화는 갈수록 심화 되어가고 우리나라 금융시장은 본격적으로 세계 금융시장에 편입된지 오래 되었다.

요새 돈이 있는 사람이라면 주식 투자에 붐이 일어나고 있다. 돈을 빌려서라도 투자한다고 한다. 돈이 넘쳐 흘러 갈 곳이 없단다. 가난한 사람은 여기저기 넘치도록 많은데 어디에 돈이 그렇게 많이 숨어 있는 것일까? 기독교인이 '자본주의의 피라'는 주식에 투자하는 행위는 영적 피폐를 가져올 수 밖에 없다. 주식은 주가의 오르내림에 대해 주야로 묵상하기 마련이다. 돈이 거기에 있기 때문이다. 내 삶에서 누가 주인인가? 한 분은 우리주 여호와 하나님이시요 또 하나는 나의 욕망에 불을 지르는 돈이지 않은가? 돈을 하나님만큼 거역하기 어려운 실재다. 간디가 말한 대로 "인간의 마음을 채울만한 욕망에는 한계가 없지 않은가?" 주식에 투자한다는 것은 날마다 두 신을 섬기는 것과 같다!

또한 주택 문제가 있다. 어떤 사람은 주택을 천 채 넘게 가지고 있다. 그게 말이나 되는 소리인가? 이것이 상식적인 말이요, 소유의 자유라니 자본주의가 말하는 자유가 무엇인가? 누가 그런 사람에게 세금을 몽땅 올리라고 말하고 집을 팔게 하라고 말하면 기득권자들은 합창으로 어디 자본주의 나라에서 그럴 수 있는가고 쌍심지 켜고 그것이 매우 정당한 것처럼 말한다. 미국의 존 바이든 대통령은 취임하면서 바로 양도세와 종부세 등 부유세를 과감하게 올렸다. 거기에다 세금을 조금 올린다고 말하면 부자들과 기득권 신문들은 무슨 큰일이나 난 것처럼 '세금폭탄'을 맞는다고 하는데 엄살을 그치라! 소득이 있는 곳에 세금이 있는 것은 당연하다. 2%에 해당하는 사람들이 내는 종부세를 모든 국민이 내는 것처럼 호들갑을 떤다. 에리히 프롬이 『존재냐 소유냐』에서 "건전한 사회를 이루기 위해 우리 모두가 '소유 지향적 삶'을 살기보다 '존재 지향적 삶'을 추구하라"고 말한다. 정당은 선거에서 부자들의 표를 생각해야 하기 때문에 세금을 올릴 엄두를 내지 못한다. 우리나라의 납세율이 25%이다. 이는 복지국가인 스칸디나비아반도에 있는 스웨덴, 노르웨이에, 덴마크 처럼 50~60%에는 물론 OECD 평균 34%에도 미치지 못한다. 복지국가가 되려면 무엇보다 부자들의 세금을 과감하게 올려야 한다.

재벌과 대기업은 자본주의의 추종자들이다. 민족 동포의 안녕과 복지가 그들의 존재 이유가 아니다. 어떻게 동포들을 활용하여 세계적 재벌들의 연계망 속에서 자신의 성공을 쟁취할 수 있을지를 끊임없이 모색하는 경제적 집단이요 시스템일 뿐이다. 이러한 자본주의가 취하는 전략은 가난한 자들, 노동자들, 농촌을 포함한 국민의 생활세계를 철저히 파괴하는 것이다. 박노자 교수가 『비굴의 시대』에서 "오히려 대기업의 구조적 문제에는 관심이 없고 재벌들이 만들어 내는 비교적 사소한 부정에 대해서는 화를 낸다. 이 나라 대다수의 선남선녀는 재벌들이 착취자가 아니라 우리나라를 대표하고 우리나라를 위하는 경제계의 대표로만 바라본다"고 말한다. 몇해 전 대한항공 어린 부사장 조현아 씨의 땅콩회항사건에서 재벌들이 하는 갑질을 상징적으로 볼 수 있다. 그 뒤 그녀는 재판에 넘겨졌고 구속되기도 했다. 한국사회에서만 있을 수 있는 현실이다! 이것이 한국 자본주의와 기득권 세력의 일그러진 자화상이다.

자본주의가 지금과 같이 경제적 양극화를 더욱 심화시키고 삶의 불안 요소를 양산한다. 대부분의 사람에게 일자리·주거·교육·보육·의

료·노후 문제는 과거보다 훨씬 더 심각한 문제로 다가온다. 특히 경제적 양극화에서 비롯될 수밖에 없는 서민들의 가계부채 증가는 매우 위험스러운 지경에 도달해 있다. 이처럼 자본주의는 구조적으로 가난해질 수밖에 없는 사람들을 대량 생산한다.

영국의 신학자인 톰 라이트도 『마침내 드러난 하나님 나라』에서 "현재의 지구적 부채 시스템은 정말로 부도덕한 스캔들이며, 화려하고 번지르르한 서구 자본주의의 더러운 비밀이다. 무슨 일이 있어도 우리는 이러한 상황을 바꾸어야 하며, 그렇지 않으면 우리는 2세기 전에 노예 제도를 지지했던 사람들, 그리고 70년 전에 나치를 지지했던 사람들과 나란히 이후의 역사로부터 비난받는 자리에 서게 될 것이다. 이것은 심각한 문제다"고 말한다. 소설가 조정래는 『허수아비 춤』에서 한국 재벌들이 천만 원이 넘는 고급 와인을 마시는 호화로운 생활을 그리며 그들이 얼마나 이기적 탐욕에 가득 차 있는가를 보여준다. 정치는 재벌들의 허수아비들일 뿐이다. 한국 교회가 하나님의 말씀을 듣고도 회개하지 않는다면 재앙과 심판에서 우리라고 제외될 수 있을까? 목사는 현재의 자본주의가 무엇인지 알고 비극적인 현실에 대해 고발해야 한다. 십일조에 대한 설교보다 '돈'을 주제로, 가난의 문제를 주제로 자주 설교해야 한다. "돈에 관한 성경 구절은 믿음과 기도에 관한 구절보다 두 배 많은 2,350절이나 된다. 이는 믿음이나 기도, 하나님나라에관한구절들보다훨씬많다."[30] 기도를 적게 하라는 말이 아니라, 가난의 문제·돈의 문제·자본주의의 심각성에 대해 관심을 가져야 할 것이다. 이는 기울어진 운동장에서 하나님께서 가난한 자의 편 들기요 하나님의 편애다.

---

30) 랜디 알콘, 『돈 소유 영원』, 김신호 역, 토기장이, 2013. 서문 중에서.

4-5절 예언자 아모스는 이어 대조적으로 말한다. 이것은 가난한 자에 대한 관심 없는 겉치레뿐인 제사가 하나님께 아무런 의미가 없다는 것은 당연하다. 예언서 중에서 제의에 대해 가장 냉소적으로 비난한 곳이 바로 이 본문일 것이다. 벧엘과 길갈은 이스라엘 신앙 전통이 새겨진 장소이며 제의의 중심지라고 할 수 있다. 이스라엘은 곡식과 포도주, 기름의 십일조와 3년마다 소산의 십일조, 그리고 자신이 소유한 가축의 십일조를 내도록 되어 있었다. '수은제'는 다른 곳에서 '감사제'레 7:13를 말하며 '낙헌제'는 자원하여 드린 제사를 의미한다레 7:16; 민 15:3 등, 레위기에 따르면 감사제는 누룩 넣은 빵과 함께 드려진다. 이 본문은 벧엘과 길갈에서 희생제사와 십일조, 수은제와 낙헌제가 드려진다. "아침마다" 제사를 드리며 "삼 일마다" 십일조를 드린다는 것 또한 이들이 얼마나 정성스럽게 제사를 드렸는지 알 수 있다. 여기에다 감사제와 자원하는 마음으로 드리는 낙헌제도 드렸다. 그들이 제사를 얼마나 빠짐없이 잘 드리고 있었는지를 보여준다. "이것이 너희가 기뻐하는 바니라"라고 하나님은 말씀하신다.

여기서 '기뻐하다'는 표현은 '사랑하다'를 의미한다. 아모스를 통해 하나님은 이렇게 드려지는 여러 제사와 십일조는 이스라엘이 하나님을 사랑하는 표현이라고 생각했다. 그러나 이어지는 메시지는 "바로 내가 너희에게 재앙을 주었다"로 시작해, 하나님께로 돌아오지 않는 이스라엘을 고발한다. '이것이 너희가 기뻐하는 바니라'라는 말과 "그러나 바로 내가"는 대조되는 말이다. 이스라엘은 정성을 다해 제사로 하나님께 나아간다고 말하지만, 하나님께로 나아오는 것과는 전혀 무관한 행동이다. 예언자 아모스는 그들이 겉으로는 정성껏 드린 제사일지라도 하나님께 형식적이고 습관적인 제사를 드리는 것은 무의미한 것이라고 외치고 있다.

여호와께서 말씀하시되 너희의 무수한 제물이 내게 무엇이 유익하뇨. 나는 숫양의 번제와 살진 짐승의 기름에 배불렀고 나는 수송아지나 어린 양이나 숫염소의 피를 기뻐하지 아니하노라. 헛된 제물을 다시 가져오지 말라. 분향은 내가 가증히 여기는바요 월삭과 안식일과 대회로 모이는 것도 그러하니. 성회와 아울러 악을 행하는 것을 내가 견디지 못하겠노라. 내 마음이 너희의 월삭과 정한 절기를 싫어하나니 그것이 내게 무거운 짐이라. 내가 지기에 곤비하였느니라. 사 1:11,13-14

희생 제사와 십일조·수은제·낙헌제가 풍성하게 드려지며 자신에게 주어진 삶에 감사하되 이러한 제사가, 가난한 자와 힘 없는 자에 대한 억압과 압제를 통해 얻어진 것이라면 그들이 좋아하는 종교 행위일 뿐, 하나님이 원하신 것이 아니다. 가난한 자를 돌보지 않는 실천 없는 제사는 그 자체로 무의미하며 하나님과 아무런 상관이 없다는 것을 잘 보여주고 있다. 벧엘로 가고 길갈로 가라는 명령은 명령이라기보다 통렬한 풍자다. 이를 생각하면 우리가 이제껏 드린 수많은 예배가 진정 하나님이 기뻐하시는 예배인지, 아니면 사람들끼리 기뻐하고 좋아하는 종교 행위인지 근본적으로 돌아보게 한다. 과연 한국 교회는 가난한 자를 억압하고 힘없는 자를 압제하는 현실의 문제를 제기하고 그 현실을 고발하며 비판하고 대안을 제시한 적이 있었던가? 아니면 그것은 교회가 관여할 일이 아니라며 종교 의식에만 힘써 왔던 것은 아닌가? 교회가 기득권자들의 편에 서고 자본주의적 마인드를 키워주고 있는 것은 아닌가? 우리는 예배 드리는 것만으로 만족하는 것은 아닌가? 그러나 하나님은 이를 단호히 거부하신다. 사회적 현실에서 일어나는 가난한 자에 대해 무관심하다면 그 어떤 예배도 하나님이 명하시고 받으시는 예배가 아니다. 그것은 사람들이 원해서 스스로 만들어 낸 종교일 뿐이다.

예언자들은 외친다. "하나님께서 요구하시는 것은 제의 안에서 발견되는 것이 아니라 삶의 윤리적 삶 속에서 발견된다."[31] 실천없는 종교는 하나의 이론일 뿐이요 거짓된 허위의식일 뿐이다. 일찍이 선지자 사무엘이 "제사 보다 순종이 낫다"고 말한 바가 있다. 삼상 15:22 이것은 예언자적 정신이 담긴 유전자DNA다! 아모스와 그 밖의 많은 예언자들도 윤리의 중요성을 강조했다. 하나님이 원하시는 것은 단순한 마음의 상태가 아니라 실천이다. 마틴 루터의 "오직 믿음으로!"의 혁명적 메시지는 정말 타락할 데로 타락한 교회를 바로 세운 하나님이 일으킨 사건이다! 여기에서 루터가 말한 '오직 믿음'은 우리가 아는 뜻도 있지만 또 다른 의미는 당시 부패한 교회가 부자와 가난한 자, 여자와 남자의 차별을 넘어 누구든지 믿음으로만 구원얻는다는 혁명적 메시지를 담고 있다. 면죄부를 생각하면 알 것이다.

언약을 잘 모르고 하나님은 인간이 잘못하면 하나님이 꺼떡하면 화만 내시고 심판하시는 분으로 크게 오해할 수 있다. 실제로 초대교회 이단이었던 마르시온Marcion은 구약의 하나님은 사랑의 하나님이 아니며, 분노와 저주를 하시는 하나님이라고 생각하고 구약 성경 읽기를 꺼려했다.[32] 구약성경에 대해 무지한 오늘의 한국 교회 목사들은 실제적으로 마르시온

---

31) 크리스토퍼 라이트, 『현대인을 위한 구약 윤리』, 김재영 역, IVP, 63-101. 구약성경에서 신앙과 윤리의 관계를 집중적으로 다루는 중요한 책으로 총 700쪽에 이른다.

32) 필립 샤프, 『교회사 전집 2권-니케아 이전의 기독교』, 이길상 역, 크리스챤다이제스트, 2004, 453-457.
마르시온(Marcion of Sinope, 약 85년 - 약 160년)은 초기 기독교의 신학자로서 스스로 사도 바울의 후계자로 여겼다. 그는 구약성경의 하나님(God, 신)은 신약성경의 하나님과 다르다고 주장하였다. 그는 구약성경의 하나님은 폭력과 보복의 신이지만, 예수 그리스도가 말하는 하나님은 사랑과 정의의 신이라고 주장하였다. 그는 복음서 중에서 구약의 하나님과 관련된 부분들을 삭제하였다. 마르시온은 그의 냉철한 비판 자세 때문에 교회로부터 이단으로 간주되었다.

의 후예들과 다르지 않다. 그러니 구약성경 본문으로 설교를 들어 볼 기회가 드물다. 마르시온의 주장처럼 한국 교회 목사들은 대체로 바울서신을 중신으로 설교한다. 실제로 마르시온은 신약의 바울서신 만이 진정한 복음이라고 말했다. 그러나 구약성경에 나타난 하나님은 사랑과 긍휼이 많으신 하나님이라는 사실을 알아야 한다. 구약성경에 나타난 하나님이 인간의 죄에 분노하신 것처럼 신양성경에 나타난 예수님 또한 분노하시는 분이셨음을 알아야 한다.

아모스는 하나님께서 이스라엘을 향해 내리셨던 심판의 저주가 곧 나타날 것을 말한다. 아모스는 각 구절 끝에 앞서 "내게 돌아 오지 아니 하였느니라"는 후렴구를 사용함으로써 이스라엘의 옹고집과 하나님의 끈질긴 애정을 대조적으로 그려낸다. 이어지는 이스라엘의 회개하지 않고 고집한 결과로 다섯 재앙을 언급하면서 뒤로 갈수록 더 가혹해지는 것을 볼 수 있다. 본 단락은 '그러나 바로 내가 너희들에게 … 했다' 로 시작해 하나님이 친히 이스라엘에게 내리신 재앙들을 말씀하신다. 그럼에도 불구하고 완악한 이스라엘은 끝까지 돌아오지 않았다.

6절 첫째 재앙에서 "이치아를 깨끗하게 한다"는 표현은 먹을 양식이 떨어지게 한다는 것을 의미한다. 그들이 사는 곳에 먹을 양식이 없을 것을 말한다. 아모스서 앞에 있는 요엘서에서 메뚜기 떼로 먹을 양식이 끊어진 현실을 말하며 그로 인해 탄식하고 금식하며 여호와께 돌아올 것을 촉구한다. 그런데도 이스라엘은 이러한 현실을 돌아보지 않았고, 하나님께 돌이키지 않았다. 왜 사람들은 자기의 모습을 보지 못할까? 나르시즘에 빠져서일까? 나르시즘은 자기 자신에 만족한 나머지 결국 물에 빠져 죽게 된다는 그리스 신화에 나오는 이야기이다. 한국 교회 또한 숫자를 자랑하며 이렇게 공룡처럼 쓰러져 넘어지는 것은 아닐까?

7-8절 둘째 재앙은 비가 내리지 않는 재앙이다. 곡식이 자라기 위해 반드시 충분한 비가 필요하지만 하나님은 비를 그치게 하실 것이다. 어떤 곳에는 비가 내리고 어떤 곳에는 비가 내리지 않으니 사람들이 물을 얻기 위해 여기저기 다니겠지만, 어디에서도 필요한 만큼의 물을 얻을 수 없을 것이다. 농사에 당장 필요하고 일상생활에 절실하게 필요한 물이 떨어졌는데도, 이스라엘은 하나님이 행하시는 일을 깨닫지 못하고 하나님께로 돌아가지 않는다. 출애굽 때 하나님이 내리신 재앙에도 불구하고 완악하여 도무지 돌이키지 않는 이집트의 파라오처럼, 하나님께서 이집트에서 건져내신 이스라엘도 이 재앙 앞에 무감각한 모습을 보이고 있다.

9절 셋째 재앙은 곡식이 마르는 재앙 그리고 깜부기와 메뚜기 재앙이다. 곡식이 제대로 자라지 못하고 영글지 못하게 하는 병충해가 생기고 메뚜기 떼가 습격하니, 이스라엘의 수많은 동산과 포도원, 무화과나무와 감람나무에서 수확이 전혀 없을 것이다. 메뚜기 재앙 때문에 포도나무와 무화과나무가 메말라 버렸다. 출애굽 때의 이집트 역시 메뚜기 재앙으로 추수할 곡식이 없어서 죽을 수밖에 없었다. 이스라엘은 그들이 소유한 것으로 부귀를 누리고 있으나, 이제 하나님께서 이 모든 것을 치실 것이다. 사람은 하나님이 하신 일에 대해 어디까지 둔감할 수 있을까? 우리에게는 하나님의 음성을 들을 수 있는 민감한 믿음이 필요하다. 놀랍게도 여전히 이스라엘은 하나님께 돌아오지 않는다.

이 백성이 마음의 문을 닫고 귀를 막고 눈을 감은 탓이니, 그렇지 않았더라면 그들이 눈으로 보고 귀로 듣게 되고 마음으로 깨달아 돌아서서 마침내 나한테 온전하게 고침을 받으리라.' 하시지 않았습니까?행28:27, 공동번역

10절 넷째 재앙은 전염병이다. 전염병 또한 출애굽 때 이집트에 임했던 열 가지 재앙 가운데 하나였는데, 이스라엘에게 이 재앙이 임할 것이다. 그런데도 이스라엘은 하나님께 돌아오지 않았다. 전염병의 역사는 길다. 전염병은 단순한 것이 아니다. 최근 100여 년 동안 수많은 전염병이 있었고 2,000년 이후에만 사스·메르스·코로나 등 전염병이 창궐하고 있다. 그러나 이러한 펜데믹 사태는 4–5년을 주기로 다른 변이 바이러스들이 공격해 올 것이다. 유전자 재조합으로 생성된 면역력이 약한 농축산물을 먼저 감염시키고 이어 노동자를 감염시킨다. 이렇게 발생한 전염병은 배와 비행기를 통해 농축산물의 유통경로와 감염자의 이동경로를 따라 전 세계로 퍼진다. 이러한 감염병은 세계화·도시화·지구온난화와 손잡고 짧은 주기로 우리를 공격해 올 것이다. 지금의 치료제는 상처에 밴드를 붙이는 수단에 불과하다. 우리가 지금처럼 산다면 기후변화로 인한 폭염·한파·산불·태풍·해일·해수면 상승·물부족·식량고갈·전염병 창궐로 지구는 사람이 살기 어려운 땅으로 변해갈 것은 불보듯 뻔하다. 그런데 가난한 자들은 기후변화에 책임이 거의 없는데도 기후변화에 가장 크게 영향을 받는다는 사실이다. 우리는 지금 가난한 사람과 지구의 울음소리에 동시에 귀를 열어야 한다. 기후학자들에 의하면 이러한 전염병과 농작물의 감소는 대담한 전환이 없다면 지구 멸망은 가까운 시일 안에 이어질 것이라고 말하고 있다. 세계 각국 정상들이 기후변화에 대처하고 있지만, 자국의 이익 앞에 강력한 조치가 취해지지 않는 현실이다. 국제식물

보호협약IPPC 보고서는 늦어도 2040년까지 탄소 중립화를 이루지 못하면 지구 멸절을 피할 수 없다고 경고하고 있다. 이런 결과는 결국 인간의 탐욕과 무분별한 자연 정복에서 온 것이다. 우리나라는 2050 제조업 탄소중립과 2030 국가온실가스 감축 목표 달성을 위해 879억원을 지원하기로 했다.[33] 이러한 위기 대책으로는 턱없이 부족한 액수다.

11절 다섯째 재앙은 소돔과 고모라의 무너짐같이 이스라엘이 무너지는 것이다. 하나님께서 소돔과 고모라를 뒤엎어 버리듯 이스라엘을 뒤엎으실 것이다. 소돔과 고모라의 죄악이 얼마나 큰지 희생당한 이들의 부르짖음이 하늘에 미쳤고, 하나님이 친히 그들을 뒤엎으셨다. 소돔과 고모라는 죄악의 상징인 동시에 하나님이 내리신 전면적인 심판의 상징이기도 하다. 모든 것이 불타 버리고 나무 조각 하나만 남았다는 점에서, 이 비유는 그야말로 남은 것은 하나도 없이 멸망해 버린 이스라엘의 모습을 상징한다. 이 표현은 나라가 망하고 성전도 파괴되었으며 남의 땅에 포로로 끌려갔던 이들의 후손을 가리킨다. 하나님이 불러내신 이스라엘이 소돔과 고모라처럼 망하게 되리라고 누가 생각이나 했겠는가? 그들은 날마다 드리는 제사로 모든 것이 잘 돌아가고 있는 줄 알았지만, 실천없는 믿음은 죽은 것이라는 사실을 몰랐다. 예언자 아모스는 이 모든 재앙마다 이스라엘 백성들이 하나님께로 돌이키지 않았음을 고발한다. 하나님의 재앙에도 불구하고 돌이키지 않는 이스라엘의 모습은 거듭되는 재앙에도 끝까지 마음을 바꾸지 않는 마음이 곧고 완악한 이집트의 바로를 연상하게 한다. 이제 이스라엘은 파라오가 지배하는 이집트와 아무런 차이가 없어졌다.

---

33) 한겨레신문, 2021년 12월 26일자, 2면.

12절 "그러므로 내가 이제 이렇게 이스라엘 너에 대해 이같이 행하리라 … 이스라엘아 네 하나님 만나기를 준비하라"로 시작하는 본문은 무엇인가 큰 일이 일어날 때 '단단히 각오하라' 든지, '단단히 준비하라' 는 표현이다. '그러므로' 라는 접속사는 이와같이 이스라엘이 회개하지 않는 불순종한 결과가 무엇인지를 보여준다. 하나님께서 이제까지 내리신 일곱 재앙에도 불구하고 돌이키지 않는 이스라엘에게 아모스는 최종 심판을 내린다. 이스라엘은 하나님과 맺은 언약 안[34]에서 설명되고 그 의미를 찾을 수 있다. 하나님은 이스라엘과 언약을 체결하시기 전에 먼저 위대한 구원 행동을 통해 이스라엘 백성을 이집트의 폭정에서 건져내시고 자유와 해방을 주셨다. 그리고 이스라엘 백성은 시내산에서 그들의 중보자 모세를 통해 여호와 하나님과 언약을 맺는다. 출 19-24장 하나님과 맺은 언약을 맺은 당사자는 언약 안에서 행동해야 한다.

예언자 아모스는 이스라엘을 향하여 여러 번에 걸쳐 너희 하나님을 만날 준비를 하라고 외쳤다. 더 이상 인내하실 수 없는 하나님의 외침이다. 하나님 자신이 직접 이스라엘을 멸망시키실 것이다. 아모스는 "이스라엘아 네 하나님 만나기를 준비하라"는 표현으로 고통스러운 미래의 도래를 말하고 있다. 그렇다면 이스라엘이 만나게 될 그 하나님은 어떤 분이신가?

13절 본문은 여호와의 나타나심에 관한 영광스런 찬양이 갑자기 울려 퍼진다.

산들을 지으신 자 바람을 창조하신 자 자기 뜻을 사람에게 보이시는 자 아

---

34) 1부 〈언약〉을 참고할 것.

침을 어둡게 하는 자 땅의 높은 데를 밟는 자 만군의 하나님 여호와가 그의 이름이라.

이스라엘이 만나게 될 하나님은 "만군의 하나님, 여호와"라고 불리는 주권자이며 전능자시다. 그분은 자신의 창조 능력으로 우주와 인류를 다스리는 진정한 창조자이요 통치자이시다. 이스라엘은 자연만물을 창조하시고 그 가운데 있는 것들을 질서와 법으로 유지하시는 창조주 하나님에 대해 노래하고 찬양했다. 그러나 예언자 아모스는 하나님이 이스라엘의 죄악 때문에 자신의 창조세계를 뒤집어 엎어버리실 것이라고 말씀하신다. 그분은 자신의 창조세계를 보존하고 충만케 하기도 하시지만 대신에 철저하게 파멸시키는 하나님이시다. 어둠을 새벽으로 바꾸실 뿐만 아니라 흑암을 대낮으로 변하게 하시는 하나님을 믿는다는 것이 얼마나 놀라운 사실인가를 기억하자! 또한 그분은 혼돈과 악을 통해서도 목적을 이루는 놀라운 하나님이시다.

여호와께서는 우리들의 생각을 뛰어넘어 자신의 창조까지 뒤엎어 버리시는 하나님이시다. 그것이 노아의 때에 일어나지 않았던가! 그날에 번뜩이는 번개가 하늘로부터 땅을 향해 무섭게 내리꽂히고, 광란의 바람이 휘몰아치며, 찬란한 이른 아침의 광명을 공포의 흑암으로 바꿔놓고, 높고 낮은 산들과 언덕들 위에 검은 구름이 깊게 드리우며, 지진과 천둥이 지축을 흔들어놓을 것이다. 천지에 우뚝 서 계신 전능자 하나님을 만날 자 누구인가? 언약의 파기자, 여호와를 저버린 백성, 불의와 불법을 일삼고 정의를 저버린 민족이 만날 대상은 바로 이러한 하나님, 그분의 이름이 높이 들린 만군의 하나님 여호와인 것이다.

9. 이스라엘을 위한 애가 암5:1-17

1 이스라엘 족속아 내가 너희에게 대하여 애가로 지은 이 말을 들으라 2 처녀 이스라엘이 엎드러졌음이여 다시 일어나지 못하리로다 자기 땅에 던지움이여 일으킬 자 없으리로다 3 주 여호와께서 이와 같이 말씀하시되 이스라엘중에서 천 명이 행군해나가던 성읍에는 백 명만 남고 백 명이 행군해나가던 성읍에는 열 명만 남으리라 하셨느니라 4 여호와께서 이스라엘 족속에게 이와같이 말씀하시기를 너희는 나를 찾으라 그리하면 살리라 5 벧엘을 찾지 말며 길갈로 들어가지 말며 브엘세바로도 나아가지 말라 길갈은 반드시 사로잡히겠고 벧엘은 비참하게 될 것임이라 하셨나니 6 너희는 여호와를 찾으라 그리하면 살리라 그렇지 않으면 그가 불 같이 요셉의 집에 임하여 멸하시리니 벧엘에서 그 불들을 끌 자가 없으리라 7 정의를 쓴 쑥으로 바꾸며 공의를 땅에 던지는 자들아 8 묘성과 삼성을 만드시며 사망의 그늘을 아침으로 바꾸시고 낮을 어두운 밤으로 바꾸시며 바닷 물을 불러 지면에 쏟으시는 이를 찾으라 그의 이름은 여호와시니라 9 그가 강한 자에게 갑자기 패망이 이르게 하신즉 그 패망이 산성에 미치느니라 10 무리가 성문에서 책망하는 자를 미워하며 정직히 말하는 자를 싫어하는도다 11 너희가 힘없는 자를 밟고 그에게서 밀의 부당한 세를 거두었은즉 너희가 비록 다듬은 돌로 집을 건축하였으나 거기 거주하지 못할 것이요 아름다운 포도원을 가꾸었으나 그 포도주를 마시지 못하리라 12 너희의 허물이 많고 죄악이 무거움을 내가 아노라 너희는 의인을 학대

하며 뇌물을 받고 성문에서 가난한 자를 억울하게 하는 자로다 13 그러므로 이런 때에 지혜자가 잠잠하나니 이는 악한 때임이니라 14 너희는 살려면 선을 구하고 악을 구하지 말지어다 만군의 하나님 여호와께서 너희의 말과 같이 너희와 함께 하시리라 15 너희는 악을 미워하고 선을 사랑하며 성문에서 정의를 세울지어다 만군의 하나님 여호와께서 혹시 요셉의 남은 자를 불쌍히 여기시리라 16 그러므로 주 만군의 하나님 여호와께서 이와 같이 말씀하시기를 사람이 모든 광장에서 울겠고 모든 거리에서 슬프도다 슬프도다 하겠으며 농부를 불러다가 애곡하게하며 울음꾼을 불러다가 울게 할 것이며 17 모든 포도원에서도 울리니 이는 내가 너희 가운데로 지나갈 것임이라 여호와의 말씀이니라 암 5:1-17

4장에 이어 5장은 심판과 회개의 주제가 번갈아 가면서 말씀이 주어진다. 이어서 회개에의 요청이 소개된다. 이스라엘의 사회 전반적인 죄악상에 대한 하나님의 심판이 언급되고, 회개와 종말에 대한 잘못된 이해를 가진 자들에게 임할 하나님의 심판을 소개한다. 하나님께서 원하시는 신앙인의 참된 모습이 무엇인지를 언급하고 있다. 마지막으로 형식적인 신앙이 가져다주는 이스라엘의 종말을 시각적으로 보여 준다. 아모스서 5장 후반부는 정의의 문제를 다룬다.

1절 아모스는 "이스라엘 족속아, 이 말을 들으라"라는 슬픈 노래로 시작한다. 애가는 이스라엘의 장례식 때 부르는 노래다. 참담한 미래를 선언하기 위해 애가 형식이 사용되고 있다. 이것은 친척·친지·지도자의 죽음을 말할 때 부르는 애가다. 멀쩡하게 살아 있는 사람을 앞에 놓고 그를 위해 애곡한다는 것은 매우 충격적인 일이 아닐 수 없다. 한창 때, 아직 꽃도 피기 전에 그녀가 쓰러져 죽었다는 것이다. 여성으로 표현된 이스라엘을 '처녀'로 의인화하여 순결하면서도 연약하고 애처로운 상태를 묘사하고 있다. 이스라엘이 경제적 번영을 이루고, 정치적 성장과 군사적 힘이 강력할 때 갑작스럽게 멸망하게 될 것이다. 왕과 권력자들과 부자들이 의지하는 것들이 이스라엘의 미래를 보장할 수 있다고 믿는 한, 언제라도 하나님께서 그들을 멸망시킬 수 있다는 무서운 말씀이다. 인간은 한 치 앞도 볼 수 없는 존재가 아닌가? 권력과 부가 우리의 평안을 보장해 주는 것이 아니다! 그런데도 어리석은 이스라엘의 왕과 권력자들, 부자들은 허망한 것에 의지하고 있다. 예수님이 말씀하신 비유가 생각난다.

> 한 부자가 그 밭에 소출이 풍성하매 심중에 생각하여 이르되 내가 곡식 쌓아 둘 곳이 없으니 어찌할까 하고 또 이르되 내가 이렇게 하리라 내 곳간을 헐고 더 크게 짓고 내 모든 곡식과 물건을 거기 쌓아 두리라 또 내가 내 영혼에게 이르되 영혼아 여러 해 쓸 물건을 많이 쌓아 두었으니 평안히 쉬고 먹고 마시고 즐거워하자 하리라 하되 하나님은 이르시되 어리석은 자여 오늘 밤에 네 영혼을 도로 찾으리니 그러면 네 준비한 것이 누구의 것이 되겠느냐 하셨으니 자기를 위하여 재물을 쌓아 두고 하나님께 대하여 부요하지 못한 자가 이와 같으니라. 눅 12:16-21

마치 예수님께서 이스라엘의 왕과 권력자, 부자들의 모습을 보면서 면전에서 하신 말씀처럼 착각할 정도다.

2절 이스라엘이 처녀로 비유된다. 이스라엘은 지금까지 한 번도 다른 나라에게 지배받아 본 적이 없는 나라다. 이 비유를 통해 싱싱하고 발랄한 처녀가 꽃도 피어보기 전에 쓰러져 죽을 것을 말하고 있다. 번성하던 도시가 초토화되어 인적이 끊길 것이며, 이방 나라들은 하나님의 백성을 학살할 것이다. 그 성 중에는 통곡만, 그 도시에는 죽음의 그림자만 있을 뿐이다. "엎드려 져 있음이여"는 비참한 죽음을 표현한다. 여로보암 2세가 모든 분야에서 태평성대를 구가하는데 나라가 망한다니 생각할 수 없는 일이 아닌가? 그러나 예언자 아모스의 눈에는 이스라엘이 멸망하여 다시 일어나지 못할 죽음 앞에 서 있는 것을 보고 있다. 인류의 인권, 정의 등 보편적 가치를 잃어버린 미국도 이미 하나님의 심판 앞에 서 있다. 모든 나라는 시한부다. 어느 찬란한 역사도 예외가 없다.

3절 이스라엘은 전쟁을 통해 모든 것이 사라지고 멸망하게 될 것이다. 무기를 가진 나라는 예외없이 모두 전쟁으로 망할 것이다. 칼을 가진 자는 칼로 망할 것이다. 이스라엘에 전쟁이 일어나면 군인으로 징용되어 군대를 만들고 나가서 싸울 것이다. 그러나 그 전쟁에서 패배하고 10% 정도만 살아남고 나머지는 다 죽게 될 것이다. 여기에서 살아남은 10%는 전쟁에 나간 군인들의 90%가 죽게 될 비참한 상황을 말하고 있다. 그녀가 의지했던 모든 것이 사라지고 없다. 힘 한 번 제대로 써보지 못하고 멸망할 것이다. 이제 이스라엘의 미래가 없다. 왜 이런 비참한 상황이 이스라엘 백성에게 왔는가? 왜 하나님은 이러한 무서운 심판을 이스라엘에게 내리셨는가? 그 이유는 이스라엘이 힘 없는 사람을 학대하고 가난한 자를 억울하게 하는 정의를 막은 왕과 권력자들과 부자들 때문이다. 약자를 압제하고 불의한 돈으로 치부해 향락을 일삼던 사마리아에 통곡할 시간이 가까이 다가오고 있다. 그럼에도 불구하고 큰 자로부터 작은 자, 그리고 권력자와 부자에 이르기까지 모두 불치의 영적 불감증에 걸려 있었다. 대규모의 민족 장례식을 치룰 고통의 날이 다가오고 있다. '그러므로'로 시작하는 하나님의 심판 선언은 태평성대한 도시에 슬픔이, 평화롭던 마을에 통곡이 울려 퍼질 날이 가까웠음을 알린다. 추수의 축제는 사라지고 포도원에서는 슬픈 노래가 울려퍼질 것이다. 한때는 그렇게도 즐거워하고 풍요로 웠던 권력자들과 부자들, 그들 때문에 왜 이스라엘 백성이 이 지경이 이르 렀는가?

4절 그러나 아직도 이스라엘이 살 길이 있음을 보여준다. 하나님의 심판 선언 중에서도 예언자 아모스는 이스라엘의 멸망을 선포한 뒤에 "너희 는 나를 찾으라 그리하면 살리라"고 외친다. 그 심판을 말하는 대언자의 말에 이어 하나님께서 그분의 사랑을 가지고 자신이 창조한 백성 이스라 엘을 향하여 다시 말씀하신다. 나를 찾으라는 말은 무슨 말인가? 정의를 실천하라, 그리하면 살리라!는 것이다. 이것이 하나님의 재앙을 피하는 유일한 길이며 구원의 길이다.

5절 이스라엘에 대한 심판 선언의 이유를 말한다. 북이스라엘의 대표 적 성소로 알려진 벧엘과 길갈, 그곳은 이스라엘이 자신의 안녕과 안전을 보장받을 수 있다고 생각했던 성스러운 곳이었다. 벧엘은 야곱이 하나님 을 만난 곳으로 유명하다. 광야에서 쫓기고 있는 야곱이 하나님을 만나고 위로를 받았던 곳이다. 길갈은 가나안 정복시대와 지파 연합시대, 즉 사사 시대 이래로 중요한 성소가 되었다. 브엘세바는 족장들, 아브라함과 이삭 과 야곱과 밀접한 관련이 있는 곳이다. 하나님께서 그를 선택하시고 축복 하신 언약의 장소이며, 아브라함이 "영생하시는 하나님 여호와"께 예배 했던 유서 깊은 장소다. 모든 피조물의 무상성과 대조되는 영원하신 하나님, 늘 그분의 백성들 가운데 임재하시고 역사하시며 축복하신 장소다. 그래서 이스라엘 백성들은 남쪽 끝에 있는 이곳을 순례했다. 그러나 아모스는 오히려 성소에 내려질 재앙을 선포하면서 그곳에 가지 말라고 명한다. 이스라엘 백성이 성지를 순례하고 절기와 주일을 잘 지키고 헌금을 잘 낸다고 해서 구원이 주어지지 않는다. 결국 길갈 사람들은 잡혀갈 것이고, 벧엘도 허무하게 될 것이다. 아모스서의 반복되는 주제이다. 암 4:2-3 등 벧엘의 별명은 "벧아웬"이며, 그 뜻은 '우상의 집', '헛된 것의 집'이다. 호 4:15 벧엘은 그 말의 뜻과 같이 허무하게 될 것이다. 히브리어가 뜻글자라고 하지만 놀라운 예언적 요소까지 가지고 있는 것을 보면 새삼 놀라운 일이다.

6절 예언자 아모스는 다시 진지하고 심각하게 이스라엘에게 살 기회를 말하고 있다. "너희는 여호와 하나님을 찾으라"는 것이다. 잘못된 종교와 미신의 굴레에서 벗어나 참 하나님을 진정으로 추구하라는 것이다. 그는 엄중한 심판 선언의 메신저로 부르심을 받았지만, 동시에 자식을 향한 사랑의 하나님 아버지의 대변자로도 보내심을 받았다. 심판 메시지는 임박한 재앙이지만 그 목적은 이스라엘로 하여금 회개하고 돌아오라는 것이다. 하나님께서 이미 결정된 심판이 이스라엘의 회개를 통해서 취소될 수도 있다.

이스라엘이 가난한 자를 학대하고 압제하고 있는 상황에서 정의는 어디로 가고 죄악들이 난무하는 세상이 되었는가? 이스라엘의 불의는 하늘을 찔렀다. 그러므로 하나님의 심각한 심판은 피치 못할 이스라엘의 운명이 된 것이다. 따라서 다가오는 심판을 번복시키거나 취소 시킬 수 없다는 것이 예언자 아모스의 절규였다. 그러나 여기서 그의 외침이 끝난 것이 아니다. 놀랍게도 그는 갑작스러운 심판 속에서도 살아남을 수 있는 길을 제시하고 있기 때문이다. 그러므로 아모스의 심판의 외침 속에서도 피할 수 있는 길이 있다는 것은 정말 복음이 아닐 수 없다. 이스라엘 백성들이 살수 있는 길은 여호와를 찾는 것이다. 하나님께서는 인간의 가장 비참한 순간에도 구원을 베풀 수 있는 능력의 하나님, 죄를 저지른 인간이 회개하고 순종할 때 뜻을 돌이키시는 하나님, 나함의 하나님Naham이시다. 이러한 소망의 약속은 진노 중에서라도 긍휼을 잊지 않고 인내하신 아버지의 자식 사랑하는 마음이 아니고 무엇이겠는가?

혹 네가 하나님의 인자하심이 너를 인도하여 회개하게 하심을 알지 못하여 그의 인자하심과 용납하심과 길이 참으심이 풍성함을 멸시하느냐 다만 네 고집과 회개하지 아니한 마음을 따라 진노의 날 곧 하나님의 의로우신 심판이 나타나는 그 날에 임할 진노를 네게 롬 2:4-5

더 이상 고집부리지 말고 하나님께서 풍성한 참으심으로 회개하고 돌아오라고 말씀하신다. 한국 교회 또한 이 음성이 들리지 않는가?

"그렇지 아니하면 하나님께서 불처럼 이스라엘을 불사르리라." 불은 하나님의 심판을 말할 때 자주 사용하는 상징적 표현이다. 언약을 배반하고 배은망덕한 이스라엘에게 무서운 심판은 너무나 당연한 일이나, 하나님께서는 진심으로 회개하고 돌아오는 나라와 사람에게는 누구든지 무조건, 무제한적으로 용서하신다! 오늘도 우리는 "우리의 죄를 용서해 주신 것과 같이 우리 죄를 용서하옵시고"마 6:12, 35)라고 하나님께 기도해야 한다. 하나님은 죄로 말미암아 갚을 수 없을 만큼 큰 죄를 지었음에도 불구하

---

35) 용서에 대한 광범위한 논의는 졸저 『용서』, 대장간, 2020, 212-45. 참고할 것.

고 우리가 마음을 다하여 회개할 때 용서하시는 분이시다. 우리는 용서하지 못하고 용서받지 못하며 살 수 없는 존재다.

7절 정의를 쓴 쑥으로 바꾸며 공의를 땅바닥에 던지는 자들아! 처음으로 아모스서에서 '정의'란 표현이 나온다. 아모스서는 9장으로 되어 있는데 그 중심에 있는 장이 5장이다. 예언자 아모스는 이스라엘 민족을 향하여 그 동안 심판을 선언했다. 그 저주의 심판은 무슨 이유에서인가?

> 사마리아의 산에 있는 바산의 암소들아 이 말을 들으라 너희는 힘없는 자를 학대하며 가난한 자를 압제하며 가장에게 이르기를 술을 가져다가 우리로 마시게 하라 하는도다 주 여호와께서 자기의 거룩함을 두고 맹세하시되 때가 너희에게 이를지라 사람이 갈고리로 너희를 끌어가며 낚시로 너희의 남은 자들도 그리하리라 너희가 성 무너진 데를 통하여 각기 앞으로 바로 나가서 하르몬에 던져지리라 여호와의 말씀이니라."암 4:1-3

이스라엘을 향한 하나님의 심판 선언이다. 이유가 무엇인가? 힘 없는 자를 학대하고 가난한 사람을 압제한 것이다.

우리는 아모스서를 비롯한 신구약 성경에서 말한 정의의 개념이 현실 정치 · 경제 · 사회 속에서 말하는 정의와 어느 정도 겹치는 부분이 있지만 다르다는 것을 알 수 있다. 다시 말해 성경이 말하는 정의는 고아 · 과부 · 가난한 자 · 외국인 나그네 등 취약 계층에 대한 사랑의 도움이라면, 오늘날 정치 경제에서 말하는 정의는 추상적인 정의, 공정의 의미로 사용하고 있다. 이와 같이 성경이 말하는 정의미슈파트가 세상에서 말하는 정의와 다양하고 첨예한 견해의 차이가 있다. "성경이 말하는 정의는 추상적이거나 철학자의 사색을 통해 발견되는 것이 아니라 역사 속에서 일어난 하나님의 계시에 의한 것이다."[36] 그리스의 아리스토텔레스가 말하는 정의는 마땅히 받아야 할 것을 주는 것을 말한다. 그는 정의란 자격 있는 사람들에게 그들이 마땅히 받아야 할 몫을 주는 것이라고 말한다. 정의는 능력에 따라 그들의 차별성에 따라 차별된다. 그의 생각은 현대인들이 대부분 동의하면서 살아가고 있다. 이러한 아리스토텔레스의 사상은 성경과 정반대다. 존 롤스도 아리스토텔레스와 비슷한 생각을 갖고 있다. 최근 한국에서 각광을 받고 있는 마이클 센델은『정의란 무엇인가』에서 "정의 밑바닥에는 그 존재조차 인식할 수 없을 정도로 본질적으로 종교적 추론이 깔려 있다.⋯ 그러나 도덕적이고 신앙적인 논의를 배제하고 중립과 선택의 자유를 근거하여 문제를 해결"하려 한다.⋯ 현대 사회에서 정의에 대한 이슈들이 교착상태에 빠질 수밖에 없는 이유다."[37] 이와 같이 아리스토텔레스에서 현대에 이르기까지 그들이 말하는 정의는 성경이 말하는 정의와 다르다는 것을 먼저 알아야 한다.

성경이 말하는 정의란 무엇이길래 한 나라가 멸망하다니! 그렇다면 정의란 무엇인가? 시편에 따르면 "정의는 하나님의 보좌의 기초요 우주의 기초다."시89:14 예언자 연구에 평생을 바치고 정의를 실천했던 유대인 랍비 아브라함 헤셸이 쓴 유명한『예언자』에서 말하는 정의에 대해 잘 말해주고 있다.[38] "어째서 하나님께 드리는 예배를 본질로 하는 종교가 그토록

36) 크리스 마셜,『성서는 정의로운가』, 정원범 역, 대장간, 2020, 291.
37) 마이클 센델,『정의란 무엇인가』, 2012, 290-291.
38) 아브라함 헤셸,『예언자』, 318-319.

정의를 강조하는가? 왜 정의가 이스라엘의 거룩하신 분께 그토록 중요한 것일까? 정의란 그냥 하나의 덕목이 아니다. 그것은 인간의 삶에서 차지하는 하나님의 몫이요, 인간의 역사에 내기를 건 하나님의 밑천이다. "법은 그분의 척도요 정의는 그분의 거울이다."사28:17 … "가난한 사람을 학대하는 사람은 그를 지으신 하나님을 멸시하는 자요 궁핍한 사람을 불쌍히 여기는 자는 주를 공경함이니라."잠14:31 역사란 여전히 하나님의 창조 과정에 있는 위대한 걸작품이다. 하나님은 위대한 계획을 완수하기 위하여 사람의 도움이 필요하다. 인간은 하나님의 도구였고 지금도 그분의 도구다. 삶은 진흙이고 정의는 하나님이 그 모양대로 역사를 만들기 원하시는 거푸집이다. 세계는 비행과 불의와 우상숭배로 가득 차 있다. 사람들은 짐승을 잡아 바치고 제사장들은 향을 피운다. 그러나 하나님이 필요로 하는 것은 자비요 정의다. 그분에게 필요한 것은 성전이나 어느 공간에서가 아니며 다만 역사 속에서, 시간 속에서만 충족될 수 있다. 하나님의 사명을 위임받은 인간에게 정의는 고대의 관습도, 인간의 약정도, 가치도 아니다. 하나님의 관심이 실려 있는 초월적인 요구다. 정의는 인간과 인간 사이의 관계일 뿐만 아니라 하나님께서 인간에게 요구하시는 신성한 요구이다. 법은 그분의 척도요 정의는 그분의 저울이다."사28:17

크리스 마셜은 "정의는 성경에서 가장 자주 반복되는 나타나는 주제들 중 하나다. 예를 들어 성적인 죄에 대한 단어가 약 90번 나오는 반면 정의에 대한 히브리어와 헬라어에는 1,000번 이상 나온다. 안타깝게도 신약성경을 읽는 목사와 교인들은 정의에 대한 내용이 얼마나 많이 나오는지 그 중요성에 대해 잘 알지 못한다"[39] 정의에 대해 자주 나오는지 모르는 이유는 원어 성경을 영어로, 또는 우리 말로 번역하는 과정에서 '의'와 '정

---

39) 크리스 마셜, 『성서는 정의로운가』, KAP. 23.

의' 가 잘 구별되지 않고 번역 하였기 때문이다. 이 문제는 매우 중요하고 심각한 문제 중 하나다.[40] 안타깝게도 신약 성경에는 '정의' 라는 표현이 한번 밖에 나오지 않는다.마23:23 이것은 의와 정의가 혼동되어 오역 되었다는 것을 말해준다. 그러나 일단 '의' 라는 용어가 정의라는 의미와 동일한 영역에 속해 있다는 사실을 알기만 하면 신약성경의 정의에 대한 초점, 정의에 대한 헌신, 정의에 대한 인식이 구약성경과 조금도 다르지 않다는 사실이 분명해 진다.[41] 월터스토프는『하나님의 정의』에서 신약성경의 어떤 번역본들에서는 '정의' 란 낱말이 나오지 않는다고 불평한다. 그 이유는 히브리어가 이집트의 파라오인 프톨레마이오스 2세의 명령으로 당시 사용되는 헬라어로 번역되는 과정에서 일어난 것으로 보인다. 이를 70인역 Septugint 라고 말한다.

구 분	발음	영어 번역
히브리어	체다카(sedaqah)	의(righteousness), 정의(justice)
	미슈파트(mishpat)	justice, 판결(judgement)
헬라어	디카이오쉬네(dikaiosyne)	righteousness, justice
	크리마(krima)	judgement, justice
	크리시스(krisis)	judgement, decision, justice

유대인 출신 현대 철학자인 자크 데리다Jacques Derrida 는 정의에 대해 다음과 같이 말한다. "정의 그 자체는, 만일 그러한 것이 존재한다면… 해체할 수 없다." 데리다는 정의란 다른 모든 대상을 해체하는 것이라고 말한

---

40) 스티브 모트는『복음과 새로운 사회』, 대장간, 105-6. 월터 스토프는『하나님의 정의』, 146-147에서 또한 크리스 마셜, 자끄 엘룰도 같은 문제를 제기한다.
41) 자끄 엘룰,『자연법의 신학적 의미』, 대장간, 2013, 59-78.

다. 히브리 성경에 뿌리박은 유대교 전통에 따르면, 정의는 해체할 수 없으며 창조주 하나님 여호와께서 창조 세계 질서로 새겨 놓으신 타협할 수 없는 것이다. 해체해 나가야 하는 것은 불의를 정당화하고 진리를 사칭하는 모든 주장들이다. 우리가 이웃들이 몸담은 경제 영역에서 정의를 실현하고 공동선에 이바지한다면, 실정법과 이데올로기적 궤변이 권력의 전당에서 진리를 자임한다 할지라도 결국 우리 곁에서 물러나게 된다.[42]

월터 브루그만이『하나님, 이웃, 제국』[43]에서 "정의는 만인의 삶을 살리는 질서를 세우고 유지하는 일이다. 성경은 이렇게 말한다. "그가 임하시되 땅을 심판하러샤파트 임하실 것임이라. 그가 의체다카로 세계를 심판하시며 샤파트 그의 진실함에무나으로 백성을 심판 하시리로다."시 96:10, 13 이 찬양은 '미슈파트'정의와 같은 어근을 가진 '샤파트'는 하나님만이 정의로우신 분이시며 궁극적 심판자이시라는 것이다. 시편은 말한다. "의와 공평이 그의 보좌의 기초로다.…하늘이 그의 의를 선포하니…여호와여, 시온이 주의 심판정의, 미슈파트을 듣고 기뻐하며…의인공의, 체다카을 위하여 빛을 뿌리고 마음이 정직한 자를 위하여 기쁨을 뿌리시는도다."시 97:2, 6, 8, 11 "능력 있는 왕은 정의미슈파트, justice를 사랑하느니라. 주께서 공의체다카, righteosness를 견고하게 세우시고 주께서 야곱에게 정의미슈파트와 공의체다카를 행하시나이다."시 99:4 이 용어들이 하나로 뭉쳐 여호와의 통치를 환히 드러낸다. 그분의 통치는 정의와 공의의 질서를 확립하는 통치요, 이스라엘과 만민을 신명나게 하며 바다와 들과 나무를 춤추고 노래하고 포효하게 하는 통치다. 하나님께서는 왕들에게 말씀하신다. "하나님이여, 주의 판단력정의을 왕에게 주시고 주의 공의를 왕의 신하들에게 주

---

42) 월터 브루그만,『하나님, 이웃, 제국』, 윤상필 역, 성서유니온, 2019, 91.
43) 앞의책, 92-98.

소서."시 72:1

> 그가 주의 백성을 공의로 재판하며 주의 가난한 자를 정의로 재판하리니…
> 그가 가난한 백성의 억울함을 풀어 주며 궁핍한 자의 자손을 구원하며 압박
> 하는 자를 꺾으리로다. 그는 궁핍한 자가 부르짖을 때 건지며 도움이 없는
> 가난한 자도 건지며 그는 가난한 자와 궁핍한 자를 불쌍히 여기며 궁핍한
> 자의 생명을 구원하며 그들의 생명을 압박과 강포에서 구원하리니 그들의
> 피가 그의 눈앞에서 존귀히 여김을 받으리로다.시72:2, 4, 12-14

이제 정의는 구체적인 사회적 희망과 기대감이 깃든다. 가난한 자·궁
핍한 자·연약한 자 곧 압제와 폭력을 몸소 겪은 자들이 정의의 시야 속으
로 들어온다. "그 정사와 평강의 더함이 무궁하며 또 다윗의 왕좌와 그의
나라에 군림하며 그 나라를 굳게 세우고, 지금 이후로 영원히 정의와 공의
로 그것을 보존하실 것이라."사9:7

예수님께서도 정의가 아닌 불의에 대해 구체적으로 말씀하신다. "그것
을 행하는 자는 화 있을진저! 밭들을 탐하여 빼앗고 집들을 탐하여 차지하
니 그들이 남자와 그의 집과 사람과 그의 산업을 강탈하도다."마 2:1-2 축
재는 그칠 줄 모르는 탐욕에서 비롯된다.

> 여호와께서 이같이 명령 하시기를 너희 각 사람은 먹을 만큼만 이것을 거둘
> 지니 곧 너희 사람 수효대로 한 사람에 한 오멜씩 거두되 각 사람이 그의 장
> 막에 있는 자들을 위하여 거둘지니라 하셨느니라. 이스라엘 자손이 그같이
> 하였더니 그 거둔 것이 많기도 하고 적기도 하나 오멜로 되어 본즉 많이 거
> 둔 자도 남음이 없고 적게 거둔 자도 부족함이 없이 각 사람은 먹을 만큼만

거두었더라. 출 16:16-18

많이 거둔 자도 남음이 없고 적게 거둔 자도 부족함이 없는 사회, 이것이 하나님이 원하시는 정의로운 세상을 상징적으로 보여준다. 정의로운 사회는 그 거둔 것이 많기도 하고 적기도 하나 오멜로 되어 본즉 많이 거둔 자도 남음이 없고 적게 거둔 자도 부족함이 없이 각 사람은 먹을 만큼만 거두었더라. 성경이 말하는 정의는 세상이 말하는 정의와는 다르다. 세상이 말하는 정의는 옳음만을 말하는 정의다. 히브리- 기독교 사상에 '옳음'도 매우 중요하다. 그러나 그것은 절반의 정의일 뿐이다.

영국의 세계적인 문학 평론가인 테리 이글턴Terry Eagleton은 『신을 옹호하다』44)에서 "하나님은 '인간쓰레기'라고 부른 자들과 연대하신다. 하나님은 쓸모없는 인간 군상들 곧 과부, 고아, 외국인 노동자, 세리와 창녀를 비롯한 모든 낙오자들과 같은 인간 쓰레기들과 연대하신다. 예수님은 먹보요 술꾼이라 비난받는다. 예수님은 집도 재산도 없고, 독신주의자요 떠돌이로서 사회의 언저리를 어슬렁거리고, 가족을 무시하며, 생업이 없고, 소외된 자와 버려진 자의 것이고, 물적 소유를 혐오하고, 자기 안위를 두려워하지 않는 자로 그려진다. 예수의 몸은 특히 온갖 패배자와 게으름뱅이, 하층민 그리고 식민지의 부역자, 그들에게 바쳐진 자이지만, 이들은 의롭기는커녕 인면수심의 죄인이었으며 결핏하면 모세의 율법을 위반하고 이방인처럼 율법의 영향 밖에서 사는 사람들이었다. 이토록 격렬한 하나님의 고통을 받고 처형당한 정치범이다. 예수님은 고문받고 처형당한 가난하고 버려진 사람들과 연대하는 바람에 죽임을 당한다. 바울의 말

---

44) 테리 이글턴, 『신을 옹호하다』, 강주헌 역, 모멘토, 2009, 22, 34, 38-40. 이글턴은 영국의 옥스포드 대학 교수로 신마르크스적 시각에서 글을 쓰고 있는 세계적인 문학 평론가다.

에서 '아나빔anawim : 비천한 자'은 세상의 온갖 하찮은 배설물을 뜻한다. 그들은 사회에서 버려진 인간쓰레기들 이지만, 하나님 나라로 알려진 사람다운 삶의 새로운 형태에 주춧돌을 놓는 자들이다. 예수님은 그런 무리를 대표하는 자로 시종일관 제시된다. 경제적 축재 말고 토라에 쓰인 이웃 사랑의 규정에 귀 기울이면, 공동체에서 다른 구성원들 위에 군림하지 않는 이웃이 진정으로 강력한 자임을 반추하게 될 것이다. 아울러 모세는 이웃을 사랑하는 삶만이 질서 정연함과 안락함이 깔린 길고도 선한 삶으로 이어진다."고 말한다.

8절 갑작스럽게 찬양이 울려 퍼진다. 이스라엘이 정의를 실천하지 못할 때 지적과 고발하는 가운데 끼어 있는 이 찬양은 이전에 나온 내용과는 전혀 다른 여호와의 광대함과 능력을 노래하고 있다. 이스라엘이 순종해야 할 하나님은 세상 만물의 창조자로서 묘성Pleiades과 삼성Orion을 만드시고 사망의 그늘을 아침으로 바꾸시고 낮을 어두운 밤으로 바닷물을 불러 땅바닥에 모든 자연 현상 속에서 하나님의 손의 움직임을 볼 수 있다. 고대 사회에서 이러한 별들을 보면서 자연의 신비를 보았을 것은 당연하다. 하나님께서는 세계의 역사를 주관하시는 분이시다. 그분이 바로 여호와 하나님이시며 그분은 강한 자도 멸망하게 하시고 이스라엘이 의지하는 요새와 산성도 무너뜨리게 하시는 분이시다. 찬양을 통해 하나님의 능력과 권세가 얼마나 무섭게 이스라엘을 향해 심판이 내려진 것인지를 보여준다. 그러나 이스라엘은 불순종하였고 그분을 떠나 우상을 섬겼다. 가난한 이웃을 위해 정의를 실천하는 것이 진정한 예배인 것을 분명하게 알아야 한다. 순종이 제사보다 낫다.

9절 8절에서 자연 현상에 대한 하나님의 위력을 보여준다면 9절에서는 인간 사회에서 나타내시는 그분의 위력을 보여준다. 하나님께서는 이스라엘을 전쟁으로 심판하실 것이다. 여호와의 권능은 그들이 안전하다고 말할 때, 다른 나라의 침략을 통해 이스라엘의 최후의 보루인 사마리아 성을 갑자기 멸망시킬 것이다. 바로 그들이 가장 안전한 곳이라고 믿었던 산성과 요새가 파괴될 것이다. 정의를 무시하는 것은 사실상 사람들을 미워하는 것이며 하나님을 무시하는 것이다. 언약을 지키지 못한 것이다. 메시아를 잉태한 마리아는 이렇게 찬양한다.

> 능하신 이가 큰 일을 내게 행하셨으니 그 이름이 거룩하시며
> 긍휼하심이 두려워하는 자에게 대대로 이르는도다.
> 그의 팔로 힘을 보이사 마음의 생각이 교만한 자들을 흩으셨고
> 권세 있는 자를 그 위에서 내리치셨으며 비천한 자를 높이셨고
> 주리는 자를 좋은 것으로 배불리셨으며 부자는 빈 손으로 보내셨도다
> 그 종 이스라엘을 도우사 긍휼히 여기시고 기억하시되
> 우리 조상에게 말씀하신 것과 같이 아브라함과 그 자손에게 영원히 하시리
> 로다 하니라. 눅 1:49-55

소위 말하는 마리아 찬가마그니피카트의 내용이다. "능하신 이가 큰 일을 행하셨으니"에서 '큰 일'은 하나님께서 이스라엘을 이집트에서 출애굽하신 일을 말한다. '긍휼하심'은 히브리어로 헤세드를 말하고 하나님께서 이스라엘과 맺은 언약에 신실하심을 말하는데 하나님의 긍휼하심은 이스라엘이 하나님과의 언약에 신실할 때 기대할 수 있는 모든 것을 굳게 확증해 주고 있다. 마리아 찬가는 영적으로 해석할 수 없는 사회·정치적 의

미 즉 정의를 고려할 때 바른 해석을 할 수 있다. 이 찬가는 예언자 아모스가 이스라엘의 권력자들과 부자들을 향한 예언자 아모스의 외침과 비슷한 것을 볼 수 있다. 권력자들과 부자들이 "그의 팔로 힘을 보이사" 그들을 흩어 버리신다. 이스라엘의 멸망을 선포한 하나님의 거룩하심, 하나님의 권능과 나아가 언약을 말하고 있다. "권세 있는 자를 그 위에서 내리치셨으며"는 권력자들을 심판하시는 분으로 그리고 있다. "부자를 빈손으로 보내셨다"는 부자들을 심판하신다는 말이다. 대조적으로 "비천한 자를 높이시고 주린 자를 좋은 것으로 배불리셨으며"라고 극적 반전을 보여준다. 여기서 마리아 찬가는 우리 주 예수 그리스도메시아께서 성육신하셔서 하실 일이 정의를 세우실 것을 말하고 있다. [45]

한마디 한마디 말씀을 꼼꼼히 살펴보라. 오실 메시아이신 예수님은 구약성경에서 말하는 가난한 자, 힘 없는 자를 위한 정의를 실천할 분으로 묘사하고 있다.

이어 예수님께서는 누가복음 4장에서 취임사라 할 수 있는 희년을 선포하신다. 누가복음의 특징은 가난한자 · 힘 없는 자 · 여성에 대한 관심이 많다. 도널드 크레이빌은 『예수가 본 하나님 나라』[46]에서 예수님은 이사야서에서 자유롭게 인용한 구절 61:1-2을 통해 희년을 선포하면서 자신의 정체와 사명을 말씀하신다.

---

45) 마리아 찬가에 대한 해석은 존 놀랜드, 『누가복음(상)』, 김경진 역, 솔로몬, 2003, 205-215에서 자유롭게 요약 인용 하였다.
46) 도널드 크레이빌, 『예수가 바라본 하나님 나라』, 김기철 역, 복있는사람, 2010, 129-136. 희년에 대해서 더 자세한 신학적 논의는 존 하워드 요더, 『예수의 정치학』, 신원하 권연경 역, IVP, 2007, 115-138. 참고할 것.

주의 성령이 내게 임하셨으니 이는 가난한 자에게 복음을 전하게 하시려고 내게 기름을 부으시고 나를 보내사 포로된 자에게 자유를, 눈먼 자에게 다시 보게 힘을 전파하며 눌린자를 자유롭게 하고, 주의 은혜의 해를 전파하게 하려하심이라 하였더라. 누가복음 4:18-19

　해방을 선언한다. 자유를 준다. 주의 은혜의 해를 선포한다. 이 말들이 유대인들의 마음을 흔들어 놓는다. 사람들은 예수님이 한 말이 무엇을 의미하는지 알았다. 그들은 오랜 세월 동안 이 말들을 듣고 또 들어 왔다. 해방하고 자유를 주며 풀어 주고 용서를 베풀며 회복시켜 준다. 이것들은 바로 메시아의 희망을 담은 이미지들이다. 예수님은 이사야 서를 인용하면서 세 가지 요소를 강조한다. 첫째, 예수님 자신이 메시아라는 사실을 밝힌다. 둘째, 그의 사명은 가난한 자·눈먼 자·노예 된 자·억압당하는 자들에게 해방의 소식을 전하는 일이다. 셋째, 이 일은 곧 하나님의 "은혜의 해"를 선포한다. 이어서 예수님은 다음과 같은 폭탄선언으로 결론을 내린다. "이 성경 말씀은 너희가 듣는 가운데 오늘 이루어졌다." 오늘 당신들 한가운데서 메시아 선언이 성취되었다. 당신들은 이 일의 살아 있는 증인들이다. 당신들은 지금 그 일이 눈앞에서 이루어지는 것을 보고 있다. 나는 이제 요셉의 어린 아들이 아니다. 나는 메시아다! 예수님의 친구와 이웃 사람들은 먼저 충격을 받는다. 그러나 그의 말에 충격이 가시고 나자 그들은 크게 분노한다. 그들은 매우 화가 나서 예수님을 마을 밖으로 끌고 가 절벽에서 떨어뜨려 죽이려 한다. 안식일 문제로도 그들은 예수님을 죽이려 했다. 고향 마을의 한 젊은이에게 이처럼 살기등등한 반응을 보인 까닭은 무엇일까? 그가 말한 무엇이 그들로 하여금 폭력을 행사하게 하였을까? 예수님은 하나님의 통치가 시작되었다고 선포하면서, 하나님께서는 가난한 자 · 힘없는 자에게도 은혜를 베푸시고 해방을 선포하신다. 이러한 전복적인 선포가 군중을 분노하게 했다. 이 예수님의 취임 설교는 그동안 대체로 영적인 의미를 강조하는 쪽으로 해석됐다. 우리는 보통 예수님이 죄의 노예가 된 사람들을 영적으로 해방하고, 영적으로 눈먼 자를 보게 하며, 영적인 굴레에 억눌린 사람들에게 자유를 주었다고 생각한다. 이것도 일부 사실이다. 그러나 이 본문이 구체적인 사회 현실과 깊이 연관되어 있으며 훨씬 폭넓은 의미를 지닌다는 사실을 알 수 있다. "주의 은혜의 해" 즉 이스라엘의 희년을 가리킨다. 따라서 예수님은 자신의 메시아 역할을 희년과 연결하는 것이다. 본질적으로 이 말씀은 희년의 선포다.

그렇다면 예수님이 선포했던 희년이란 무엇인가? 희년은 자체 내에 사회적 혁명을 품고 있다. 그러나 그 혁명은 다른 혁명들과는 완전히 다르다. 희년은 거꾸로 이루어지는 혁명이다. 여기서는 꼭대기로부터 혁명의 불꽃이 타오른다. 하나님의 은혜가 권력자들과 부자들의 마음을 움직인다. 그래서 그들은 긍휼히 여기는 눈으로 보게 되고, 자연 자원과 인간 자원을 재분배함으로써 희년에 참여한다. 정상에 있는 사람들은 하나님께서 그들에게 값없이 주신 것처럼 그들도 다른 사람들에게 값없이 나누어 주기 시작하고, 이러한 관용을 통해 사회경제적인 피라미드는 평평하게 변한다. 희년 비전에는 인간이 죄인이요 탐욕스러운 존재임을 분명하게 말한다. 사회를 통제하지 않고 내버려 두면 경제적인 피라미드가 치솟는다. 주기적으로 평평하게 다지고 통제를 가하지 않는다면 밑바닥에 있는 가난한 자 · 힘없는 자들은 짓밟혀 쓰레기가 되어 버린다. 힘없는 자들을 보호하고 지키려면 특별한 규정들을 정해 사회를 통제할 필요가 있다. 이러한 조치가 없다면, 권력자들 · 부자들의 부가 집중된다. 빈익빈 부익부 현상이 일어난다. 희년은 사회에서 개인의 탐욕과 야망을 통제하고자 마련한 제도적 장치 가운데서도 탁월한 사례다. 자선을 부자들 개개인의 변덕과 의지에만 맡겨 두어서는 안 된다. 개인적으로 내놓는 얼마 안 되는 선물로는 가난한 사람들을 짓밟아 풍요를 유지하는 악한 사회 구조를 바꿀 수 없다. 희년은 정의를 경제활동의 새로운 규칙으로 삼으며, 그렇게 해서 사회생활의 피라미드를 평평하게 만든다.

김회권은 『사도행전 1』에서 희년은 "영적인 차원과 사회적인 차원을 하나로 통합한다. 희년은 종교와 경제를 하나로 엮어 한 필로 된 천을 짠다. 그 둘을 갈라놓는 것은, 영적인 삶과 경제적인 삶을 하나로 보는 성경적인 진리를 더럽히는 것이다. 그러나 하나님께서 이스라엘의 역사 속에 이방인을 받아들이셨다는 예수님의 주장은 유대인의 폐부를 찌르고 자존심을 건드렸다. 희년에 허락되는 회복은 유대인만을 위한 것이 아니었다. 이제 예수님의 말씀을 통해 희년은 모든 사람, 곧 이방인에게까지 허락된다. 불온하게도 예수님은 이방인들에게 복수의 말 대신 은혜의 말을 베푼다. 선택받은 백성의 시대는 끝났다, 희년 왕국이 온 인류에게 열린다. 희년이 이루어 지는 사회에서는 인종적인 장벽과 편견 따위는 통하지 않는다. 이 것은 나사렛 사람들을 분노하게 한 충격적인 소식이었다. 예수님께서는 이방인을 향해 하나님의 복수의 날 대신 우주적인 자비와 용서의 날을 선포했다. 그들에게 이방인을 사랑한 사람, 예수는 거짓 예언자였다. 그리하여 그들은 마을 밖까지 그를 쫓아가 절벽 아래로 떨어뜨려 죽이려 했던 것이다.

믿는 사람이 다 함께 있어 모든 물건을 서로 통용하고 또 재산과 소유를
팔아 각 사람의 필요에 따라 나눠 주며 날마다 마음을 같이하여 성전에 모

이기를 힘쓰고 집에서 떡을 떼며 기쁨과 순전한 마음으로 음식을 먹고 ^{행2:}

44-46

초대교회의 그리스도인들은 세상 사람들이 가장 귀하게 여겨 하나님과 동급으로 숭배하는 돈·재산·동산·토지를 공동체의 필요를 위해 기꺼이 내놓았다. 희년이 성취된 것이다. 성령은 자연 즉 양심의 공감 능력을 훨씬 넘어가는 강도로 다른 사람의 필요를 예민하게 느끼는 마음을 각각의 성도 안에 심어 주신 것이다. 성령 충만한 마음은 자신의 지갑을 열어 다른 사람의 필요를 채우는 데 쓸 공동체적 자산을 만들 만큼 자유해지는 상태다. 성령 충만한 마음은 아끼는 재산을 하나님께 바쳐 이웃을 사랑할 정도로까지 활짝 열린 마음이다. 오늘날 돈은 특히 자본주의 형태로 전 세계 기독교인들에게 거의 하나님 자리를 차지하는 것처럼 보인다. 아무도 돈의 힘에 초연한 척할 수 있다. 돈을 경멸하는 사람도 돈의 힘은 인정해야 한다. 그러나 돈을 하나님처럼 숭배하는 일을 그치고 하나님 사랑과 이웃 사랑을 위해 돈을 순교시킬 줄 알아야 한다. 하나님의 성령님에 강력하게 사로잡힐 때에만 이 일은 가능하다. 그때 돈은 하나님 사랑과 이웃 사랑 앞에 제 본분을 다하는 유순한 종이 될 수 있다."

10절 10절 이하는 아모스의 메시지를 통하여 권력자들과 부자들에 대한 고발이다. '성문'은 그 성읍에서 일어나는 중요한 일을 의논하기도 하고 결정하는 곳이다. 재판하는 법정으로 사용하였다. 성문은 요새의 부분으로 설계된 넓고 여러 개의 방이 있는 지역을 말하기도 하고, 대개는 법정 업무를 위해 사용되었다. 그런데 이 법정의 재판관들이 다름 아닌 권력자들과 부자들이었다. 그러니 당연히 정상적인 재판을 할 수 없었고 가난한 사람들과 과부와 고아, 나그네들의 말을 변호해 줄 대변자를 찾을 수 없었다.

뇌물은 그 시대의 관행이었고 법정이 내리는 판결마다 부정으로 얼룩져 있었다. 법정은 바른말을 하는 곳인데도 가난한 자들의 말을 들어주지 않았다. 이스라엘 권력자들과 부자들은 율법을 무시하였으며 정직과 진실은 법정에서 발 붙일 곳을 찾지 못했다. 오늘날 우리나라 법정과 검찰, 고위 공무원처럼 이미 돈과 권력에 의해 심히 부패했기 때문이다. 한국 교회 목사들이여, 일어나 볼 것을 보고 비판하고 저항하라! 힘이 없는 자들과 가난한 사람들은 착취되고 그들의 인권은 무시되고 있는 현실이 아닌가? 언제까지 기득권 세력에 빌붙어 그들의 나팔수 노릇을 할 것인가? 권력자들과 부자들에게는 그들은 인간쓰레기요 불가촉천민이나 다름없다. 그러나 하나님께서는 정의를 사랑하시는 왕이시다. 시 99:4 그래서 하나님은 고아와 과부의 보호자시 176:2시며 진정한 재판관이시다. 사 33:22 그러므로 정의와 공의를 굽게 만들어 버리는 것은 무엇보다도 하나님의 성품과 명령을 정면으로 부인하는 것이다. 하나님께서는 정의와 공의를 쓸모없는 것으로 만들고 땅바닥에 뒹굴게 던져버리는 이스라엘 백성들을 호출하신 것이다. 정의와 공의를 짓밟는 것은 단순히 정치 사회적인 문제를 넘어 하나님을 부정하는 신성모독이다!"

11절 '그러므로' 가난하고 힘 없는 자를 돕지 않는 것은 하나님 앞에 죄를 짓는 것이다. 왕 · 권력자들 · 부자들은 온갖 종류의 사기와 고리의 대부로 힘 없는 사람을 짓밟고 부당한 세금을 거두었다. 돈 있는 곳에 세금이 있다. 그런데도 가난한 자들에게 부당하고 무거운 세금을 거두었다. 세금을 통해 나라를 운영하는데 당시의 권력자들과 부자들은 가난하고 힘 없는 사람들에게 혈세를 포탈하였다. 권력자들과 부자들을 향한 질타의 말씀을 선포하고 있다. 법정도 왜곡된지 오래다. 법정은 이들이 가난하고 힘 없는 사람들을 불의하게 착취하고 박해하는 것을 비호하는 역할을 했다. '불멸의 신성 가족'인 오늘의 판검사, 변호사, 세무 공무원들과 어찌 이리 비슷한가?[47] 그들의 마음은 재물과 땅에 대한 탐욕과 권력으로 가득 차 있었다. 그들에게 하나님의 말씀도 일말의 신앙적 양심도 없었다. 그들은 가난한 사람들의 소유였던 땅을 불법으로 차지하고, 이곳에 아름다운 포도원을 가꾼다.

톨스토이 단편 가운데 「사람에게는 얼마나 많은 땅이 필요한가」라는 글이 있다. 인간이 얼마나 가질 수 있는가를 상징적으로 보여준다.[48]

빠홈은 나름 먹고 살 만한 땅을 가지고 있었다. 그러나 빠홈은 더 많은 땅을 가지고 싶었다. 어느날 지나가던 상인이 말에게 물을 먹이기 위해 빠홈의 집에 잠시 들렀다. 그 상인은 잠시 차 한 잔을 대접받으며 이야기를 나누었다. 그런데 그 상인이 빠홈에게 바쉬끼르 사람들이 많은 땅을 가지고 있는데 거의 공짜로 살 수 있다는 소문을 들려준다. 빠홈은 그곳에 어떻게 가는지 상인에게 물었다. 빠홈은 하인을 데리고 그곳으로 갔다. 바쉬끼르 사람들은 땅을 사러 온 빠홈을 기쁘게 맞아 주었다. 빠홈은 가지고 간 제법 많은 선물을 그들에게 주었다. 이 선물을 받은 바쉬끼르 사람들은 크게 기

---

47) 대한민국 검찰의 부패한 모습, 이른바 검찰공화국의 실체를 알기 위해서 김두식 교수가 쓴 『헌법의 풍경』, 『불멸의 신성가족』을 참고하라. 위의 글에서 '불멸의신성가족'이라 쓴 것은 책의 제목을 빌려 쓴 것이다.

48) 톨스토이, 『톨스토이 단편선』, 권희정, 김은경역, 인디북, 2020, 239-71. 필자가 요약 정리.

뻐하면서 자신들은 선물을 준 사람에게 선물로 보답하는 습관이 있다면서 빠홈에게 자기들이 가지고 있는 것 가운데 가장 좋은 것 중에 무엇이든 말하라고 바쉬끼르 사람들은 말했다.

 빠홈은 "당신네 땅이 가장 마음에 듭니다"라고 말했다. 바쉬끼르 사람들은 하루만큼 땅을 주겠다고 말했다. 빠홈은 물었다. 하루만큼이라는 말이 무슨 말입니까? 우리는 땅을 하루 단위로 팝니다. 당신이 하루 동안 땅을 걸을 수 있는 만큼 당신의 것입니다. 빠홈은 마음으로 놀랐다. "그러나 한 가지 조건이 있소. 출발 지점으로부터 하루 안에 돌아오지 못하면 당신은 돈만 날리는 것이오". 촌장은 말했다. 빠홈은 자기가 큰 땅을 가질 수 있다는 말을 듣고 흥분이 되어 새벽이 되어서야 잠시 눈을 붙일 수 있었다. 해 뜨기 전에 어제 말한 장소로 갔다. 바쉬끼르 사람들은 촌장과 함께 여러 사람이 나와 있었다. 빠홈은 서둘러 그들이 보는 가운데 걷기 시작했다. 빠홈은 처음에 느리지도 않고 빠르지도 않게 걸어갔다. 얼마쯤 가서 자기가 여기까지 왔다는 것을 표시해 놓았다. 그리고 계속 걸었다. 걷다 보니 뻣뻣하던 몸이 풀리고 점점 속도가 났다. 빠홈은 뒤를 돌아보았다. 아직 시간이 많이 있다고 생각했다. 3마일쯤 더 가서 왼쪽으로 돌아가야지 하면서 땅이 비옥하니 놓치면 후회할 거야. "갈수록 빠홈은 온 힘을 다해 조금 더 걸었다. 더 좋은 땅이 나오네" 그는 생각했다. 빠홈은 조금이라도 더 걷기 위해 온 힘을 다시 발을 뻗어 걸었다. 빠홈은 점점 지치기 시작했다. 하늘을 바라보니 정오였다. 그는 쉬었다가 다시 걸었다. "잠시 고생하면 인생이 달라진다"고 생각하면서 발걸음을 재촉했다. 가다가 보니 또 더 좋은 곳이 나왔고 빠홈은 거기다 표시해 놓았다. 이제 오후가 훌쩍 지나가고 있었다. 목적지까지 3마일이 더 남아 있었다. 물론 더 갈 수 있지만 지금까지 걸은 것만 해도 엄청나게 큰 땅이 생겼다고 그는 생각했다. 빠홈은 점점 걷는 것이 힘들었다. 더위 때문에 녹초가 되었고, 맨발이 멍들고 상처가 나고 다리가 후들거렸다. 마음이 다급했으나 출발지까지는 아직 멀었다. "너무 욕심을 부려서 다 망하게 생겼네" 그는 생각했다. 입이 바짝바짝 탔다. 가슴은 대장간 풀무처럼 뜨거웠고, 심장이 방망이질 쳤다. 빠홈은 "여기까지 와서 포기하면 사람들이 날 바보라고 할 거야" 생각하면서 그는 달리고 또 달렸다. 지평선 너머 해는 노을에 묻혀 크고 붉게 보였다. 언덕에서 손을 흔들며 어서 오라고 사람들이 재촉하는 것이 눈에 보였다. 빠홈은 해를 바라보았다. 해는 땅에 닿았고 반쪽은 이미 사라지고 있었다. 그는 몸을 앞으로 내밀고 쓰러지지 않을 만큼 한껏 앞으로 걸었다. 언덕에 거의 도착할 때 날이 어두워 지고 있었다. 바쉬끼르 사람들이 아직도 외치고 있는 소리가 들려왔다. 그는 온 힘을 다해 걸었다. 그는 마지막 지점에 도착하자 앞으로 넘어지면서 드디어 도착했다. 빠홈의 하인이 달려와 그를 일으켜 세우려 했다. 그런데 그의 입에서 피가 철철 흘리고 있었다. 빠홈은 목숨을 잃고 말았다.

하인은 그가 들어갈 만한 크기의 무덤을 팠다. 머리에서 발끝까지 길이는 180cm 정도였다. 묻은 땅의 넓이가 그에게 필요한 땅의 전부였다.

12절 예언자 아모스는 다시 정의를 말한다. "내가 아노라" 구체적 내용을 제시하면서 법정에서의 불의를 고발한다. "의인을 학대하고"는 법정에서 해야 할 일은 불의를 고발하는 것이다. 다시 유전무죄요, 무전유죄다. 이러한 불의는, 법정이 가난한 사람들의 억울함을 호소할 수 있는 마지막 보루인데도 가난하고 힘 없는 사람들에게 불이익을 당하게 하는 것이다. 이러한 것이 권력자들과 부자들의 죄악이며, 이것은 언약의 하나님께서 용납하지 않으시는 죄악이다. 성문에 있는 법정은 하나님의 정의가 바로 서야 하는 곳이며, 법정이 살아 있는가를 보여주는 유일한 곳이다.

법정이 왕권의 비호를 받는 소수의 권력자들과 부자들에 의해 타락하게 된 현실은 이스라엘이 멸망하게 되는 결정적 계기가 된다. 한국교회와 목사들이 불의를 보고도 아무 말도 하지 않는다면 이들과 함께 공동정범이 아니겠는가?

13절 이런 때에 지혜로운 사람이 잠잠할 수밖에 없다. 박정희, 전두환 시대에 누가 함부로 입을 열 수 있겠는가? 때가 악하기 때문이다. 그런 시절에 정의를 세우기란 아주 어려웠을 것이다. 전두환 시대에 그가 모든 관공서와 공공건물에 〈정의 사회 구현〉이라 써놓았다. 그러나 대부분의 백성들, 한국 교회 보수적인 사람들은 이상하게도 놀라워 하지 않았고 오히려 유명하다는 목사들은 불의한 정권을 축복해 주었듯이 독일 히틀러 치하 루터교인들도 하나님의 섭리라는 이름으로 나치를 합리화 해주었다. 루터는 처음부터 보수주의를 표방했다."[49] 법의 지배아래 있는 정부와 복음이 다스리는 두 왕국론을 주장함으로써 나치 운동을 그대로 방치했다. 이때 칼 바르트, 본 회퍼 등 나치에 저항하는 고백교회가 등장한다. 당신이라면 어느 편에 설 것인가?

모든 것이 권력자들과 부자들의 수중에 있었다. 성문에서 감히 정의를 선포하고 진실을 말한다면 존경은 커녕 경멸과 미움을 받았다. 핍박받고 싶지 않아 사람들은 정의가 무엇인지, 무슨 말을 해야 하는지를 잘 알고 있지만 핍박받지 않는 쪽을 택할 수밖에 없는 상황이 되었다. 이 모든 상황에 맞서는 사람이 바로 예언자 아모스다. '지혜자'가 잠잠했다는 것은 소극적이고 도피적이며 비겁한 침묵을 합리화 하는 것이 아니라, 극단적인 억

49) 폴 틸리히, 『그리스도교 사상사』, 송기득 역, 대한기독교서회, 2019, 392-394. 더 자세한 내용은 위르겐 몰트만, 『정치신학 정치윤리』, 박종화 역, 대한기독교서회, 2017, 198-205. 참고할 것.

압의 현실 속에서 함부로 말하다가 무슨 일을 당할지 모르기 때문이다. 우리들에게 있었던 독재 시대를 생각하면 잘 이해할 수 있을 것이다. 지금 우리나라에서 가장 정치를 잘한 전직 대통령을 꼽으라면 박정희를 말한다고 한다. 참으로 개탄할 일이다. 개발 독재로 부흥했으니 누가 그 혜택을 받았을까? 오늘도 재벌들을 비롯한 부자들은 마치 부를 세습하면서 금수저, 은수저로 살고 있지 아니한가? 그러니 부자들에게는 얼마나 박정희가 고마운 사람이겠는가? 박정희는 가난한 사람들에게 별로 준 것이 없다는 사실을 알아야 한다. 국민총생산GDP은 늘었지만, 그때부터 부자들의 사치와 빈부격차는 오늘날까지 더 커져만 가고 있다.

그때 등장한 사람이 있었으니 그가 바로 리영희 교수다. 그는 마치 위선적이고 실천 없는 기독교인들을 보고 "이 나라에 유익한 존재인지 해로운 존재인지 알 수 없다"[50]고 하지 않았던가? 우리나라 운동권의 대부인 리영희는 『전환시대의 논리』, 『우상과 이성』, 『자유인』, 『역설의 변증』 등 책을 통해 투쟁하면서 온갖 고문을 받고 옥살이하며 젊은이들을 깨운 사람이다. 젊은 학생들이 일어나 앞장서서 목숨 걸고 저항했다. 그 결과 오늘날 민주주의가 이만큼이라도 이루어졌다. 그럼에도 검판사를 비롯한 언론계, 고위 공무원, 종교계는 아직도 변할 줄 모르니 이것이 얼마나 안타까운 일인가? 박정희가 해 놓을 일을 다 부정할 수 없다 해도 민주주의를 후퇴시키고 인간의 존엄성이 추락되고 기득권 층이 강화되고 군대 문화가 우리의 무의식 속에 내재되어 있는 등 계산할 수 없는 피해를 남겨 놓았다는 점을 알아야 한다.

14-15절 "너희가 살기 위하여 선을 구하라"는 간절한 메시지가 이어

---

50) 리영희, 『대화』, 임헌영 대담, 한길사, 2005. 참고할 것.

진다. 죽음의 심판은 이스라엘의 권력자들과 부자들이 살기 위해서는 선을 행하라는 것이다. 선을 실천하는 것은 성문에서 정의를 세우는 일이다. 하나님께서는 초월적인 분이시만, 역사에 친히 간여하신다. 이스라엘에게 자비와 긍휼을 베푸시는 분도 하나님이시오. 징벌을 내리시는 분도 하나님시다. 그분께서 그때그때 즉시 심판하시면 좋으련만, 그 모든 뜻을 인간은 헤아릴 수 없다. 이것을 신정론이라고 하는데 예언자 하박국도 가난의 문제를 제기한다. "주께서는 눈이 정결하시므로 악을 차마 보지 못하시며 패역을 차마 보지 못하시거늘 어찌하여 거짓된 자들을 방관하시며 악인이 자기보다 의로운 사람을 삼키는데도 잠잠하시나이까."합 1:13라는 하박국의 질문에 대해 하나님께서 대답하신다. "그들이 회오리바람처럼 이르러 나를 흩으려 하며 가만히 가난한 자 삼키기를 즐거워하나 오직 주께서 그들의 전사의 머리를 그들의 창으로 찌르셨나이다."합 3:14 하박국의 질문에 하나님께서는 가난한 자들을 핍박한 자들이 결국 심판 받을 것을 말하고 있다. 하나님의 정의를 실천하지 못한다면 누구도 진정한 교인이 아니다. 교인들은 교회와 세상이라는 성속이원론적 사고방식을 깨뜨리고, 하나님의 주되심과 하나님 나라를 널리 선포하고 구체적으로 실천해야 할 것이다. 하나님 나라는 하나님께서 이 세상의 모든 영역에서 빈틈없이 다스리시는 통치를 믿고 살아가는 삶이다.

16절 예언자 아모스 눈에 비친 이스라엘은 하나님을 떠난 백성이었다. 그들 중심에는 권력자들과 부자들이 있었다. 예언자 아모스가 말하는 통곡은 망국의 비운을 슬퍼하는 것이다. 그렇다고 아모스는 슬퍼하기만 하는 소극적인 사람은 아니었다. 그러나 그는 쓰러져 가는 나라를 부둥켜 안고 슬퍼할 수밖에 없는 상황에 이르렀다. 우리나라도 일제로부터 해방되었으나 김구 · 안창호 · 여운형 등 여러 독립 운동가들이 통일을 위해 몸 바쳐 애□건만 결국은 미국과 소련 등이 결탁하여 이 조그만 땅덩어리를 두 동강 내버렸다. 결국은 미국과 소련 간에 싸움판이 되어 6.25 전쟁이 일어 나고 지금까지도 백성들 안에 한과 고통이 서려 있지 아니한가? 예언자 아 모스는 하나님의 심판으로 죽게 될 사람이 너무 많아서 모든 광장마다 모 든 거리마다 통곡하는 사람들로 가득하게 될 것을 선포한다. "애곡하는 자 가 넘쳐난다"는 것은 이스라엘의 죽음을 상징한다. 애곡하는 사람들은 농 부들과 울음꾼이 언급되는데, 여기에서 울음꾼은 죽은 사람의 가족이 아 니라, 전통적인 장례와 직업적 울음꾼을 가리킨다. 하나님의 심판 때문에 죽은 사람들이 너무 많아서 곡할 사람이 직업적 울음 꾼만으로는 모자라 서 밭에서 일하는 농부들까지 데려다가 곡을 하게 해야 할 정도가 되었다.

17절 아모스는 이스라엘 농촌의 상징인 포도원을 말하고 있다. 구약에 서 '포도원'은 자주 이스라엘을 비유하기도 하는데 민족의 비극적 운명을 포도원에서 들리는 통곡 소리로 말하고 있다. 하나님이 이스라엘로 통과 한다는 것은 이스라엘의 역사 속에 하나님께서 직접 간섭 하신다는 말이 다. "내가 그 밤에 애굽 땅에 두루 다니며 사람이나 짐승을 막론하고 애굽 땅에 있는 모든 처음 난 것을 다 치고 애굽의 모든 신을 내가 심판하리라 나 는 여호와라."출 12:12 이와 같이 하나님이 지나가시면 이스라엘은 완전히 멸망하게 될 것이다.

10. 오직 정의를 물같이 흐르게 하라 암5:18-27

18 화 있을진저 여호와의 날을 사모하는 자여 너희가 어찌하여 여호와의 날을 사모하느냐 그 날은 어둠이요 빛이 아니라 19 마치 사람이 사자를 피하다가 곰을 만나거나 혹은 집에 들어가서 손을 벽에 대었다가 뱀에게 물림 같도다 20 여호와의 날은 빛 없는 어둠이 아니며 빛남 없는 캄캄함이 아니냐 21 내가 너희 절기들을 미워하여 멸시하며 너희 성회들을 기뻐하지 아니하나니 22 너희가 내게 번제나 소제를 드릴지라도 내가 받지 아니할 것이요 너희의 살진 희생의 화목제도 내가 돌아보지 아니하리라 23 네 노랫소리를 내 앞에서 그칠지어다 네 비파 소리도 내가 듣지 아니하리라 24 오직 정의를 물 같이, 공의를 마르지 않는 강 같이 흐르게 할지어다 25이스라엘 족속아 너희가 사십 년 동안 광야에서 희생과 소제물을 내게 드렸느냐 26 너희가 너희 왕 식굿과 기윤과 너희 우상들과 너희가 너희를 위하여 만든 신들의 별 형상을 지고 가리라 27 내가 너희를 다메섹 밖으로 사로잡혀 가게 하리라 그의 이름이 만군의 하나님이라 불리우는 여호와께서 말씀하셨느니라 암:18-27

18절 화 있을지어다!호이 아모스가 이스라엘이 멸망할 것이라는 메시지는 왕과 권력자들, 그리고 백성들이 듣고도 무시했기 때문이다. 멀쩡한 나라를 보고 멸망할 것이라고 했으니 틀림없이 미친놈이란 말을 들었을 것이다. 오히려 이 애국적인 바른말 때문에 아모스는 추방을 당할 수밖에 없었다. 예언자 아모스의 감정이 고조된 상황에서 저주의 말이 튀어나온다. 히브리어 '호이'는 '화있을진저'라는 말이다. 이제 이 이스라엘 백성은 이 화를 피할 수 없을 것이다! 예언자 이사야도 권력과 부를 가지고 부동산을 매입하고 거기에 빈틈없이 가옥을 지어 집 장사를 하는 사람들에게 저주하는 말을 한다. 권력자들과 부자만 잘 살고 남을 생각하지 아니하는 이 나라에 무슨 장래가 있겠는가?

> 집에 또 집을 연달아 지으며 토지에 또 다른 토지를 연달아 사 모아 빈틈이 없게 하고 이 땅에서 자기 혼자만 살고자 하는 자들이여 그대들에게는 화가 있을지어다. 사 5:8

이사야는 아침부터 저녁까지 주지육림에 빠져있는 자들에게 화가 있고 온갖 사기와 죄악으로 불의를 행하는 자들에게 화가 있을 것이며 "악을 선, 선을 악이라 하며, 흑암을 광명으로, 광명은 흑암이라," "단 것은 쓰다. 쓴 것은 달다"고 말하는 이 가짜 예언자와 진리의 반역자에게 화가 있을 것을 말한다 사 5:11,18,20. 아모스가 말한 분노도 이러한 탄식이다. 부정적인 거부가 아니라 연민의 심정이 폭발한 것이다. 소망이 없는 나라, 대책이 없는 나라의 멸망을 보고 개탄한 것이다. 출애굽기 14장 13절에서 여호와의 날은 승리의 날로 기대되는 날이다. 아모스 당시 사람들이 여호와 하나님께서 오시면 모든 것이 해결되고, 이스라엘은 적군을 무찔러 이기고 비록 숫적으로 약한 이스라엘이라도 승리할 수 있다는 자신감과 하나님이 그들과 함께하면 아무것도 두려운 것이 없다는 생각을 가졌다. 이러한 생각이 이스라엘이 윤리적 책임에 대해 무감각하게 만들었다고 할 수 있다. 이스라엘 백성들이 스스로 언약 백성임을 자만하고 성전에 출석하고 형식적인 종교생활로 모든 것이 잘 된다면 얼마나 좋겠는가? 하지만 이 것은 미신이다! 아모스의 저주는 우리가 형식적인 신앙, 종교행사에만 그치고 실천이 없다면 그것은 오히려 자기기만적 신앙에 불과하다고 외치고 있다.

19절 예언자 아모스는 다시 비유를 통해 이스라엘의 멸망을 말한다. 이스라엘 백성들의 지탄을 받고 있는 정치 권력자, 부자들, 그리고 이들과 함께 불의를 행한 자들에게는 하는 일, 가는 곳마다 그들을 지탄하는 소리가 있어 당장에 눈앞에 사자같은 원수를 피하면 또 다른 덩치 큰 곰이 나타나고 곰을 피하여 집 안에 들어오면 독사가 기다리고 있다. 어떤 것으로도 여호와의 날은 피할 수 없다! 아모스는 사람들이 만든 안전책이라는 것이 얼마나 허망하며 부질없는 것인가를 말하고 있다. 여기에서 묘사된 희극적 표현들은 매우 심각한 경고다. 이 한 구절이라도 시로 된 글로 보자.

사자를 피해 도망하다가
곰을 만나고
집 앞으로 피해 들어가
손으로 벽을 짚었다가
뱀에게 물리는 것과 같으리라

20절 여호와의 날은 "어둠이요 빛이 아니라." 여호와의 날이 빛 없는 어둠이요 빛남이 없는 캄캄한 날임을 다시 강조하고 있다. 어두움과 캄캄함은 모두 구약성경에서 역경 · 곤경 · 비참함, 심지어 죽음을 나타내는 은유들로서 자주 사용된다. 주님을 사모한다며 교회당에 모여 예배를 드리고 절기 예물을 드리기에 힘쓰지만 가난한 자에 대한 무관심과 착취하는 것을 방관하는 교회는 캄캄한 날이 기다리고 있다는 사실을 알아야 한다.

여기서 살펴볼 이스라엘 민족의 신앙의 특색은 종교와 윤리 사이의 관계에 있다. 하나님을 기쁘게 하는 일은 우선 사람을 기쁘게 하는 일이 앞서야 하고 하나님께 올바른 예배를 드리려면 정의를 실천하는 것이 이스라엘 종교의 근본이다. 정의를 실천하라는 명령은 왕을 비롯한 권력자 등 모든 사람에게 주어진 명령이다.

> "사람아 주께서 선한 것이 무엇임을 네게 보이셨나니 여호와께서 네게 구하시는 것은 오직 정의를 행하며 인자를 사랑하며 겸손하게 네 하나님과 함께 행하는 것이 아니냐." 미 6:8

예언자 미가가 한 말이다. 신앙과 윤리의 일치, 이것이 이스라엘 종교의 기본성격이다. "행함 없는 믿음은 죽은 것이다" 약:14-21는 야고보의 말씀은 신구약성경에 나타난 신앙의 동일성을 총체적으로 보여주는 말이기도 하다.

21절 이스라엘에게 정의없는 예배는 거짓이며 신성모독이다. 축제는 이스라엘의 삼대 명절인 유월절을 비롯한 절기 모임이 끝날 즈음에 성대하게 개최되었다. 그런데도 하나님께서는 이스라엘 중요 절기를 거부하고 있다. 노래와 온갖 악기로 아름답고 엄숙하게 예배를 드리고 축제를 벌릴지라도 하나님께서는 이러한 예배를 미워하며 기뻐하지 않으신다. 이스라엘 백성들은 아직까지 그들의 죄를 모르고 있다.

22-23절 예배란 무엇인가? 칼빈이 신앙의 좌표로 삼았던 예배는 살아 계시고 존귀한 하나님의 '면 전' Before God 으로 나아오는 행위다. 불의한 인간이 거룩하신 하나님 앞에 나아가는 것은 불가능하다. 그런 이유 때문에 구약에서는 각종 제사 의식이 제정되었다. 제사와 제의를 담당하는 제사장들의 역할은 불의하고 부정한 인간이 거룩하고 의로운 하나님 앞에 나아가는 길을 하나님께서 제정하신 것이다. 제사는 하나님과 인간과의 교제를 가능하게 하는 방편이다. 제의는 정의로우신 하나님께 나아가 그분의 뜻을 받들어 살아가도록 인도하는 기능을 담당한다. 따라서 하나님께 나아가는 자들은 정결하고, 모든 불의를 씻고 나아가야 한다. 그러나 이스라엘은 예수님께서 말씀하신 '성령과 진리' 요4:23로 드려져야 할 예배의 본질을 상실했다. 삶은 부정과 불의로, 탐욕과 거짓으로 가득 차 있다. 그들은 열성적인 종교 행위로 하나님의 호의를 얻어낼 수 있다고 생각했고, 열성적인 예배와 헌금으로 하나님의 마음을 살 수 있다고 믿었다. 이러한 예배와 신앙이 어찌 옛 이스라엘에게만 국한 되었다고 말할 수 있을까? 찬양대의 아름다운 합창과 더불어 음악 전문가를 월급까지 줘가면서 모셔다가 아름다운 독창, 현란한 몸동작과 만면에 미소를 지으며 "내게 강 같은 평화"를 들을 때면 오히려 짜증이 날 때가 있다. 이런 식으로 청중들의 마음은 감동시킬 수 있을지 모르지만, 하나님은 그런 식의 예배를 원치 않으신다. "네 노래 소리를 내 앞에서 그치라. 네 비파 소리도 듣고 싶지 않다." 시57:8; 사5:12

24절 이어서 아모스가 다시 외친다. 그 유명한 말 "정의를 물같이 공의를 하수같이 흐르게 할지어다." 절규에 가까운 하나님의 부르짖음을 듣는

다. 이 본문에 대한 아브라함 헤셸의 설명을 들어보자.[51]

 "정의는 힘차게 흐르는 개울물처럼 결코 끝나지 않고 장애물을 치워버리지 않으면 안 된다는 듯이 거세게 넘실거리며 투쟁하는 운동을 상징한다. 물이 깨뜨리거나 뚫지 못할 바위는 없다. 산이 무너져 내리고 큰 바위가 제 자리에서 밀려나듯이, 큰 반석이 물결에 닳고 땅의 축하하고 있는 듯이 보인다. 티끌이 폭우에 씻기듯이.시 14:18-19 정의는 그냥 단순한 규범이 아니다. 그것은 투쟁하는 도전이요 쉬지 않는 돌진이다. 균형은 저울이 고장나지 않았거나 눈금을 읽는 자의 눈이 제대로 되어 있을 때 잡힐 수 있다. 그 눈이 흐리거나 저울에 이상이 생겨 정확하지 못하게 되면 그때 필요한 것은, 메마른 땅에 생명을 주는 힘찬 개울물과도 같이 치고 도전하고 고치고 회복하는 힘이다. 거기에는 힘차게 흐르는 개울만이 채워줄 수 있는 정의에 대한 목마름이 있는 것이다. 무엇엔가 예속되어 있고 인간의 이기적인 욕심을 채워주기 위한 정의는 쉽게 마르고 더욱 쉽게 악용된다. 그러나 정의는 가느다란 실개울이 아니다. 그것은 세상에 작용하는 하나님의 능력, 위엄과 힘으로 충만하여 거칠 것 없이 흐르는 격류다. 물결은 억눌림을 당하고 흐름은 막힌다. 그러나 힘찬 물길은 모든 강고한 벽을 무너뜨릴 것이다. 사람들은 정의가 원리요 규범이며 최고로 중요한 이상이라는 말에 모두들 동의하고 있는 것 같다. 우리는 모두 그래야만 한다고 주장한다.
 그러나 예언자들의 눈에 정의란 하나의 관념이나 규범 이상이다. 정의는 하나님의 전능하신 능력으로 충전되어 있다. 그것은 마땅히 있어야 할 것이며 반드시 있을 것이다! 정의는 힘차게 흐르는 물길과도 같고, 정의를

---

51)) 아브라함 헤셸, 『예언자』, 337-347.

부정하는 것은 하나님의 강한 물결을 막으려는 것과 같다. 도덕론자들은 토론하고 제안한다. 그러나 예언자들은 선포하고 요구한다. 정의는 마르지 않는 원천이기에 거대하게 흐르는 물길이다. 저울이라는 이미지는 규범·기준·균형·측량·안정 등의 관념을 암시한다. 반면에 강한 물길이라는 이미지는 내용·본체·힘·운동·생명력이다. 예언자들은 하나님이 정의라고 부르는 절대적 원리나 관념과 신성한 관계를 맺고 있다고 말하지는 않는다. 그들은 다만 하나님이 당신의 백성과 모든 인간에게 깊은 관심을 쏟고 그들과 관계를 맺고 있다는 사실을 알고 있는 것을 나타낸다. … 눈을 가린 처녀의 모습으로 나타나는 정의는 마음이 어떤 환각이나 편벽됨에 빠지지 않도록 조심하는 기본적인 생각을 품고 있으면서도 정의가 이루어지는 과정을 기계적인 과정으로 파악한다. 그러나 불변의 정의 세상이 깨어져도 정의를 행하라는 원리는 정의를 최고의 자리에 올려놓아 그 정의를 절대적인 것으로 삼고 다른 모든 원리를 부정한다. 그리하여 정의가 세계의 존속을 위하여 있는 게 아니라 세계가 정의의 유지를 위하여 있게 된다. 정의에 대한 하나님의 관심은 인간에 대한 그분의 측은한 마음에서 나온다. [52)]

    서양에서는 정의의 여신을 법과 정의의 상징으로 여긴다. 정의의 여신상은 각 나라의 시대와 사회의 상황 속에서 자연스럽게 변형되어 묘사되고 있다. 이집트에는 마아트Maat라 불리는 진리와 정의의 여신이 있고, 그리스에는 디케Dike라는 정의의 여신이 있다. 질서, 계율의 상징인 테미스Themis의 딸 디케는 현재의 정의 개념에 가장 가까운 여신이다. 로마 신화에는 그리스와 달리 인격화된 정의의 여신은 없었지만 여신 디케를 기초

---

52)) 헤셸, 『예언자』, 335-338.

로 하여 새로운 정의의 관념을 만
들어냈다. 정의의 여신 디케에 형
평성의 개념이 추가되면서 오늘날
정의의 여신, 유스티치아Justitia가
탄생한 것이다. 오늘날의 '정의'
의 영어 'Justice'는 유스티치아에
서 생겨났다. 그리스의 법Dike과
정의Dikation, 로마의 법Jus과 정의
Justice의 관계에서 알 수 있듯이 서
구에서는 법과 정의의 밀접성을
이해하고 정의를 인격화시킨 정의
의 여신상이야말로 곧 법을 대표하는 상징물로 여기고 있다.

유럽에는 디케Dike 즉 유스티치아Justitia로 이어지는 정의의 여신상을
주제로 많은 예술품이 만들어져 각 도시의 시청, 법원 그리고 광장마다
세워져 있다. 최초 그리스의 여신 디케는 칼만 쥐고 있었으나 로마의 유
스티치아에 이르러 공평의 의미가 가미되어 저울을 들고 있는 모습의 여
신상이 만들어졌다.

정의의 여신이 들고 있는 저울은 법의 형평성을 표현하고 칼은 법의 강
제성을 의미하며, 감거나 가린 눈은 저울질에 있어서 주관성을 배제하겠
다는 뜻이다. 서양에서는 정의의 여신을 법의 상징으로 여긴다. 그리스·
로마 신화에 나오는 정의의 여신인 디케Dike는 눈을 가리거나 감고 있고,
한 손에는 저울을, 다른 한 손에는 칼을 들고 있다.

"눈을 가린 처녀의 모습으로 나타나는 정의는, 마음이 어떤 환각이나
편벽됨에 빠지지 않도록 조심하는 생각을 품고 있으면서도 정의가 이루어

지는 과정을 기계적인 과정으로 파악한다"는 말은 헤셸이 세상에서 사용하고 있는 정의와 성경이 말하는 것이 전혀 다르다는 것을 알아야 한다. 눈을 감고 저울추와 칼을 들고 있는 정의는 그리스 사상가 아리스토테레스가 말하는 균등적 배분을 말하고 성경이 말하는 정의는 인간 쓰레기와 같은 힘 없는 자, 가난한 자 편에 서는 것을 말하기 때문이다.

25절 예언자 아모스는 중요한 말을 할 때마다 그들을 탄생케 한 출애굽 사건을 기억하도록 한다. 하나님이 이스라엘을 기적적으로 노예살이를 하던 이집트에서 꺼내주시고 그들을 해방과 자유로 인도해 주신 하나님을 기억하라는 것이다. 초심으로 돌아가라는 것이다. 처음 이스라엘과 하나님의 관계가 제사와 소제를 드리는 것이 아니었지만, 이스라엘은 오직 이것만으로 하나님께 나아가려 한 것을 책망하고 있다. 이스라엘은 출애굽 이후 광야에서 지내는 동안 여호와께서 직접 인도하셨고 그분을 절대적으로 의존했기 때문에 광야 사십 년 동안에는 농사와 목축이 불가능했기 때문에 희생제물과 소제물을 드리지 않았다. 다시금 하나님은 예언자 아모스의 입을 통해 이스라엘의 옛적 광야 시절을 기억하면서 질문을 하신다. "이스라엘 족속아, 너희가 사십 년 동안 광야에서 희생과 소제물을 내게 드렸느냐?" 다시 말해, 광야 사십 년 시절 동안 이스라엘이 여호와 하나님과 맺은 관계는 번제를 비롯한 제사에 의해 이루어지지 않았다는 말이다. 하나님께서 원하시는 제사가 이스라엘 백성과 하나님과 바른 관계를 갖도록 해주는 것은 아니라는 것이다.

여러 제사를 드리는 것이 원래 그들의 신앙에 조건이었다는 것은 잘못된 것이었다. 지금 이스라엘이 하나님께 단순히 종교 제의나 형식적 희생 제사를 드리지만, 하나님께서 진정으로 원하시는 참된 예배는 하나님의 뜻에 대한 순종의 삶, 정의를 실천하는 것이다.

26절 그러므로 이스라엘이 힘 없는 자들과 가난한 사람을 억압하고 그들을 학대하는 불의를 행하는 것은 하나님의 심판을 부르는 것이다. 이스라엘은 자신들이 섬기던 이방 신들을 등에 짊어진 채 그 신들의 땅으로 끌려가게 될 것이다. 그들에게 자유와 번영을, 행복한 미래를 가져다 줄 것이라고 생각했던 이방의 신들, 식굿과 기윤은 이스라엘 백성들의 왕이 되어 이제 무거운 고초를 짊어지게 해줄 것이며, 그들이 왕으로 섬겼던 이방의 우상들은 이제 압제와 폭력으로 그들을 다스릴 것이다. 여기 식굿과 기윤은 하늘의 별들 특히 토성과 연관된 신으로 여겨진다.

27절 이스라엘 백성들에게 이방 신은 하나님의 눈에 가증스러운 물건일 뿐이다. 그들이 드린 제사는 자신을 위한 것에 불과하다. 이제 하나님께서는 자신이 만든 신들의 형상을 무겁게 지고 이방인의 땅 다메섹 너머로 쫓아 버릴 것이다. 이스라엘은 자신을 위해 별과 연관된 신을 만들고 그 형상을 섬기지만 그들의 운명을 주관하시는 분은 하나님이시다. 아모스는 그 당시에 널리 퍼져 있던 이스라엘의 대적으로부터 구원받는 날이 여호와의 날이라는 기대와는 달리 이스라엘이 오히려 그 대적들에 의해 정복될 것이고 그 대적들의 나라로 잡혀가는 날이 될 것을 선포하고 있다. 여호와는 왜 자신의 백성들을 구원하지 않고 벌하시는 것인가? 그들은 예배를 드리고 십일조를 드리는 등 종교 제의나 예배를 열심히 드렸지만 예수님께서 말씀하신대로 "박하와 회향과 근채의 십일조 보다 더 중한 정의와 긍휼과 믿음을 버렸기 때문이다."마 23:23 정의·긍휼·성실은 구약성경에서는 하나님의 성품을 보여주는 것이다. 이 세 가지 낱말은 하나님의 성품이기도 하다.

이제 그들은 자신들이 섬겼던 신들의 우상을 들고 멀고도 먼 이방 땅으로 갈 것이다. 하나님을 왕으로 모시기를 거절한 백성들의 운명은 결정되었다. 이스라엘의 북쪽, 다메섹 너머로 북이스라엘은 기원전 722년에 앗시리아에 의해 멸망 당했다. 언약 백성 이스라엘은 대대로 살아왔던 약속의 땅을 떠나 무거운 형벌의 짐을 지고 다시는 돌아올 수 없는 멀고 먼 길을 떠나게 되었다. 앗시리아로 포로로 잡혀 가면서도 우상을 버리지 못하는 이스라엘 백성들의 어리석은 모습을 본다.

11. 교만한 자와 마음이 든든한 자여^{암6:1-7}

1 화 있을진저 시온에서 교만한 자와 사마리아 산에서 마음이 든든한 자 곧 백성들의 머리인 이스라엘 집이 그들을 따르는도다 2 너희는 갈레로 건너가 보고 거기에서 큰 하맛으로 가고 또 블레셋 사람의 가드로 내려가라 너희가 이 나라들보다 나으냐. 그 영토가 너희 영토보다 넓으냐 3 너희는 흉한 날이 멀다 하여 포악한 자리로 가까워지게 하고 4 상아상에 누우며 침상에서 기지 개 켜며 양 떼에서 어린 양과 우리에서 송아지를 잡아서 먹고 5 비파 소리에 맞추어 노래를 지절거리며 다윗처럼 자기를 위하여 악기를 제조하며 6 대접 으로 포도주를 마시며 귀한 기름을 몸에 바르면서 요셉의 환난에 대하여는 근 심하지 아니하는 자로다 7 그러므로 그들이 이제는 사로잡히는 자 중에 앞서 사로잡히리니 기지개 켜는 자의 떠드는 소리가 그치리라^{암 6:1-7}

이 단락은 북왕국 이스라엘이 앗시리아의 침략으로 멸망하기 전 폭풍전 야와 같은 위기를 눈앞에 두고도 위기의식을 갖지 못한 이스라엘의 권력자 들을 향한 경고다. 이스라엘 권력자들의 교만과 부자들의 호화로운 사치 와 만사태평으로 살아가는 자들을 고발하고 죄에 대한 멸망과 포로가 될 것 을 선포한다. 여기에서는 하나님께서 이스라엘을 마치 적으로 대하시는 것을 볼 수 있다.

1절 예언자 아모스는 이스라엘 현실에 대한 고발과 그들에 대한 심판을 5장 18절로 시작했고 6장에서도 이어진다. 화 있으리라! 이 아모스의 외침은 이스라엘이 무서운 심판을 향하여 가고 있음을 보여준다. 아모스는 분명 애국자가 아닌 유언비어를 퍼뜨리는 사람이 틀림없다! 북왕국의 수도 사마리아와 남유다의 수도를 향하여 예언자는 선포한다. 남유다의 교만과 북이스라엘의 "마음이 든든한 자"는 아무 걱정 없이 살아가는 남유다와 북이스라엘이 얼마나 타락했는가를 보여주고 있다. 그들의 자만은 어리석게도 자신의 힘과 능력을 과시하며 스스로 든든하게 여긴다. 아모스는 결코 감상주의자가 아니다. 그의 저주의 대상은 시온에서 정의를 실천하지 않고 안일을 누리는 자들이다. 시온은 남왕국 유다, 특히 수도 예루살렘 권력자들과 부자들을 가리키는 말이다. 아모스는 비록 북왕국 이스라엘에서 예언 활동을 하고 있지만 자기 조국 유다를 생각하지 않을 수 없었다. 든든한 경제, 단합된 정치 · 훈련된 국방력 · 폭넓은 외교력에 전적인 신뢰를 생각하며 "이 나라에 무슨 재앙이 올 것이냐!" 하는 낙관론자들은 탐욕과 이기주의에 사로잡혀 정의를 행하는 것은 안중에도 없었다.

본문에서 "안전을 즐긴다"는 말은 안전하다고 느낀다는 뜻이다. 그것은 가난한 사람들을 억압하고 학대하면서 왕을 비롯한 권력과 부를 가진 기득권자들이 안전을 누리고 산다는 말이다. 그들의 안전한 저택은 가난한 자들의 피와 땀으로 된 것이다. 권력자와 재벌들의 집에는 몰래카메라 수십 대가 설치되어 있어 개미 한 마리도 들어갈 수 없다. 그렇게 하는 것이 과연 그들의 안전을 유지할 수 있는지 궁금하다. 녹두 장군 전봉준[53]이 권력자들과 부자들에 의해 농민들이 수탈당하고 학대당할 때 수많은 농민

---

53) 동학농민운동에 대해서는 이이화, 『이이화의 동학농민혁명사 1, 2, 3』, 교유서가, 2021. 을 참고할 것.

들이 요구가 받아들여지지 않고 죽어가는 모습을 보면서 이 시대의 이스라엘과 오버랩되는 모습을 자주 생각했다. 황석영의『장길산』에서도 권력자들과 부유층, 양반들에 의해 이유없이 빼앗기고 먹지 못해 저항하며 죽어가는 모습을 볼 때도 그 시대의 이스라엘의 모습이 생각났다. 조선의 3대 의적이 몰락농민과 천민들을 규합하여 권력층과 부자들에 저항했던 홍명희의『임꺽정』에서도 그렇다. 힘 없고 가난한 자들의 저항은 실패로 끝났을 것은 너무 당연하다.

여기에서 종교개혁 당시 마틴 루터와 농민전쟁을 생각하지 않을 수 없다. "당시 농민들은 루터와 제후들에게 자기들의 가난한 형편을 개선해달라는 12개 조항의 내용을 전달했다. 농민들의 이러한 요구는 온건하고 합리적이었다. 처음에 루터는 농민들의 요구들을 공감하고 그들의 열악한 형편을 개선할 뜻을 내비쳤다. 그러나 농민들의 격렬한 시위를 보면서 마음이 달라졌다. 루터는 이렇게 가다가는 종교개혁이 실패할 것을 우려했다. 그리고 농민들을 향해 그만 둘 것을 호소했다. 농민들은 그대로 물러설 수 없었다. 이때 농민들은 저항하며 난동을 일으켰다. 루터는 이러한 가난한 농민들을 향하여 "마귀가 들린 미친 개"로 규정하고 제후들에게 "목을 비틀고 찌르고 죽이라"고 말한다. 결국 농민 십만여명이 학살되었다. 농민들의 저항은 무참하게 좌절되었다. 이와같이 역사에 있어서 기득권자에게 저항하는 것은 거의 실패했다. 결국 루터가 종교개혁에는 어느 정도 성공했지만 사회개혁에는 미치지 못하고 말았다."[54] "루터의 이러한 태도는 그가 주장하는 '두 왕국 이론'에 기초하고 있다.[55] 두 왕국 이론은

---

54) 필립 샤프,『교회사전집 제9권, 독일종교개혁』, 박종숙 역, SFC, 2016, 74-75쪽 내용을 필자가 요약.

55) J. 몰트만,『정치신학, 정치윤리』, 조성로 역, 심지, 1986, 163-170.

하나님께서 두 왕국으로 나누어 세계를 통치하시는 데 영적통치는 교회를 통해서, 세속통치는 세속 권력이 나누어 통치한다는 개념이다.[56] 그 결과 교회는 세상 권력에는 간여하지 않고 하나님의 섭리에 맡기는 것으로 하나님나라의 통치를 전면 거부하는 사상이다. 그런데 이 이론은 잘못 적용할 때, 힘이 없고 가난한 자들에게는 힘이 있는 국가와 권력자들이 법에 근거하여 폭력적 강제 수단을 정당화할 수 있다. 이러한 결과로 20세기에 들어와 독일은 큰 곤욕을 치룬다. 1933년 히틀러가 정권을 잡으면서 게르만 민족의 우월주의를 바탕으로 독일 전체를 나치즘의 전체주의 국가를 만들었다. 이 과정을 본 독일의 저명한 신학자들을 비롯한 대부분의 교회가 크게 환영한다. 이들은 히틀러가 세속 왕국의 수장으로서 하나님의 섭리를 이루는 도구라고 생각했다. 종교개혁 당시 부당한 대우에 반발하여 농민혁명을 일으킨 가난한 농민들과 유대인들이 루터를 보호해 주던 제후들에 의해 무력으로 강제 진압한 일을 루터가 허용함으로써 이미 문제의 씨앗이 뿌려 졌다고 볼 수 있다." 루터가 종교개혁의 횃불을 든 것은 매우 위대한 업적이었지만 사회개혁에 미치지 못한 것은 안타까운 일이다. 루터는 처음부터 보수적이었다.

배경과 상황은 다르지만, 역사적으로 왕과 권력자들이 가난한 자를 학대하고 압제하는 모습은 같다.암:11 물론 이스라엘에서 가난한 자들과 힘없는 자들에 의한 저항운동은 일어나지 않았고 루터의 잘못된 두 왕국론 신학에 의해 히틀러가 엄청난 사람들을 제물홀로코스트로 죽였지만, 반면 이스라엘은 하나님의 심판에 의해 국가의 멸망을 가져왔다.

---

56) 볼프만 비더만, 『루터의 두 얼굴』, 최용찬 역, 평사리, 2017, 24-27. 로드니 스타크, 『우리는 종교개혁을 오해했다』, 손현선 역, 헤르몬, 2018, 57-68.

2절 갈레와 하맛이 블레셋과 함께 언급된다. 하맛은 시리아 북쪽의 오론테스 근방에 있는 도시국가다. 가드는 예루살렘 서쪽에 있는 블레셋 도시 연맹체 중 하나였다. 아모스는 그 나라들보다 이스라엘이나 유다가 나을 것이 없다고 보았다. 이 본문은 이스라엘과 유다 지도자들이 자신들의 우수성을 말하기 위하여 너희보다 땅이 큰 갈레 · 하맛 · 가드 같은 나라들을 둘러보라고 말한다. 한때 이들 나라들이 이스라엘과 비교할 수는 없는 상당히 풍요롭고 강성한 나라들이었지만, 지금은 작고 폐허가 된 나라인데 너희도 그들처럼 될 것이라고 예언자 아모스는 외친다. 스스로 최고인 것처럼 여기고 저희가 사는 곳이 지상 낙원인 것처럼 말하며 하나님의 정의를 실천하지 않는 이스라엘을 향해 아모스는 탄식하고 있다. 이스라엘과 유다의 왕과 권력자들은 스스로를 일등 국가로 여기고, 그들은 이와 같은 교만으로 하나님과 사람 앞에서 불의와 교만의 죄를 지었다. 아모스는 그들의 자만의 죄를 지적하며 질타하고 있다.

3절 이스라엘과 유다의 지도자들을 향하여 하나님께서 다시 말씀하신다. "너희는 흉한 날이 멀다 하여 포악한 자리로 가까워지게 하고…" 여기서 '흉한 날'은 재앙의 날, 곧 '여호와의 날'이다. 이스라엘은 착취와 거짓, 부정과 불의로 쌓아놓은 개인적 명예와 재물들을 마음껏 즐기면서 스스로의 업적에 대해 마음 든든하게 생각하던 자들은 왕과 권력자들, 부자들이었다. 그들 가운데는 종교 지도자들도 상당수 끼어 있었다. 오늘 한국교회로 말하면 대형교회 목사들의 자만과, 재력가 장로들을 보면 위선적 신앙을 본다. 오늘의 한국 교회는 꼰대들의 집단이 되었다.

4절 권력자들과 부자들이 호화스런 모습을 보여준다. 부유 · 사치 ·

안일 속에 빠져 있는 게으른 부자들은 집에 누워 뒹굴면서도 가장 좋은 음식을 먹었다. 풍요로운 권력자들과 부자들은 그들만의 카르텔을 만들고 부정한 방법으로 모은 재산과 권력을 맘대로 휘두르고 있었다. 상아로 감싼 침대를 비롯한 값비싼 외제 가구들, 거기에다 부드럽고 가장 맛좋은 양고기를 먹고 우리에서 어린 송아지를 골라잡아 먹는 호화와 사치를 누리고 오늘날 부자들도 부럽잖은 삶을 살았다니.

5절 이들은 마치 왕처럼 살고 있다. 이들의 나태하고 안일한 향락 생활은 극치에 달하여, 마치 다윗이나 된 것처럼 악기를 만들기도 하고 비파에 맞추어 "내게 강 같은 평화" 노래를 부르며 희희낙락하면서 살았다. 다윗은 왕이 되기 이전에도 자신의 음악적인 재능을 즐기며 살았다. 다윗이 행한 정의는 사라지고 그의 풍류만 남았다. 아모스 당시의 권력자들과 부유한 사람들은 한가한 시간들이 많아 음악을 즉흥적으로 창의적으로 만들며 즐겼다. 하나님을 향한 다윗의 경외와 정의삼하8:15는 온데간데 없고 그의 음악만 남았다. 어느새 음악이 상류층의 사치 거리가 되어 버렸다.

6절 이들은 가난한 사람들에 대해 아무런 양심의 거리낌도 없이 호화와 사치와 방탕의 삶을 산다. 일반적으로 포도주는 컵으로 마시는데 그들은 큰 대접으로 마신다. 밤새도록 고급 요정에서 이태리 최고급 위스키를 마시며 만취한 상태로 권력을 휘두르는 권력자들·부자·판검사·고위공무원들이라고나 할까? 그 가운데 항상 부자들이 있었다. "귀한 기름을 몸에 바른다"는 표현도 역시 그들의 사치를 보여주는 표현이다.잠21:17 기름을 바르는 것은 피부를 윤택하게 하고 좋은 향기를 낸다. 그리고 이렇게 기름을 바르는 것은 당시 이스라엘 부자들과 권력자들의 삶에 큰 즐거움 중 하나로 여겨졌다. 우리나라 사람들도 이에 못지 않게 구찌 · 루이비통 · 프라다 · 버버리 등 한 벌에 몇 백, 몇 천만 원씩 하는 옷을 입고 고급 화장품을 바르고 거기다 유럽 사람들은 오히려 잘 타지도 않는 자동차 최고급 메이커인 벤츠 · 아우디 · 롤스로이스 · 페라리 등 고급 자동차를 타고 다니면 정말 생각만 해도 행복이 온몸에서 흘러나올 것 같다.

기름 한 방울 나지 않는 나라에서 이런 일이 있다니 놀랄 뿐이다. 어쩌다가 이 나라가 소비의 천국, 향락의 천국이 되었단 말인가? 우리나라에 교회에 다니는 사람들이 많다고 자랑하는데 어떻게 해서 여기까지 왔을꼬? 빛과 소금은 어디에 있는가? 오늘의 한국의 권력자들과 부유층 귀부인들과 기독교인들은 아모스의 말을 들을지어다! 이스라엘 지배층 사람들의 철저한 쾌락주의, 정도를 지나친 소비주의는 오늘 우리의 모습과 같지 아니한가? 고도의 소비주의로 전락한 오늘의 사회 · 경제 · 정치적 죄악의 핵심은 영적위기를 드러내고 있다. 이러한 물신숭배적이고 소비주의적인 생활 양식이 가져온 결과는 인격 해체, 인간관계 단절, 잘못된 욕망 창조에 있다. 특히 이웃과 가난한 자의 고통에 공감할 수 없게 만드는 자기 폐쇄적인 삶은 하나님의 사랑과 정의를 실천하는데 무관심할 뿐이다. 특히나 자본주의 우상 속에서 상품형식의 복음이 횡행하고 있다.

소비주의와 물신 숭배적 자본주의 경제 체제가 기독교인으로 삶을 위협하고 있음을 깨달아야 한다. 특별히 상품화된 목록에는 인간의 영혼까지 포함되어 있다. 제8:13 돈 사랑을 이긴 순교자적 순결이 없다면 요한계시록에 나타난 재앙에 휩쓸려 갈 수 밖에 없을 것이다."[57] 예언자 아모스의 질타를 받고 있었던 이스라엘은 이러한 향락과 안일 속에서 자신들의 죄악에 대하여 무감각해지고 냉담해져 갔다. 국회의원이라는 사람도 선거

57) 존 F. 캐버너,『소비사회를 사는 그리스도인』, 박세혁 역, IVP, 2017, 12-21.

철이면 재래시장을 발바닥이 닳도록 꾸벅 꾸벅 절하면서 돌아다니지만, 끝나고 나면 언제 그런 말을 했느냐는 듯이 그들의 관심은 온갖 거짓과 탐욕을 서슴없이 저지른 사람들이 아닌가? 최소한 진실과 상식이 통하는 교회와 나라가 되었으면 좋겠다. 또한 최근에 일어나는 일들을 보면 검찰공화국이라는 말이 실감이 간다.

아모스는 개탄한다. "요셉의 환난에 대해서는 근심하지 아니하는 도다." 이스라엘의 멸망에 대해서는 전혀 걱정조차 하지 않는다는 말이다. 그들은 자신의 향락을 위해서는 분주했지만 나라가 어디로 가고 있는지는 조금도 근심하지 않는다.

7절 '그러므로' 이제 왕을 비롯한 권력자들과 부자들은 나라를 멸망으로 이끈 사람들로서, 비참하게 이방 땅으로 포로로 끌려가게 될 것이며 고통을 가장 먼저 겪게 될 것이다! 이제 상아 침대에서 사치를 누리던 사람들, 곧 향락 속에서 안일하게 살던 부자들의 시끄러운 소리, 흥청거리는 잔치 소리가 더 이상 들리지 않을 것이다. 교만과 자신감, 사치와 향락과 이기심과 무디어진 양심으로 자신들의 죄를 깨닫지 못하는 그들은 결국 하나님의 심판으로 사라지게 될 것을 아모스는 소리높여 외친다. 가난한 사람들을 착취하면서 정의를 실천하는 도덕적이고 영적인 가치들에 무관심한 것은 하나님을 두려워하지 않는 데서 비롯한 것이다. 그들은 돈과 권력을 얻었지만 자신들의 생명은 잃을 것이다. 그리고 아모스의 말은 그대로 이루어졌다. 오늘 우리에게 아모스의 뜨겁고 안타깝게 외치는 소리가 들리지 않는가?

당시 이렇게 흥정 망청하는 왕과 권력자들, 부자들의 지배동맹세력

'마르제아흐' 에 대해 살펴 보자.58) 아모스는 백성들을 착취하는 사회 지도층을 비난하면서 '마르제아흐' 라는 사회 제도를 언급한다. '마르제아흐' 는 하나의 사회 제도이지만 이스라엘 지도층들의 당시 사회생활과 종교 생활을 보여주는 좋은 증거다. '마르제아흐' 는 사회적 종교적 제도나 결사체의 이름이기도 하고, 그 모임의 회원들을 지칭한다. 가장 상류층의 마르제아흐는 왕실을 중심으로 형성되었다. 이 결사체의 회원은 대부분 군사 엘리트인 남성들과 약간의 여성 지배 계층참고4:1 , 그리고 부자, 사회 고위층 인사들이었다. 이 결사체의 기본적인 성격은 권력자들과 부자들의 결속이다. 소위 기득권 카르텔이다. 권력자들과 부유한 사회 지도자들은 함께 즐기며 함께 울고 웃으며 서로 간의 연대를 강화해 나갔다.

가난한 사람들은 신 한 켤레에 팔리고 짓밟히는 동안, 그들은 함께 모여 상아 상에 누우며, 기지개로 상징되는 편안한 삶을 누리며 주기적으로 잔치를 벌리며, 먹고 마시고 놀았다. 그러므로 이 잔치에 대한 아모스의 언급은 착취와 가난 속에서 고통받고 소외된 사람들을 대변하여 탐욕적인 지도층들을 비난하는 것이다. 아모스는 '마르제아흐' 에 참여하는 이스라엘의 특권층이 결국은 적국에 의해 사로잡혀 갈 것이라고 선포한다. 오늘날 우리나라도 재벌들을 비롯한 고위공무원, 의사, 판검사들이 자녀들의 결혼을 통해 굉장히 큰 기득권 동맹 카르텔을 형성하고 있다. 오늘날 경제인은 법조인과, 법조인은 정치가와, 정치가는 경제인과, 경제인은 권력자와, 권력자는 지배 계층과, 심지어 대형교회 목사들도 관계를 맺고 있다. 일종의 '마르제아흐' 다. 마치 영원히 잘 먹고 잘 살 것처럼. 그러나 이러한 기득권 동맹세력은 가난하고 힘 없는 사람을 보호하는 것과는 상관없이 자신들의 탐욕과 이기심을 채우는 데 함께 했다. 예언자 아모스의 예

58) 김태훈, 『아모스』, 두란노 아카데미, 87-103. 필자가 요약 정리.

언은 힘 없는 사람과 가난한 사람들을 양산하는 사회 자체를 문제 삼고 있다. 이 불의하고 억압적인 사회 속에 마르제아흐라는 엘리트들의 카르텔이 형성되어 있었다는 것이 오늘 우리의 현실과 어찌 그리 닮았는가! 그러나 이제 그들은 약속의 땅에서 추방당하는 수모를 당할 것이다. 이것이 어찌 이스라엘 왕과 부자들의 죄 이겠는가? 하나님께서 잘못된 권위주의와 정신적으로 병든 한국 교회 목사들과 우리들을 향하여 지금, 이 시간에도 회개하고 돌아오라고 외치신다.

12. 정의를 쓸개로 바꾸며 암6:8-14

8 만군의 하나님 여호와의 말씀이니라 주 여호와가 당신을 두고 맹세하셨노라 내가 야곱의 영광을 싫어하며 그 궁궐들을 미워하므로 이 성읍과 거기에 가득한 것을 원수에게 넘기리라 하셨느니라 9 한 집에 열 사람이 남는다 하여도 다 죽을 것이라 10 죽은 사람의 친척 곧 그 시체를 불사를 자가 그 뼈를 집 밖으로 가져갈 때에 그 집 깊숙한 곳에 있는 자에게 묻기를 아직 더 있느냐 하면 대답하기를 없다 하리니 그가 또 말하기를 잠잠하라 우리가 여호와의 이름을 부르지 못할 것이라 하리라 11 보라 여호와께서 명령하시므로 타격을 받아 큰 집은 갈라지고 작은 집은 터지리라 … 12 말들이 어찌 바위 위에서 달리겠으며 소가 어찌 거기서 밭 갈겠느냐 그런데 너희는 정의를 쓸개로 바꾸며 공의의 열매를 쓴 쑥으로 바꾸며 13 허무한 것을 기뻐하며 이르기를 우리는 우리의 힘으로 뿔들을 취하지 아니하였느냐 하는도다 14 만군의 하나님 여호와의 말씀이니라. 이스라엘 족속아 내가 한 나라를 일켜 너희를 치리니 그들이 하맛 어귀에서부터 아라바 시내까지 너희를 학대하리라 하셨느니라 아모스 8:8-14

8절 하나님의 분노는 이스라엘의 수도 사마리아를 향해 시작했다. 이스라엘이 세워놓은 수많은 군사 요새들은 하나님의 보호 없이도 살 수 있다는 교만한 모습이었다. 하나님께서는 야곱의 자랑과 오만을 미워하신다. 무엇이 야곱의 자랑이고 긍지였던가? 여로보암 2세의 통치 아래에서 이스라엘이 누리고 있는 경제적 번영·막강한 군사력·사회적 안정 등이었다. 야곱은 왕의 힘을 믿었다. 그들은 위대한 왕을 믿었다. 그러나 하나님께서는 자기 이름을 걸고 야곱의 영광을 싫어하며 그 궁궐들을 미워하신다. 그 결과 그들을 적국들에게 넘겨질 것을 엄숙하게 선포하신다. 이스라엘은 사랑과 긍휼가운데 잉태하고 새 생명으로 출생시킨 분이 여호와 하나님이시지 않았던가! 그럼에도 불구하고 그들이 만든 요새 그리고 호화로운 저택이 어떠한 군사적 침략으로부터도 안전한 난공불락의 피난처가 될 수 있다고 확신했다. 2001년 9월 11일 자신의 목숨을 파리 목숨처럼 여기는 두 명의 테러리스트들이 미국의 뉴욕 110층 세계무역센터 쌍둥이 빌딩을 파괴했을 때, 누가 감히 세계 최대 강국인 미국을 그렇게 할 수 있으리라고 상상이나 했겠는가? 인간의 안전이라는 것이 얼마나 허망한 것인지를 보여주는 극명한 사례를 보여준다. 이스라엘이 하나님의 정의로운 말씀에 불순종했을 때 그들이 만든 견고한 요새가 무너지는 것은 마치 모래성이 무너지는 것과 같을 것이다.

9절 하나님의 심판이 임할 때 적군의 침략으로 열 사람의 도망자가 한 집 안에 숨어 있어도 다 죽을 것이다. 그 남은 자들마저도 적국들에 의해 비극적인 최후를 맞이하게 될 것이다. 한 집에 열 사람이 남는다 해도 다 죽을 것이다. 여기 열 사람은 심판이 내려진 후에 살아남은 사람을 말한다. 그러나 이 사람들 마저 모두 죽을 것이다. 이러한 심판은 하나님의 언약적 저주다. 언약적 죽음은 하나님과 이스라엘 간에 피로 맺은 약속으로 하나님께 순종할 때 하나님께서 한량없으신 사랑으로 축복하실 것이지만, 순종하지 않을 때 상상할 수 없는 하나님의 저주가 내릴 것이다. 지금

이스라엘을 향해 다가오는 심판은 결정적이고 철저할 것이다.

10절 죽은 친척들의 시체를 끌어내어 장례를 치르려고 집 안에 들어갔다. 친척이 집 안에 있는 사람에게 아직도 집 안에 남아 있는 시체가 있느냐고 묻는다. 그가 아무도 없다고 대답한다. 그러면 남아 있는 사람에게 그가 "조용히 하라 우리가 여호와의 이름을 부르지 못할 것이라"고 말한다. 사마리아 도시 위에 내려진 멸망 속에서 '여호와의 날'이 도래했다. 죽은 자를 생각하면서 여호와의 이름을 부르는 것 조차 끔찍한 죽음 이후에 공포에 질려 있는 몇 안 되는 살아남은 자들의 모습이다. 참담한 현실이다. 하나님은 이스라엘을 돕는 분이 아니라 오히려 그들의 대적이 되실 것이다. 하나님의 저주 때문에 징벌을 받았으니 살아 있는 사람들도 심판의 현장에서 여호와의 이름을 부르다가 오히려 자신들도 죽을 것이라는 두려움에 사로잡혀 있다.

미국에서 사회개혁자이며 지성적 목사인 조나단 에드워즈가 말한 "살아 계신 하나님의 손에 빠져들어 가는 것이 얼마나 무서운 일인가?"히 10:31를 제목으로 한 설교는 유명하다. 하나님의 심판은 두렵고 무서운 것이다! 에드워즈 목사는 지성적 목사로서 무디같은 보수주의자가 아니었다. 똑같은 목사였지만 메시지를 통해 많은 사람들이 회심했을 뿐만 아니라 노예를 해방하고 가난한 자들을 돕는 사회개혁 운동이 일어났다. 반면 우리나라에 온 언더우드, 아펜젤러 등 다수의 선교사들은 보수주의자인 무디의 후예들이었다. 우리나라에 복음을 전파한 선교사들이 무디의 가르침보다 조나단 에드워즈 목사의 후예들이었다면 어땠을까 하는 생각이 들 때가 있다.

11절 '보라'는 하나님이 재앙을 직접 명령하신다. '큰 집'과 '작은 집'은 큰 집에서부터 작은 집까지 모조리 파괴될 것을 묘사한 것으로 심판이 얼마나 철저한 것일지를 묘사하고 있다. 나라가 평안할 때는 큰집 작은집이 구별이 있지만, 적군의 침략으로 폐허가 될 때 크고 작은 집은 구별이 없이 하나님의 진노가 부어질 것이다. 이스라엘의 백성들의 마지막 목숨까지 거두어 가실 것이라는 말이다. 하나님의 진노의 잔은 이미 이스라엘을 향해 부어지기 시작한다. 왜 창조주 하나님, 이스라엘의 하나님은 이토록 두렵고 무서운 심판의 하나님이신가? 언약의 하나님께서는 그들이 언약을 지키지 않을 때 무섭게 심판하신 분이지만, 그분에게 순종할 때는 축복으로 함께 하시는 분이시다.

12절 말들이 어찌 바위에서 달리겠느냐? 어찌 소를 부려 바다로 가겠느냐? 있을 수 없는 모순된 일을 풍자적으로 묘사하고 있다. 예언자 아모스는 앞에서 세 번이나 정의와 공법을 말했지만, 암5:7 여기에서 다시 정의를 외치고 있다! 정의와 공법이 얼마나 중요했으면 이렇게 자주 반복해서 말했을까? 그래서 많은 학자들은 예언자 아모스를 정의의 예언자라고 부르기도 한다. 하나님은 법정에서 당연히 행해져야 할 것은 정의이며 공법인 것을 선포하고 있다. 이것이 하나님께서 언약 백성인 이스라엘에게 원하는 것이다!

정의를 위한 하나님의 부르심은 지구 전체에 가장 시급한 일로 개인적 차원·지역·국가적 차원뿐만 아니라, 전 세계적 수준에서 이루어질 것을 말씀하신다. 2002년 노벨평화상 수상자이자 기독교인인 지미 카터 Jimmy Carter 대통령이 적절히 표현한 것처럼, "21세기를 들어서면서 우리가 마주한 가장 큰 도전은 부자와 가난한 사람 간의 격차가 점점 더 커진다는 것이다. 전 세계 인구 중 반이 넘는 사람들이 하루에 2달러가 채 안 되는 비용으로 끼니를 때우고 있으며, 12억 명이나 되는 사람들이 1달러가 안 되는 비용으로 연명하고 있다. 신자유주의자본주의가 주창했던 세계화의 부정적인 결과에도 불구하고, 이를 옹호하는 사람들은 인류에 존재하는 가난을 퇴치하고 정의를 실현하기 위한 유일한 희망이 전 세계의 자유시장 경제 체제에 있다고 주장한다. 소비주의를 기본으로 하는 자본주의적 자유시장 경제 체제는 경제 성장만을 강조하기 때문에 엄청난 재앙을 몰고 오는 결과를 뻔히 알고도 모른 체하며, 생태적 · 인간적 파멸로 이끄는 여러가지 행동을 따라가도록 만든다. 지구 경제 체제를 통제하는 다국적 신자유주의 경제를 주창하는 사람들의 시각에 따르면, 이러한 상황은 경제 성장을 위해 투자를 권장하는 정치 제도 · 사유 재산에 대한 권리 보호 · 생산 장려 · 자유 시장기능 보장 등에 의해 이미 드러나 있다. 시장의 "보이지 않는 손에 의해 모든 관계가 조절되는 것은 당연하다. 그러나 일반적으로 일어나는 현상은 자유시장은 경제에 의해 부자와 가난한 사람 간의 격차만 더 벌어질 뿐이다. 성공한 나라는 강자들이 활동할때 약자에게는 기회가 주어지지 않는다. 실제로 자본주의의 새로운 형태인 신자유주의 경제에서는 인간관계라든가 생태계와 관련된 윤리적 행동 원리와 같은 내용은 아예 들어설 자리가 없다. 구약성경 전반에 걸쳐 왕과 권력자들의 가장 중요한 책임은 바로 하나님의 정의를 실천하는 자들이 되는 일이었다. 즉 권력자들과 부자들에게 가난한 사람들과 약자들을 보호하고, 그 어느 누구도 압제의 희생양이 되지 않게 하며, 모든 사람이 생명을 이어나가도록 땅의 산물을 먹을 수 있게 도와야 했다"고 말했다. "복음은 편을 든다. 복음은 가난한 자, 억눌린자, 빼앗긴 자에 대한 하나님의 사랑을 알린다. 그러므로 우리는 가난한 자, 힘 없는 자를 위해 정의를 외치는 자가 되어야 한다."[59]

13절 "허무한 것"과 "뿔들"은 장소를 가리키는 고유명사로 옮긴다. 로 다바르와 카르나임은 바산 고원 지역의 도시인 것으로 보이며, 아마도 여로보암 2세가 하맛 어귀까지 그 영역을 확장할 때 북왕국이 점령한 아람의 도시들이다. '로 다바르다바르'는 '실체가 없다'는 의미로 옮길 수 있다는 점에서 상징적인 이름이다. "뿔들"로 번역될 수 있는 '카르나임'에서, 이러한 뿔들은 전쟁의 힘을 상징한다.왕하22:11 그런 점에서 여로보암 시대의 강력한 군사력에 기반을 두고 로 다바르와 카르나임 두 도시를 정복한 것을 기뻐하며 자신들의 힘으로 이것들을 해냈다고 내세우는 이스라엘의 모습을 보여 준다. 그들의 힘으로 뿔들을 취했다고 자랑하지만, 승리를 주시는 분은 오직 하나님이다. 그들이 로 다바르을 차지했다고 기뻐하지만, 그러나 그들이 차지했다고 하는 것은 실체가 없는 허무한 것일 뿐이다. 하나님은 이와 같이 벧엘 제단의 뿔들을 꺾어 땅에 떨어뜨리실 것이다. 이모스는 북왕국에 팽배한 정의와 공법을 실천하지 못한 교만한 시대를 규탄하고 있다.

14절 이 구절은 6장 전체의 결론이라고 말할 수 있다. 이제 하나님은 그들에게 다시 멸망을 선포하신다. 하나님께서 한 민족을 일으키셔서 그들을 패배시킬 것이다. 하맛 어귀는 솔로몬과 여로보암 2세 때 북쪽 끝 경계를 나타내는 지명이고 아라바는 이스라엘 국경의 최남단을 말한다. 이스라엘은 이곳 전투에서 승리했다고 자랑했다. 그러나 하나님께서 이스라엘의 최북단에서 최남단까지 철저하게 심판하실 것이며 아무도 그 징벌에

---

59) 오한-요아킴 크라우스, 『조직신학, 하나님나라』, 한국신학연구소, 1986, 475.

서 벗어날 수 없을 것을 말씀하고 있다. 그러므로 만군의 하나님이 친히 그
들을 향해 칼을 들고 치러 일어서실 것이다. 이 징벌의 도구는 이방 민족
앗시리아였다.

"학대하리라"는 이스라엘이 가난한 자를 학대한 것처럼 하나님께서 이
스라엘를 학대하실 것을 말한다. 정의를 행하지 않는 자는 누구를 불문하
고 하나님의 학대를 받을 것이다.

13. 첫번째 환상, 메뚜기 환상 암7:1-3

1 여호와께서 내게 보이신 것이 이러하니라. 왕이 풀을 벤 후 풀이 다시 움돋기 시작할 때에 주께서 메뚜기를 지으시매 2 메뚜기가 땅의 풀을 다 먹은지라. 내가 이르되, 주 여호와여 청하건대 사하소서 야곱이 미약하오니 어떻게 서리이까 하매 3 여호와께서 이에 대하여 뜻을 돌이키셨으므로 이것이 이루어지지 아니하리라. 여호와께서 말씀하셨느니라 암 7:1-3

말씀과 환상의 문제에 대하여

지금 이스라엘은 마지막 종말을 향하여 낭떠러지로 돌진하는 형국이다. 정의의 예언자 아모스의 활동이 언제까지 계속할 수 있는 지는 알 수 없다. 하나님께서는 아모스를 통해 최후의 통첩을 이스라엘을 향해 귀가 따갑도록 외쳐왔다. 아모스는 다른 문서 예언자와는 달리 자신의 전기 내용을 아모스서 처음부터 적지 않았다. 이제 예언자 아모스는 자신의 삶을 돌이켜 살펴보고 그의 내적 고민과 진심을 하나님과 더불어 독백하고 있으며, 그가 어떻게 예언자로 출발하게 되었는지 자신의 소명 경험을 밝히고 있다. 그간 그렇게 담대하게 왕과 권력자들과 부자들을 향해 정의를 실천하지 않는 죄를 고발하고 패륜과 부도덕한 현실을 비탄과 격분으로 울부짖던 아모스는 7장 이하에서 갑자기 그 심판의 메세지를 잠시 멈춘다.

이제 예언자 아모스는 엄한 심판과 회개를 말씀하신 하나님과 얼굴과 얼굴을 대면하고 자기 자신의 내적인 경험을 기록하고 있다. 이스라엘을 향하여 예언자의 메시지를 담대하게 계속 이어 가지 못하고 커다란 난관에 부딪치게 된 이유를 7장 10절 이하에서 보여준다. 예언 활동이 선동과 반란이라는 이유로 탄압과 금지를 당했기 때문이다. 6장까지 담대하게 외치던 아모스는 여로보암 2세의 권력의 비호 아래 궁정 제사장, 어용 종교인이자 제사장인 아마샤 때문에 불의를 규탄하는 예언 활동은 이제 종지부를 찍을 수밖에 없었다. 7장부터 9장 앞부분에서 아모스가 본 다섯 개의 환상이 소개된다. 환상의 내용은 심판의 확실성을 보여준다. 모든 환상들은 북이스라엘의 멸망을 앞에 두고 일어난 일이다. 북이스라엘의 부정부패는 더 이상 멸망을 막지 못한 지점에까지 왔다. 환상은 아모스의 메시지의 본질과 성격을 조명해줄 뿐만 아니라 나아가 이스라엘의 죄와 그 결과 그리고 그들의 멸망에 관한 새로운 사실들을 제시한다. 1-6장 까지는 '들으라' 고 시작했다면 7장부터 시작되는 다섯 개의 환상들은 "내가 보니"암 7:1, 4, 7 ; 8:1 ; 9:1로 시작한다. 다섯 개의 환상은 '보라' 는 말로 시작되고 한 개의 환상이 끝날 때마다 "여호와께서 말씀하셨느라"는 말로 끝난다. 환상의 체험은 예언자적 활동의 중요한 요소 중 하나이다.

다섯 개의 환상은 메뚜기 환상 · 불의 환상 · 다림줄 환상 · 과일 광주리 환상 · 성전 붕괴 환상이다. 예언자 아모스는 환상 체험을 통하여 소명을 받기도 하고 하나님의 뜻과 계획을 알기도 한다. 이 환상 체험은 무질서하게 서술된 것이 아니라 그 체험의 핵심적 내용을 함축적으로 적고 있다. 그동안 예언자 아모스가 하나님께 이스라엘의 구원을 간구하였으나 하나님의 징벌은 피할 수 없었다. 환상 체험은 이스라엘의 죄악의 심각함, 다가오는 재앙과 돌이킬 수 없는 심판을 다시 강조하고 있다.

1절 첫 번째 환상은 메뚜기 재앙이다. 메뚜기 재앙은 고대 중근동이나 중국, 인도에서 흔히 있었던 큰 재앙 중 하나로서 구약 성경에 자주 언급된다. 메뚜기 떼가 한번 지나가면 모든 초목이 죽게 되고 남는 것은 기근과 절망뿐이다. 이를 바라보는 아모스의 심정은 어떠했을까? 그것은 일어나서는 안되는 일이다. 해몽가가 아니라도 이스라엘이 멸망한다는 이야기가 아닌가! 메뚜기 재앙을 본 이스라엘 백성들은 하나님의 심판으로 생각하였다. "왕이 풀을 벤 후"는 첫 번째 수확이 끝난 후를 말한다. 이스라엘의 이른 비는 유대력 음력 7월양력 8-9월 즈음 내리고 그때 보리와 밀 파종을 시작한다. 이후 6개월 동안 우기가 계속되며 곡식이 자란다. 마지막 비인 늦은 비가 다음해 1월양력 3-4월에 내리는데, 이 비가 내려야 곡식의 낟알이 제대로 영글게 되며, 이후로는 6개월 간의 건기가 이어진다. 늦은 비는 긴 건기에 과실수의 수분을 공급하며 그 기간에 무화과 · 석류 · 대추 · 포도 같은 과일이 맺히고 자라 수확한다. 모든 수확을 마친 뒤 7월 1일양력 9-10월에 과일을 저장하며 축제를 벌이는 수장절을 지킨다. 수장절은 초막절이라고도 부른다. 이와 같이 이른 비와 늦은 비가 없으면 이스라엘 백성과 목축들은 죽을 수밖에 없다.

수확을 고대하던 백성들에게 메뚜기 떼가 나타나서 그들의 곡식을 갉아먹어 버리는 환상은 백성들이 당할 국가적 재앙의 처절함을 보여준다. 따라서 메뚜기 재앙은 이스라엘 백성들에게 두려울 수 밖에 없다. 아모스는 이 환상을 보고 하나님께 이스라엘을 구원해 달라고 기도한다. 자기 백성을 살려 달라는 정말 간절한 기도였다. 이 환상은 상당한 시간에 걸쳐 일어난 사건이지만 매우 짧은 기사로 함축적으로 기록된 것이다. 메뚜기 환상을 본 사람은 아모스밖에 없었지만, 특히 곡식을 마르게 하는 재앙과 깜부기 재앙 등과 같은 곤충 재앙들암 4:9을 통해 하나님께로 돌아오라는 메시지를 들었다. 그러나 불행하게도 이스라엘은 반응이 없었다.

2절 아모스가 "야곱이 미약하다"고 말하는 것을 보면 지금까지 이스라엘이 보여 왔던 권력과 돈으로 모든 것이 해결할 수 있다는 교만과 불순종은 창조주 하나님 앞에 얼마나 초라한 것인지 보여준다. 오직 은혜로 구원받은 백성들이 해야 할 일은 "오직 정의를 행하며 인자를 사랑하며 겸손하게 행함으로 그분의 뜻에 순종해야" 하는 것이다. 그런데도 그들은 자신들이 한 일을 망각하고 하나님 앞에 죄짓기만을 일삼았다. 지금 예언자 아모스는 하나님께 "이스라엘이 미약하오니 살려 달라"고 간절히 호소한다. 이스라엘의 부정하고 부패한 왕과 권력자, 부자들의 곳간이 채워져 있는 한, 백성들의 텅 빈 배에 대해서는 관심이 전혀 없었다. 왕과 권력자들은 백성을 섬기기 위해 존재하건만 그들은 마치 우리나라 군사 정권을 방불케 한 억압과 폭력이 난무한 세상을 만들었다. 예수님이 말씀하신대로 권력은 낮은 자를 섬기기 위해 주어진 것막 10: 42-45이고 결코 자신의 영리와 영달을 위해 주어진 것이 아니다. 옛날이나 지금이나 기득권층들은 백성들의 애환을 모른다는 것은 세계 역사와 우리 역사는 보여주고 있다. 아모스는 먼저 하나님께 용서를 간구한다. 그는 이스라엘이 받아야 할 심판이 당연한 것임을 인정하면서도, 동시에 하나님만이 그들을 용서할 능력을 가지신 분임을 알고 있었다. 예언자 아모스는 도무지 구제 불능한 이스라엘을 위해 중보의 기도를 드리고 있다.

3절 그 결과 놀랍게도 하나님께서 뜻을 돌이키셨다. 이것이 앞에서 말한 나함Naham의 하나님이시다. 노아 때에도 하나님께서 뜻을 바꾸셨다. 모세와 다윗, 욥의 중보 기도로 하나님은 뜻을 바꾸셨다. 메뚜기 환상에서 말하는 하나님의 용서는 연약한 자를 향한 하나님의 긍휼과 자비를 보여준다. 연약한 야곱을 다시금 불쌍히 여기사 심판을 연기하시고 이스라엘이 집에 돌아올 때까지 기다리시는 긍휼과 자비의 하나님이시다. 하나님께서 "마음을 바꾸시다", "돌이키시다"라는 표현은 하나님을 인간적인 입장에서 묘사하는 히브리 문학에서 사용되는 관용적인 표현이다. 하나님께서 마음을 바꾸신다는 것은 그분이 자신의 결정에 대해 후회하시거나 잘못된 결정이었음을 인정한다는 의미가 아니다. 나함의 하나님은 기계적으로 움직이시며 세상사에 무관심하고 냉혹한 하나님이 아닌 끝까지 사랑하시는 언약의 하나님의 모습이다. 우리가 용서를 빌 때 하나님은 다시 생각하시는 사랑과 긍휼의 하나님이신 것을 보여주신다.

우리는 얼마나 좋으신 하나님을 알고 있는가! 계몽주의 이후 사람들은 인간이 스스로 자유를 쟁취한 것처럼 말하고 자기들이 위대한 사상을 말하고 민주주의를 만들었노라 말하면서 사르트르를 비롯한 니체처럼 하나님은 죽었다고 외쳤다. 우리 기독교인들은 이런 말을 들으면 무신론자가 한 말이니 들을 필요가 없다고 외면하지말고, 기독교에 대한 비판의 의미를 되새기고 우리는 주의 깊고 겸손하게 경청해야 할 것이다. 또 자기와 다른 생각은 듣지 않는 태도도 삼가하고, 기독교인들은 언제든지 열린 마음으로 성실하고 투명한 마음을 가지고 듣고 토론하고 나아가 변증할 수 있는 사람이 되어야 할 것이다. 어쨌든 이들이 말하는 것은 성경 신학자인 톰 라이트가 말한대로 계몽주의를 "지적 쿠테타"라고 말한다.

14. 두번째 환상–불 암7:4-6

4 주 여호와께서 또 내게 보이신 것이 이러하니라 주 여호와께서 명령하여 불로 징벌하게 하시니 불이 큰 바다를 삼키고 육지까지 먹으려 하는지라 5 이에 내가 이르되 주 여호와여 청하건대 그치소서 야곱이 미약하오니 어떻게 서리이까 하매 6 주 여호와께서 이에 대하여 뜻을 돌이켜 주 여호와께서 이르시되 이것도 이루지 아니하리라 하시니라 암 7:4-6

4절-6절 두 번째 환상은 하나님이 불로 징벌하신다는 내용이다. 불로 심판하시는 하나님은 이미 1장에서 여러 이방 민족을 향한 하나님의 재앙을 선포할 때 나온 말이다. 하나님께서 이스라엘 뿐만 아니라 세계를 여러 번 없애고도 남을 원자폭탄– 불 폭탄을 언제든지 가지고 있다는 사실을 알아야 한다. 아모스는 하나님께서 보내신 불이 큰 바다, 깊은 바다와 농경지를 말려버리는 것을 본다. 육지는 이스라엘 땅을 가리킨다. 하나님의 재앙은 여호와의 분깃몫인 이스라엘의 땅을 불태우실 것이다. 예언자 아모스는 야곱의 연약함을 보시고 심판을 멈추어 달라고 다시 기도한다. 하나님께서는 다시 뜻을 돌이키신다.

15. 세번째 환상-다림줄 암7:7-9

7 또 내게 보이신 것이 이러하니라 다림줄을 가지고 쌓은 담 곁에 주께서 손에 다림줄을 잡고 서셨더니 8 여호와께서 내게 이르시되 아모스야 네가 무엇을 보느냐 내가 대답하되 다림줄이니이다 주께서 이르시되 내가 다림줄을 내 백성 이스라엘 가운데 두고 다시는 용서하지 아니하리니 9 이삭의 산당들이 황폐되며 이스라엘의 성소들이 파괴될 것이라 내가 일어나 칼로 여로보암의 집을 치리라 하시니라 암 7:7-9

7절 세 번째 다림줄 환상은 앞의 두 환상과는 다르다. 이 환상은 하나님이 행하시기로 결정한 사실을 상징적으로 보여주는 환상이다. 다림줄은 오늘날에도 건축이나 토목공사를 하면서 수직으로 똑바로 세워 졌는지를 확인하는 방법이다. 그동안 수없이 외쳤던 아모스는 더 이상 중재하지 않는다. 하나님의 심판은 이제 피할 수 없음을 아모스는 알았다. 하나님의 뜻을 수용할 뿐이다. 마치 소돔을 위해 중보 기도를 하던 아브라함이 결국 이를 포기하게 된 사건과 비슷하다. 하나님은 이제 이스라엘을 심판할 것이며 이스라엘은 멸망과 저주를 겪게 될 것을 선포한다. "용서하지 않을 것이라"는 말은 이스라엘에게 "심판과 저주가 확실하다"것을 보여준다.

8절 하나님께서 '내 백성'이라고 부르는 말은 이스라엘이 심판을 받는 이유가 언약 백성으로서 받게 될 언약적 저주임을 말씀하시는 것이다. 이스라엘이 비록 하나님의 선택과 은총을 입은 백성이라고 할지라도 하나님께 불순종할 때 하나님의 저주와 심판을 받을 수 밖에 없다. 이스라엘이 받은 은혜는 오히려 그만큼 책임을 갖는 백성으로 선택되었다는 것이며 그들의 자만과 자랑거리가 될 수 없으며 오히려 그 선택은 그들이 심판 받는 정당성의 근거가 될 뿐이다. 오늘 우리도 하나님의 은혜로 구원받은 것으로 끝나는 것이 아니라 하나님께 순종하는 삶이 중요하다는 사실을 알아야 한다.

9절 성소의 파괴와 왕조의 멸망은 하나님의 언약을 파기한 징벌을 말한다. "칼로 여로보암의 집을 치리라"는 말도 이 저주가 언약을 어긴 죄임을 보여준다. 이삭의 산당들이 황폐되고 이스라엘의 성소들이 파괴될 것을 말하고 있다. 이삭의 산당과 이스라엘의 성소들이 이스라엘의 제사 제도와 제의 체계를 상징한다면, 여로보암의 집은 여로보암 왕가로 대표되는 이스라엘의 정치적 현실과 체제를 가리킨다고 볼 수 있다. 이 구절은 이스라엘의 종교와 정치가 단번에 붕괴될 것을 선언한다. 하나님이 벧엘의 제단들을 벌하여 그 뿔들을 꺾으실 때 겨울 궁과 여름 궁도 치실 것이며 큰 궁들이 무너질 것이다. 암3:14-15; 레26:30-33 다림줄을 손에 쥐고 계시는 하나님께서 모든 종교 장소, 관행과 더불어 권력을 휘두르는 정치적 세력까지 모두 무너뜨리시고 황폐케 하실 것이다. 종교와 정치가 결탁해 번성하는 종교와 불의한 정치가 서로를 지탱하는 것은 아모스 시대나 지금이나 조금도 변하지 않았다. 신구약 성경은 종교와 정치는 별개가 아니며 함께 가는 것임을 보여준다. 유럽 학생들은 초등학교에서부터 정치를 배운다. 그래서 2-30대 국회의원이 나오기도 하고 40대에 총리가 언제든지 나올

수 있는 것이다. 하나님이 종교와 정치를 함께 무너뜨리시는 것도 아모스
시대에나 우리 시대에나 변하지 않았다.

16. 아모스와 아마샤의 대결 암7:10-17

10 이때에 벧엘의 제사장 아마샤가 이스라엘의 왕 여로보암에게 보내어 이르되 이스라엘 족속 중에 아모스가 왕을 모반하나니 그 모든 말을 이 땅이 견딜 수 없나이다 11 아모스가 말하기를 여로보암은 칼에 죽겠고 이스라엘은 반드시 사로잡혀 그 땅에서 떠나겠다 하나이다 12 아마샤가 또 아모스에게 이르되, 선견자야 너는 유다 땅으로 도망하여 가서 거기에서나 떡을 먹으며 거기에서나 예언하고 13 다시는 벧엘에서 예언하지 말라 이는 왕의 성소요 나라의 궁궐임이니라 14 아모스가 아마샤에게 대답하여 이르되 나는 선지자가 아니며 선지자의 아들도 아니라 나는 목자요 뽕나무를 재배하는 자로서 15 양 떼를 따를 때에 여호와께서 나를 데려다가 여호와께서 내게 이르시기를 가서 내 백성 이스라엘에게 예언하라 하셨나니 16 이제 너는 여호와의 말씀을 들을지니라 네가 이르기를 이스라엘에 대하여 예언하지 말며 이삭의 집을 향하여 경고하지 말라 하므로 17 여호와께서 이와 같이 말씀하시기를 네 아내는 성읍 가운데서 창녀가 될 것이요. 네 자녀들은 칼에 엎드러지며 네 땅은 측량하여 나누어질 것이며 너는 더러운 땅에서 죽을 것이요. 이스라엘은 반드시 사로잡혀 그의 땅에서 떠나리라 하셨느니라 암 7:10-17

이 부분은 예언자 아모스와 제사장 아마샤의 대결을 다루고 있는 아모스의 유일한 전기적 내용이 포함되어 있다.

10절 벧엘의 제사장인 아마샤와 예언자 아모스의 대결은 신학적으로 분명한 근거 위에 서 있다. 적어도 아모스와 같이 하나님의 정의를 앞세우며 하나님의 공정한 심판에 관심을 가지고 있는 신앙인이라면 아마샤와 같은 직업 종교인을 용납할 수 없다. 또한 반대로 국가 권력의 비호를 받으며 비판적인 태도보다는 아첨과 맹종을 일삼는 직업적인 기득권 보수종교 지도자는 하나님의 계시대로 그의 말씀이 지시하는 대로 바른 말을 하는 참 신앙인을 받아들이기 어렵다. 생각없이 무조건적 반대를 일삼으며 거기에 반발하기 마련이다. 이 사실은 오랜 교회 역사와 한국 교회가 보여주고 있다. 그러므로 이 대결은 단순한 신앙의 차이라기 보다 신학적인 이유에서 생기는 대립이다.

벧엘의 제사장 아마샤가 어떤 인물인지 살펴본다. 그의 지나온 삶을 알 수 없지만 여로보암 2세 당시 아마샤는 북왕국 이스라엘 종교의 최고 권위를 가진 사람으로 왕실에 직속되어 왕실 성소에서 섬기는 종교 지도자다. 그의 지도 아래 있었던 이스라엘 국가 종교는 성회·번제·소제·화목제와 같은 모든 예배행위를 지켰지만, 그들에게는 '성전 안의 종교'만 알았지, '성전 밖에 있는 사회 정치적인 문제'에 대해서 어떤 관심도 없었다. 성속이원론에 빠진 것이다. 예언자 아모스가 "너희가 내게 번제와 소제를 드릴지라도 내가 받지 아니할 것이요 너희에 살진 희생의 화목제도 내가 돌아보지 아니하리라."암:22고 말한 것처럼 형식적인 종교행사를 다 집어 치우라고 외쳤던 음성이 다시 들린다. 그것은 이런 율법적이며 형식주의 종교인들이 정의와 공법의 하나님의 명령에 귀를 막고 있었기 때문이었다. 어떻게 예물을 많이 드릴까? 예배에 잘 참석할까? 어떻게 기도를 잘 드릴까 하는 종교적 행위에만 관심을 가진 종교인은 그가 신앙인으로서 해야 할 정의를 실천하는 정치·사회·윤리적인 책임과 공동체에 대한 관심을 분리하는 큰 잘못을 범하고 있는 것조차 모른다. "종교인은 종교"에만 전념하라. 종교인이 정치에 관여하는 안된다는 것이 아마샤와 같은 종교지도자가 가졌던 생각이다. 같은 종교인인 아모스는 그렇게 열과 성을 가지고 나라와 민족의 운명을 하나님의 말씀으로 염려하며 죄와 불의 · 왕과 정치 권력 · 부자들의 도덕적인 부패와 윤리적인 타락에 대하여 고발하고 있었지만, "성소 안에서만의 종교"를 생각한 아마샤는 아모스의 말이 귀에 들릴 수 없고, 더욱이 아마샤는 자신의 종교적 신념을 신랄하게 비판한 것에 대해 격분했을 것이다. 자기가 알지도 못했고 알려고도 하지 않았던 현실을 아모스가 들추어내고 있을 때, 아마샤는 시대의 흐름대로 종교생활을 하고 있어도 양심의 가책이 없는데, 아모스가 그의 무감각함을 비판하니 아마샤가 아모스를 적대적 감정을 가진 것은 당연한 일이다.

더욱이 여로보암 2세의 비호를 받고 있던 아마샤에게 아모스가 여로보암의 집에 대한 멸망을 예언한 것은 자기의 불만을 표현할 수 있는 절호의 기회가 되었다. 아모스와 아마샤의 대결은 오늘의 한국 보수주의 교회가 정교분리를 외치며 전가의 보도처럼 하는 말이다. 한국 보수주의자들은 보수 기득권 정치세력 나아가서 일제에 부역했다. 지금도 쿠테타가 일어난다면 예나 다름없이 주동자를 위해 "여호수와 같은 장군이 되게 해 주소서"라고 기도할 사람들이다. 원래 종교 보수주의자들은 그럴 수 밖에 없는 사고 체계를 가지고 있다. 기득권 정치세력은 지금도 필요하면 언제나 보수주의 교회를 자기편으로 이끌어 들이려 하고 있다. 그러나 예언자 아모스가 아는 하나님은 삼라만상과 역사 · 정치 · 경제 · 사회 · 교육 · 언론 등 모든 분야를 통치하는 하나님이시지 교회당 담벼락 안에 유폐된 하나님이 아니시다. 이것은 하나님을 모독하는 행위다! 예수님의 래디컬한 메시지는 사라지고 80% 이상의 교인들이 오늘의 한국보주주의 교회가 차지

하고 있으니 안타까울 뿐이다.[60]

10절 아모스에 대한 아마샤의 처사는 같은 종교인의 심리에서 반드시 그럴 수밖에 없을 것이라고 충분히 이해할 수 있다. 아마샤가 여로보암 왕에게 사람을 보냈다. 아마샤는 "아모스가 왕을 모반하고 있습니다."라는 국가모반죄 · 반란 음모죄 · 국가 원수에 대한 모독 · 반공법 위반이라는 딱지를 붙여 얼마든지 처벌할 수 있음을 잘 알고 있었다. 지금 우리나라도 이러한 사례가 얼마나 많이 일어나고 있는가? 바른 말하는 사람을 처치하는 길은 어떤 죄를 뒤집어 씌우는 것이 가장 효과적인지 잘 알고 있다. 그러나 기독교인들은 항상 불의 앞에 깨어있어야한다.

기득권 세력에 빌붙어 그들의 편에 서서 온갖 달콤한 것을 다 빨아먹는 한국 교회와 대형교회 목사들이여! 그러나 아모스는 사실 여로보암의 정권을 전복시킬 모의나 행동을 한 일은 없다. 그는 하나님의 영에 붙잡혀 그분의 말씀을 했을 뿐이다. 불의를 저지르는 왕이나 권력자는 바른 말하는 사람이 제일 골치거리가 된다. 아모스는 개인적 감정이 있어 여로보암이나 그의 집이 멸망한다고 한 것이 아니다. 나라가 정의를 실천하지 못하고 백성들의 윤리적인 부패에 대한 불감증으로 가득 차 국가가 멸망에 처해 있다고 외치면서 회개하라고 목 놓아 외치지 않았던가? 이대로 가면 나라가 망할 것을 가슴 아파하면서 자신의 나라와 신앙을 사랑하는 마음으로 한 직언이었다. "상한 갈대를 꺽지 아니하며 꺼져가는 등불을 끄지 아니하고 진실로 정의를 시행할 것이며." 사2:3 예언자 아모스는 무엇보다 자기 민족을 사랑하고 구하고자 했던 애국자였다. 우리나라에도 독립선언 33인 중 한 분인 길선주 목사도 부흥운동과 함께 독립운동에 참여했고 옥고

---

60) 한겨레21, 2004. 12. 2 일자. 윤동욱, "복음주의 알고 보면 기득권주의?"

를 치렀다. 나라를 염려하는 사람은 외적의 침입을 경고하고 목숨 걸고 싸운다. 조선 왕조시대의 임진왜란 · 정유재란 · 이순신 장군의 해전 등 사례는 많이 있다. 그때 지배자들은 양심의 소리를 받아들여야 했으나, 오히려 그들은 당파싸움에 빠져 올바른 판단을 할 수 없었다. 우리가 지금까지 보아온 것처럼 아모스의 예언은 이권이나 권력에 탐하지 않는 순전한 애국심의 발로였다. 이러한 애국과 우국충정이 오히려 언제나 고난을 당하는 것이 또한 역사의 아이러니다. 아모스는 결코 헛된 예언을 한 것이 아니다. 그의 외침은 오늘에도 생생하게 들을 수 있지 않은가? 들을 귀 있는 자는 들을지어다!

그의 예언은 주전 722년에 성취되어 슬프게도 북왕국 이스라엘은 앗시리아에 의해 멸망하였다. 물론 이스라엘의 멸망은 아모스 때문에 일어난 것은 아니었다. 다만 그 멸망의 징조가 아모스 때에 있었기 때문에 이를 경고한 것이다. 그런데 그 경고의 말을 들은 아마샤는 국가 반란죄를 뒤집어씌워 오히려 고발한 것이다. 아모스는 물론 벧엘 성소를 찾아와서 예배드리는 백성들과 나라의 권력자, 부자, 인구의 1%안에 들어가는 사람들을 향해 하나님의 말씀을 대언하였다. 그의 예언의 말 한마디 한마디는 이스라엘왕의 마음을 찌르는 말이었다. 아모스의 예언을 들으면 전율을 느끼지 않을 수 없었다. 나라가 적국에 의해 멸망하고 왕을 비롯한 모든 백성이 다른 나라로 사로잡혀 간다는 말은 충격적이 아닐 수 없다. 그러나 이 무서운 심판 선언을 아모스는 여러 차례 외쳐왔다. 아마샤는 그의 애국적인 예언을 받아들이기는커녕 "이 땅이 그 말을 듣고 견디지 못한다"고 말한다. 이스라엘이 지금처럼 잘 되고 있는데 이 무슨 망언이냐는 것이다. 아마샤는 백성들 핑계를 대며 분노한다. 아마샤는 자기의 상소문이 백성들의 감정과 행동에 민감한 여로보암에게 올라간다는 것을 잘 알고 있다. 아마샤는 한마디로 아모스 예언이 일반 백성들에게는 아무런 공감을 일으키지 못하고 오히려 백성들이 격분하고 아모스를 저주하고 있다고 전했다.

11절 아마샤는 자기의 말이 확실한 증거를 잡고 있다는 것을 알리기 위하여 아모스의 말을 인용하면서 아모스의 국가반란죄를 두 가지 초점에 맞추고 있다. 첫째, 국왕 여로보암은 칼에 맞아 죽을 것이며 둘째, 그의 백성 이스라엘은 다른 나라로 사로잡혀 갈 것이라는 것이다. 이렇게 단정할 수 있는 증거는 7장 9절에 "칼로 여로보암 집을 치리라" 했고 5장 27절에 "너희를 다메섹 밖으로 사로잡혀 가게 하리라"는 말이다. 이 정도라면 충분한 증거가 아닌가? 요즘 같았으면 예언자 아모스의 외치는 모습들이 동영상으로 왕에게 보내졌을 것이다. 방법이야 어떻든 완전한 물적 증거를 잡은 셈이다.

여기에서 생각할 수 있는 것은 고대 왕은 말할 것도 없고 근현대에 들어와서도 왕의 위엄은 막강한 권력을 행사했다는 점이다. 고대에는 왕을 신으로 여겼고 제물을 가지고 제사까지 드렸다. 근현대에 들어와서도 왕은 신이었다. 이탈리아 법학자 발두스Baldus의 주장에 따르면, 왕은 모든 것을 맘대로 할 수 있는 사람이었다. 그러므로 법을 초월하여, 법을 거슬러, 법을 벗어나 무슨 일이든지 할 수 있었다. 영국의 종교개혁 시대에 틴데일 Tyndale은 이렇게 말했다. "이 세상에서 왕은 법을 벗어나 있다. 그러므로 옳든 그르든 그는 자기 마음대로 할 수 있으며 오직 하나님에게만 책임을 진다." 제임스 1세1567-1625는 "왕은 법 위에 있다"고 말했다. 그러나 이스라엘에서는 왕의 신격화란 생각조차 할 수 없는 일이었다. 인간에게 신성을 부여하려는 시도는 공포와 재난을 초래할 따름이었다. 다른 나라에서 왕이 신이었다면 이스라엘에서는 신이 왕이었다. 왕은 하나님의 아들도 화신도 대리인도 아니었다. 그는 하나님으로부터 임명을 받아 하나님의 뜻을 따라 다스려야 하는 통치자였다. 이스라엘에서 사회 질서의 핵은 왕도 아니고 제사장도 아니었다. 왕은 높은 위치에 앉아 상당한 영향력과 권력을 행사하는 백성의 보호자요 안내자였을 뿐이다. 사사 기드온은 백성들이 왕이 되어 달라는 요청을 받았을 때, 군주에 대한 의혹과 왕국 제도 자체에 대한 반대 의견을 강하게 표현했다. 그러나 이스라엘도 왕의 체제가 시작됐다. 예언자 아모스가 잘못된 왕을 향해 죽음을 각오하고 지적한 것은 충격적이라고 할 수 있다. 지금 예언자 아모스와 같은 목사와 지식인들이 절실히 필요한 시대다.

이스라엘 역사의 탁월성은 예언자들이 누린 자유와 독자성에 있다. 그들은 왕과 왕족의 죄악을 꾸짖을 수가 있었다. 왕의 제도가 시작되면서부터 예언자들은 틈만 있으면 언제든지 왕의 잘못을 책망하거나 아니면 아예 왕을 거부했다. 그는 왕에게, 왕의 통치권이 무한한 것이 아니며 왕의 법 위에 여호와의 법이 있음을 상기시켰다. 예언자의 이런 생각은 왕의 현실적 요청과 자주 충돌을 일으켰다. 예언자에게 그와 같은 독자성이 있었기에 예언자 나단은 다윗 왕의 면전에서 그가 우리야에게 저지른 범죄를 책망할 수 있었다. 삼하 12:1-13 예언자들은 아합왕의 반대자들을 이끌었고 왕실이 뒤를 밀어주는 바알과 투쟁하였으며왕상 20:13-35 그들 중에는 왕비 이세벨 손에 죽은 자도 있었다.왕상 18:4 북왕국의 아합왕과 그의 아내 이세벨은 나봇이라는 백성한테서 포도원을 사려고 했으나 흥정에 실패하자 불의한 재판으로 그를 죽였다. 아합이 포도원을 차지하고 만족해 하는 바로 그 순간, 예언자 엘리야가 나타나 여호와의 이름으로 선언했다. "나봇의 피를 핥던 개들이 같은 자리에서 네 피도 핥으리라."왕상 21장 능멸에 찬 심판을 선언했다. 그리고 그 예언대로 아합은 비참하게 죽었다. 그 동안의 법들은 통치권의 위엄을 모독하는 것을 대역죄로 간주하였다. 예언자 아모스가 북왕국의 성전인 벧엘에 나타나 공개적으로 여로보암은 칼을 맞아죽고 이스라엘 백성은 포로가 되어 이 땅을 떠나리라^{암 7:11}"고 말했다는 것은 대역죄였다. 그러나 예언자들은 왕과 귀족, 대제사장 그리고 가짜 예언자 등을 비난하는 일에 거침이 없었다. 그들은 순수한 애국자요 백성을 열렬히 사랑하고 국가와 성소에 대한 헌신의 열정이 뜨거웠던 자들이었다. 그러나 국가 지도자들은 예언자들의 독설과 지나친 비난에 분개하였고 하나님이 이스라엘을 무조건 도우신다는 신념을 고집했던 것이다. 생각해 보라! 아모스를 비롯한 예언자들이 얼마나 왕권에 도전하고 저항했는가? 반면 일본 제국주의가 우리나라를 지배하고 백성들의 피를 빨아먹는 흡혈귀가 되어 교회를 탄압하기도 했고 교인들에게 구약성경을 읽지 못하도록 하고 온갖 이유를 붙여 그들을 옹호했으나 일부 독립운동가를 제외하고는 묵종하고 따를 뿐이었다.

12-13절 상소문을 받은 여로보암2세가 어떤 지시를 내렸는지 알 수 없다. 왕의 지시가 무엇이었는가는 아마샤의 말에서 알 수 있다. 여로보암 2세가 아모스에 대한 극형을 피하고 성경이 구체적으로 그가 어디로 갔는지 침묵하고 있지만, 조선시대에 있었던 유배를 갔는지 자기 고국인 유다로 추방되었는지 알 수 없다. 여로보암 2세는 아모스에게 유다에서나 예언할 것이며 다시는 북왕국 안에서 예언하지 말라는 추방 명령과 예언 금지를 명했다. 이 둘은 서로 상관되어 있다. 설교자는 희망에 대하여 더 많이 설교해야 하지만, 가끔은 무서운 하나님의 심판과 고난에 관한 설교를 균형있게 해야 할 것이다. 아모스가 이스라엘에서 쫓겨난다면, 다시는 이스라엘을 상대로 예언할 수 없다. 또한 유다 왕국에서만 예언한다면, 북왕

국 안에서 정의고 불의고 소란을 피울 까닭이 없다. 아마샤의 추방령은 첫째, 왕에 대한 아마샤의 충성심을 보여 줄 기회요 둘째, 국가 안보를 혼란케 하는 자를 추방했으니 민심을 정부 시책으로만 모으는 국민 총화의 길에 이바지한 셈이다. 셋째, 바른 말하는 소리를 막아 버렸으니 양심의 가책을 피할 수 있어 국민적 혼란을 없애고 마음의 편안함을 누릴 수 있을 것이다. 특히 그의 예언 금지 명령은 벧엘 성소의 권위를 모독했기 때문이다. 벧엘 성전은 여로보암이 사마리아를 새로운 수도로 정하고 세운 북왕국 이스라엘의 중앙 성전으로 지정한 곳이다. 이는 남왕국 수도 예루살렘에 있는 중앙 성전와 대결하여 새 나라의 새 성전으로 세운 것이다. 이것은 여로보암이 이끌고 있는 열 지파 사람들에게 한편으로는 예루살렘의 종교적 권위를 격하시킬 수 있는 새 성전으로 지정한 것이다. 이 성전을 중심으로 북왕국 이스라엘을 하나님 백성으로 다스릴 수 있다고 생각했다. 그러므로 벧엘 성소는 왕의 성소요, 여로보암 집안이 대대로 소중히 여겨온 예배의 중심지다. 이 성소에서 왕이나 왕가를 배반하는 종교행사나 메시지가 들려질 수 없다. 아모스는 바로 이 점에서 추방당할 조건을 스스로 만든 것이다.

14-15절 아마샤의 추방령을 거역할 수 없었던 아모스가 북왕국에서 계속해서 예언 활동을 하다가 순교를 당했는지 또는 아마샤의 명령을 받고 즉시 남왕국으로 피신했는지 기록은 없다. 권력에 저항하여 죽임을 당했는지, 아니면 피신했는지, 옥고를 치루었는지, 아니면 일본으로, 만주로 피신했는지, 같은 질문을 어느 시대나 물을 수 있다. 성경은 이 둘 중 어느 하나라고 말하지 않는다. 아모스는 불의와 부패한 조국을 향해 해야 할 말을 했다. 백성의 사치와 도덕적인 부패, 물질적인 성장에만 기울고 있는

현실을 보면서 정의와 공법의 실천이 없는 이스라엘의 죄악을 분명하고 확신을 가지고 목놓아 외치고 외쳤던 것이다. 아모스는 "나는 선지자도 아니며, 선지자의 아들도 아니다"고 제사장 아마샤에게 말했다. 이 말은 아모스가 아마샤와 같이 직업적인 종교인이 아니고, 하나님의 부르심에 사로잡혀 누구 앞에서나 어디서나 바른말을 하는 일반 성도에 불과하다. 목사만이 하나님의 말씀을 전하는 것이 아니다. 이것은 로마의 콘스탄틴 이후 제도적 종교가 형성될 때부터 시작된 것이다. 목사는 신약성경에 오직 한번 여러 은사를 말할 때 사용되고 있다.엡:4:11 시간이 흐르면서 제도적 형태가 굳어져 가면서 목사가 교회에서 가장 높은 사람(?)으로 인정받고 나아가서 절대적 권위를 행사하는 경우도 흔한 모습이다. 오늘날 한국 교회는 성직자주의로 나아가고 있다. 종교개혁 당시 추기경과 신부들이 너무 권위주의로 나아갈때, 루터와 칼빈은 이에 맞서 '만인 제사장주의'를 주장하지 않았던가! 만인제사장주의는 신자에게 어떠한 계급도 없으며 누구나 하나님의 동등한 자녀임을 강조하는 평등 개념이다. 신자는 누구나 그리스도를 고백할 때 하나님과 인간 사이에 인간 제사장과 같은 중보자 없이 누구나 거룩한 성도이며 동등한 하나님의 백성이다.

왕실 제사장 아마샤는 "유다 땅에 가서 예언을 하고 밥을 먹으라"고 아모스에게 말했지만, 아모스는 아마샤와 같이 밥벌이를 위한 직업적인 종교인이 아니었다. 그는 단지 목자요 뽕나무를 재배하는 농부였다. 그렇지만 아모스는 하나님의 특별한 소명을 받았음을 고백한다. 양을 따라 다니던 목자 생활을 하다가 하나님께 사로잡혀 예언자가 되었다. "여호와가 그의 비밀을 자신에게 주었기 때문에 예언 활동을 한다"는 말이다.암3:7 비록 제도권 종교의 권위를 이어 받은 사람은 아니었지만 제도적인 종교와 그 지도자를 비판할 수 있는 하나님의 계시에 사로잡힌 아모스였다. 말씀의 권위가 제도권 종교에서 받은 권위보다 더 높다는 말이다. 그렇다고 스스로 계시를 받았다고 자처하는 자들을 함부로 인정해서는 안될 것이다. 옛날이나 지금이나 가짜 예언자나 가까 목사들이 항상 있어 왔다.

16-17절 이어 아모스가 아마샤에게 전하는 저주 선언이 나온다. 아마샤의 예언 금지가 얼마나 잘못된 것임을 밝힌다. 아모스 자신의 예언은 아마샤나 북왕국 당국의 허가를 받았기 때문에 한 것이 아니라 하나님께 사로잡혀 예언한 것이다. "예언을 그치라"고 말한 아마샤는 예언자 아모스에게 말씀을 주신 하나님을 모독했다. 하나님의 영의 인도대로 한 예언도 아마샤는 이스라엘에 대하여 예언하지 말라고 명령한다. 아마샤는 하나님께서 예언자와 나실인을 보낸다는 사실을 알고 있었다.암2:11 이는 하나님께 대한 도전이요, 그분의 권위를 훼손하는 것이다. 아마샤도 여호와의 권위로 제사장 직분을 가진 한 사람이다. 그에게서 여호와의 권위를 빼면 그는 왕실에 고용되어 그 녹을 먹는 한 종교 관리에 불과하다. 그러나 아마샤는 왕이 주는 자신의 권위만 알았지 국가를 위기에서 건지며, 망할 수밖에 없는 나라를 살리려는 하나님의 대변자요 애국자인 아모스를 몰라 본 것이다. 이것이 아마샤가 결정적으로 하나님의 저주를 받기에 합당한 이유이다. 아모스는 이 저주에 앞서 엄중하게 하나님의 권위로 심판을 선언한다. "이제 너는 여호와의 말씀을 들으라." 아모스서를 보면 이 표현을 여러번 볼 수 있다. 그때마다 하나님의 엄중하신 말씀이 선포된다. 이 말씀은 하나님의 인장이나 마찬가지다. 아모스는 예언을 하지 못하도록 자기를 추방하려는 아마샤에게 개인적인 복수심을 표현한 것이 아니다.

이어서 예언자 아모스는 "네 아내는 성읍 가운데서 창녀가 될 것이요 네 자녀들은 칼에 엎드러지며 네 땅은 측량하여 나누어질 것이며 너는 더러운 땅에서 죽을 것이요 이스라엘은 반드시 사로잡혀 그의 땅에서 떠나 리라"고 말했다. 최대의 모욕과 함께 이스라엘의 멸망을 선언한다. 무서운 말이다. 하나님의 심판의 가혹함을 보여준다. 그러나 아모스가 말하는 저주 선언은 아모스라는 한 인간의 감정에서 나온 것이 아닌 것을 이 저주 선언 서두에 밝혔다. "들으라. 너 아마샤여, 여호와의 하시는 말씀을" 만일 이 말이 없었다면 이는 아모스의 자기 추방에 대한 복수심의 반발로 밖에 볼 수 없을 것이다. 거기에 예언자 아모스는 "아마샤 너는 더러운 땅에서 죽으리라" 했다. '더러운 땅'은 성전이 있는 '거룩한 땅'과 대조된다. 이스라엘이 망하는 날, 제사를 드리는 성소는 적군에게 짓밟히고 말 것이다. 이스라엘에게 있어서 이방인 땅은 "더러운 땅"일 뿐이다. 예언자 아모스가 이 말을 한지 얼마 지나지 않아 이스라엘의 역사는 그 종말을 고하게 된다. 만일 아마샤가 아모스의 말에 귀를 기울여서 여로보암에게 여호와의 무서운 심판을 두려운 마음으로 받아드리고, 또 이스라엘의 최고 책임자인 여로보암 왕이 아마샤를 통하여 들은 말을 하나님 말씀으로 받아들였다면, 이스라엘의 역사가 어떻게 바뀌었을지 알 수 없다. 지금도 우리는 예언자 아모스가 외치는 하나님의 음성을 들을 수 있다. 누구든지 들으려 하면 지금도 들을 수 있다.

17. 네번째 환상: 여름 과일 광주 암8:1-3

1 주 여호와께서 내게 이와 같이 보이셨느니라 보라 여름 과일 한 광주리이니라. 2 그가 말씀하시되 아모스야 네가 무엇을 보느냐? 내가 이르되 여름 과일 한 광주리니이다 하매 여호와께서 내게 이르시되 내 백성이스라엘의 끝이 이르렀은즉 내가 다시는 그를 용서하지 아니하리니 3 그 날에 궁전의 노래가 애곡으로 변할 것이며 곳곳에 시체가 많아서 사람이 잠잠히 그 시체들을 내어버리리라 주 여호와의 말씀이니라 암 8:1-3

아모스 8장은 이스라엘 백성의 죄악된 삶에 대해 하나님께서 계획하시는 민족적 재난과 종말의 모습을 최종적으로 생생하게 보여준다. 아울러 하나님께서 민족적인 재난을 일으킨 당사자들의 죄악을 구체적으로 열거한다. 그러므로 하나님의 말씀으로 우리 사회와 교회를 살아있는 하나님 공동체로 유지시키기 원하는 한국 교회의 목사들은 반드시 이 말씀들을 경청해야 할 것이다.

1절 하나님은 네 번째 환상을 통해 아모스에게 무엇인가를 보여주시며 무엇을 보느냐고 물으신다. 아모스는 광주리에 담긴 여름 과일을 보고 있다고 대답한다.

2절 그러자 여호와께서 아모스에게 말씀하신다. 하나님이 "나의 백성 이스라엘에게 끝이 왔다"고 말씀하신다. '여름 과일' 카이츠와 이스라엘의 '끝' 케츠은 발음이 비슷하여 단어를 통한 언어유희가 동시에 전달되고 있다. 일반적으로 여름 과일은 8-9월의 여름 끝에 추수하는 싱싱한 무화과 열매를 가리킨다. 여름 과일 환상이 이스라엘을 향한 하나님의 심판 환상인 것을 생각할 때, 추수 때는 타작마당에서 이스라엘의 운명을 키질할 마지막 때가 다가오고 있음을 의미하기도 한다. 동시에 그것은 이스라엘이 자신의 힘으로 더 이상 버틸 수 없는 한계에 도달했다는 것을 말한다. 최후의 시간은 도래하고 있고 심판의 날이 다가오고 있다! 예언자의 선포는 철저하게 심판의 메시지이다. 그러한 선언은 단순한 협박이나 위협이 아니다. 이스라엘의 죄는 이미 하나님의 인내의 한계를 넘어섰기 때문이다. 그러나 그럼에도 불구하고 그 심판을 피할 수 있는 길은 마지막까지 열려 있다는 사실도 기억해야 한다. 하나님의 은총은 인간의 마지막 순간을 초월해 있는 구원의 능력이기 때문이다.

예언자들의 심판 선언의 목적은 이스라엘 중 얼마라도 다시금 돌이켜 회개하고 여호와께로 돌아오라는 애절한 사랑에서 찾아야 한다. 우리는 진노 중에도 긍휼을 잊지 않으시는 사랑의 하나님을 기억해야 한다. 우리가 회개하고 두 손 벌려 그분께 나아간다면 하나님께서는 절망스런 최후의 순간에서도 구원의 가능성을 열어 놓고 계신 하나님이시다. 지금도 아버지는 우리를 용서하시기 위해서 예수님의 "탕자의 비유"에 나오는 두 아들을 기다리고 계신다. 이 얼마나 좋으신 하나님이신가! 우리의 하나님께서는 심판의 최후의 순간까지 기다리시는 주님이시다. 여름 과일 환상은 매우 비극적일 수밖에 없는 역설을 보여준다. 잘 익은 과일은 환희와 기쁨의 상징이며 다가오는 가을 축제를 알리는 전령이기도 하다. 그런데 이렇게 기쁘고 즐거워야 할 계절이 슬픔과 애곡의 절기로 바뀌게 된다. 아모스는 그날이 어디서부터, 어떤 방식으로 올 지는 알 수 없지만 두려움과 긴장하는 마음으로 기다릴 뿐이다. 이스라엘에게 최후의 날이 이르렀다. 더 이상 이스라엘이 구원을 기대할 수 없다. 그들의 죄악과 불의들을 더 이상 방치하거나 방관하지 않겠다는 하나님의 강한 결심이기도 하다. 이스라엘은 그들의 죗값을 치루어야 할 것이다. 그 값은 죽음으로써만 지불할 수 있는 것이니 이것이 바로 언약적 저주이다.

3절 그날이 오면 무슨 일이 일어날 것인가? 과일 한 광주리 환상이 보여주는 것은 일차적으로 '그날'은 이스라엘에게 환희와 즐거움의 날이고, 축제와 추수의 날이며, 포도주와 함께 춤을 추는 날이기도 하다. 그들은 오랫동안 이 추수의 날을 기다리지 않았는가! 그러나 이러한 날이 변해 '그 날'은 이스라엘에게 다시는 돌이킬 수 없는 하나님의 심판의 날, 최후의 날, '여호와의 날'이 될 것이다. 암 2:16; 8:9, 13; 9:11 즐거움의 노래가 통곡으로 변할 것이며, 환희의 춤이 변해 침묵과 공포만이 가득할 것이다. 잔칫상의 포도주는 붉은 피로 바뀔 것이고, 포도즙을 내기 위해 만들어놓은 넓은 들은 시체로 채워질 것이다. 축제로 나오라는 망대 위의 나팔 소리는 애곡하는 사람들을 초청해 진혼곡으로 바뀔 것이다. 궁궐에서 날마다 열렸던 연회석은 어느 날 갑자기 들이닥친 적군의 군화에 아수라장이 될 것이고, 왕궁에서 여인들이 부르는 노랫소리는 적군의 칼에 피를 토하고 쓰러지는 왕과 신하들 앞에서 비명으로 변할 것이다. 장자의 죽음 때문에 이집트 궁전에서 들렸던 애곡 소리가 이제는 이스라엘의 수도 사마리아의 궁궐에서 들리게 될 것이다. 이스라엘이 그렇게도 사모하고 기다렸던 '여호와의 날'은 이스라엘이 죽음의 도시로 변할 것이다.

이제는 곡하는 사람들마저 없어졌다. 그들마저 죽었기 때문이다. 하나님 은 이스라엘 국가의 종말에 일어날 여러가지 일들이 얼마나 심각한 지를 두 가지 이미지를 통해 말씀하신다. 첫째는 궁전의 즐거운 노래가 장례식에서 부르는 애곡으로 변하는 것이요, 둘째는 많은 사람들의 시체가 온 땅에 흩어질 것이다. 하나님께서 이스라엘을 향한 국가적인 심판에 대해 백성들이 두려워하는 모습을 가장 잘 묘사하고 있다. 하나님께서 적군을 부르시고 죄악에 빠져 있는 이스라엘 백성을 치게 하신 결과, 천지가 통곡 소리와 죽은 자들의 시체로 가득하게 될 것이라는 예언자 아모스의 외침 은 심판의 심각성을 시청각적 이미지들을 사용하여 효과적으로 말하고 있다. 귀 있는 자는 들을지어다!

18. 너희들의 행위를 잊지 않으리라 암8:4-8

4 가난한 자를 삼키며 땅의 힘없는 자를 망하게 하려는 자들아 이 말을 들으
라 5 너희가 이르기를 월삭이 언제 지나서 우리가 곡식을 팔며 안식일이 언제
지나서 우리가 밀을 내게 할꼬 에바를 작게 하고 세겔을 크게 하여 거짓 저울
로 속이며 6 은으로 힘없는 자를 사며 신 한 켤레로 가난한 자를 사며 찌꺼기
밀을 팔자 하는도다 7 여호와께서 야곱의 영광을 두고 맹세하시되 내가 그들
의 모든 행위를 절대로 잊지 아니하리라 하셨나니 8 이로 말미암아 땅이 떨지
않겠으며 그 가운데 모든 주민이 애통하지 않겠느냐 온 땅이 강의 넘침 같이
솟아오르며 애굽 강 같이 뛰놀다가 낮아지리라 아모스 8:4-8

4절 왜 이스라엘에 이런 일이 일어 났는가? 예언자 아모스는 하나님의
심판을 가지고 오게 한 이유를 다시 한번 소리 높여 외친다. "이 말을 들으
라"는 말은 아모스가 강조하는 말이다. 앞에서도 여러번 강조한 것처럼 2
장 6-7절을 다시 반복한다. 그것은 다름 아닌 "가난한 자를 삼키며 힘없는
자들을 망하게 하기 때문이다." 가난한 자를 삼키고 힘 없는 자들을 망하
게 하는 것은 나라를 망하게 하는 원인이다. '삼키다'는 가난한 사람들을
유린하는 것을 말한다. '망하게 한다'는 말은 아주 끝장을 내버리고 제거
해 버린다는 뜻이 있다. 출 12:15; 왕하 23:5 이와같이 왕으로부터 시작해 부자
들과 권력자들은 이스라엘 사회에서 자신의 부를 축적하는데 수단과 방법

을 가리지 않았다. 권력자들과 부자들은 결국 가난하고 궁핍한 자들의 존재 기반까지도 흔들어 놓았다. 그러한 이유로 이스라엘은 멸망하게 된 것이다!

5절 아모스는 이러한 악한 부자들의 부정한 생각과 행위들을 일곱 가지로 말하고 있다. 첫째로 네 주에 한 번씩 지키는 종교적 월삭일이 빨리 지나 장사가 잘 되는 일을 생각했다. 모세의 율법에 의하면 이날은 번제, 소제 그리고 속죄제 등을 드리는 거룩한 날이다. 민 23:11-15 그런데도 이날의 진정한 의미를 망각한 채 오로지 다음날부터 어떻게 더 많은 돈을 벌 것만 생각한 부자들이야말로 신앙인의 모습과는 전혀 다른 모습이다. 둘째로 그들은 모든 상거래나 금지된 안식일에도 이와 같은 마음 자세로 보냈다. 출 20:8; 23:12; 신 5:12-15

이 두 가지 모습을 보면서 알 수 있는 것은 그들이 적어도 월삭과 안식일에 제사를 드리는 일만은 준수했다는 점이다. 오늘날로 말한다면 그들이 최소한 주일날 교회당에는 빠지지 않고 출석하는 열심은 보이는 교인이었다. 바로 이 점이 거룩하신 하나님의 분노를 불러 일으키게 한 것이다. 겉으로는 하나님의 말씀을 따라 사는 교인인 것처럼 보이지만 마음속은 전혀 다른 기복적 신앙이거나 마치 신앙을 일종에 보험에 드는 것과 같은 거짓 믿음일 뿐이다. 이러한 형식적인 신앙생활을 하나님께서는 미워하신다. 아모스 시대에 팽배했던 이런 모습을 오늘날의 한국 교회에서도 쉽게 발견할 수 있다. 이러한 보여주기식 위선적 신앙을 버려야 한다. 예배 참석자 중에서 몸은 교회당에 있지만 마음은 월요일부터 한 주간 동안에 무슨 일을 할 것인가 궁리만 하고 있는 사람이 얼마나 많은가? 거기다가 아모스는 부자들의 부정한 행위를 다섯 가지로 열거한다. 이러한 행위들은 오늘 우리가 사는 현실에서도 버젓이 벌어지는 일들이다.

첫째는 에바를 작게 한 행위이다. 에바는 부피를 측정하는 하나의 기준으로써 약 36리터나 두 말 정도의 부피를 말한다. 이렇게 어떤 상품의 부피를 재는 기준이 되는 에바의 바구니를 작게 만들어서 상품을 팔 때, 파는 사람은 부당한 이익을 누리지만 사는 사람은 알지도 못하고 그만큼 손해를 보게 되는 것은 당연하다. 이러한 부당행위는 우리나라에서도 대기업으로부터 중소상인까지 얼마든지 찾아볼 수 현상이다. 둘째는 세겔을 크게 하는 행위이다. 세겔은 무게를 측정하는 단위로써 한 세겔은 약 11.5g 정도에 해당한다. 상품을 사려는 사람이 추로 무게를 달 때, 한쪽 추는 무겁게 만들어 세겔이 올라가게 하여 물건 값을 올려 판다. 셋째는 거짓 저울로 속이는 행위다. 이 행위는 저울 자체의 조작을 통해 가능하기도 하고, 저울을 재는 사람의 수완을 통해서도 가능하다. 율법서·예언서 ·지혜서 등에는 이와 같은 부정한 상거래를 금지하는 법이 엄연히 제시되어 있다. 레 19:35, 36; 신 25:13-15

> 너희는 재판할 때나 길이나 무게나 양을 잴 때 불의를 행하지 말고 공평한 저울과 공평한 추와 공평한 에바와 공평한 힌을 사용하라. 나는 너희를 인도하여 애굽땅에서 나오 게 한 너희의 하나님 여호와이니라. 레19:35-36

그런데도 이스라엘의 부자들은 하나님의 말씀을 무시한 채 부정한 상거래를 계속해 나갔다. 이와 같이 우리나라 또한 정치·경제·사회·문화·교육 등 모든 분야가 부패했다. 그러나 그 부패는 또 다시 부패를 일으키는 악순환에 빠진다. 어떻게 그 악순환을 끊을 수는 없을까? 이 땅의 교회와 교인들이 할 수는 없을까? 이러한 모습은 정의의 하나님의 심판을 피할 수 없다. 이렇게 상거래를 할 때 아무 생각 없이 속이는 일을 하는 교인이라면 하나님 앞에서 얼마나 무서운 죄인가를 알아야 한다.

6절 넷째는 은으로 가난한 자를 사며, 신 한 켤레로 궁핍한 사람을 사는 행위이다. 이 말은 가난하고 궁핍한 채무자들이 최소한의 은이나 신 한 켤레 값 정도의 채무를 갚을 능력조차 없어 결국 채권자들의 노예 신세가 되는 현실을 말한다. 2장 6절 아주 적은 돈으로 인신매매하다니 놀라울 뿐이다. 이러한 현실은 오늘날 우리 사회에도 팽배해 있다. 시중 금리보다 몇 배가 높은 고리 대금업자들이 채무자에게 돈을 받아내기 위해 해결사까지 동원하는 현상을 볼 수 있다. 고통은 아랑곳 하지 않고 돈 버는 일에만 혈안이 된 무정한 사회에 살고 있다. 돈만 아는 세상은 불행한 사회다. 필자는 한때 책을 선물 할 때 책 앞에다 사인하면서 "다이아몬드는 탄소다"는 말을 써서 준 적이 있다. 다이아몬드라는 것이 따지고 보면 단지 탄소 덩어리에 불과하다. 물론 쓸모가 없는 것은 아니지만, 비싼 돈을 들여 손가락에 끼워야 우아한 존재가 되는 것은 아니다. 하기야 요새는 다이아몬드 반지를 끼고 다니는 사람은 별로 없지만, 그대신 고급 외제 자동차나 외제 명품 가방과 고급 옷으로 몸을 치장한다. 솔로몬은 타락한 왕이었다. 여자를 600명이나 데리고 살았고 이 세상에서 가장 큰 부자였던 이 왕은 말년에 회개한 다음 쓴 전도서 첫 절에서 "헛되고 헛되며 헛되고 헛되니 모든 것이 헛되도다"고 고백하지 않았던가? 다이아몬드는 헛된 것의 상징이다. 우리가 왜 돈에 환장하고 있는가? 우리사회는 물신을 향한 도덕적 집단투항이 일어 나고 있다. 자끄 엘륄은 『하나님이냐 돈이냐』에서 "돈을 특별한 이유를 제외하고 저축해서는 안된다. 왜냐하면 이런 저축 행위는 하나님보다 돈에 더 의지하는 증거이기 때문"이라고 말한다. 주기도문에 나오는

"오늘 우리에게 일용할 양식을 주옵시고"는 우리에게 오늘 필요한 필수품을 달라는 기도이지 저축할 수 있는 것까지 달라는 기도는 아니라는 사실을 알자. 주기도문은 그 내용이 우리의 신앙과 밀접한 관계가 있기 때문에 함부로 주문처럼 외우는 기도가 아니다.

> 또 너희가 어찌 의복을 위하여 염려하느냐. 들의 백합화가 어떻게 자라는가 생각하여 보라. 수고도 아니하고 길쌈도 아니하느니라. 그러나 내가 너희에게 말하노니 솔로몬 의 모든 영광으로도 입은 것이 이 꽃 하나만 같지 못하였느니. 오늘 있다가 내일 아궁 이에 던져지는 들풀도 하나님이 이렇게 입히시거든 하물며 너희일까 보냐. 믿음이 작 은 자들아. 마 6:: 28-28

가난하고 힘 없는 자들을 돌보지 않는 사람은 하나님께 악을 행하는 일이다. 이들을 변호하시는 하나님의 정의를 거슬러 사는 것은 결국 하나님의 심판을 초래한다. 마지막 다섯째는 찌꺼기 밀을 섞는 파는 행위이다. 순수한 밀에 겨나 쭉정이를 섞어 파는 비뚤어진 상혼을 하나님께서는 가만 두시지 않으신다. 소나 돼지를 죽이기 전에 물을 다량으로 주입하여 무게를 늘리기도 하고, 유기농인지 비료를 주는 것인지도 조심하지 않으면 속을 수 있다. 재벌이나 회사들은 일감 몰아주기로 그들끼리 담합하기도 한다. 이런 일은 불공정 행위다. 이러한 불공정 행위가 천지에 널려져 있다. 값을 담합해서 올리거나 내리는 경우, 공무원들과 짜고 뒷 거래로 통해 우리가 내는 세금을 축내게 하는 경우가 얼마나 많은가. 오늘날 부자들의 거래는 상습적일 정도로 부정이 극심하여 여러 대기업들을 비롯하여 조그만 회사에 이르기까지 이러한 농간은 우리의 상상을 훨씬 넘는다. 기독교인 수가 이 땅에 20% 정도라고 하는데어찌 우리가 사는 세상은 거짓과 부패가 이리도 많은가?

하나님께서 불의한 행위를 보시고 심판하시는데, 한국 교회 특히나 보수주의자들의 묵인 아래 기득권자들의 편에 있으니 아, 이를 어쩌란 말이냐? 요즘 집값이 천정부지로 올라가는 것도 기득권자들이 하는 일이다. 이런 모습은 다양하고 복잡하여 일반 사람들에게 거의 알 수 없다. 재벌들이나 회사들이 속이는 방법들이 있듯이 우리나라에서 일어나는 편법은 여기에서 일일이 소개할 수 없을 정도로 많다. 여기에는 재벌, 판검사 들과 고위 공무원들이 동원되고 있다. 정권은 유한하나 재벌은 영원하다. 속지 말자. 우리는 그들의 불의와 탈법을 감시하고 고발해야 한다. 이런 일을 교회가 연합하여 할 수 있다면 보다 효율적이겠지만, 이 타락하고 분열되고 마지막 숨이 넘어가기 전 헐떡거리고 있는 한국 교회가 감당하기에는 너무 벅찰 일이다. 한국 교회가 이런 일들을 서로 연합해서 시스템을 만들고 함께 노력한다면, 우수한 인재들이 교회 안에 많이 있다. 한국 보수주의 교회는 정치적으로 편향되어 있을 뿐만 아니라 경제적인 면에서 무지하지만 살아있는 목사와 성도들은 이러한 부정한 일은 두눈을 부릅뜨고 보아야 할 것이다. 세상이 어떻게 돌아가든 상관이 없다고 생각하는 생각은 하나님이 우주만물을 지으시고 인도하시는 하나님이시며, 역사를 창조적으로 전진시키며 심판하시는 하나님이신 것을 부인하는 실천적 무신론자들이다.

프랑스의 자끄 엘륄은『뒤틀려진 기독교』[61]에서 지금까지 기독교 역사에서 한번도 성경대로 실천된 적이 없기 때문에 그 순수한 가르침을 엑스X라고 말하면서, "지금의 기독교는 단지 이데올로기적이며 사회운동의 경우에만 쓰자고 제안한다. 엑스X가 뒤집혀진 것은 역사적으로 볼 때 맘

---

61) 자끄 엘륄,『뒤틀려진 기독교』, 박동열 · 이상민 역, 대장간, 2012, 61-62.

몬·정치권력·종교 때문이다. 기독교는 보수적이 되었고 반反전복적이 되었다. 역사적 기독교는 정치적·경제적·사회적 영역 등 온갖 영역에서 완전한 보수주의가 되었다. 아무것도 바꾸지 못했고 아무것도 변하지 않았다.

정치 권력은 선이 되나, 항의와 비판은 악이 된다. 그리스도인은 기성 권력에 복종해 왔다. 특히 콘스탄티누스 왕 이후에 완전히 변질된 기독교로 탈바꿈되었고 로마제국의 종교적·지적·사회적 여러 경향에 맞서 싸우기를 거부했고, 또 예수님과 예언자들의 급진주의를 포기했으며, 다양한 문화에 성경을 적응시켰다. 다시 말해, 교회는 자신에게 위임된 말씀의 내용을 변경시켜 버렸다. 형성적 기독교는 세상을 벗어나 도피적 기독교가 되었고 인간의 공로에 보상해 주는 기복주의로 전락해버렸다. 기독교는 세상을 운명에 맡겨 버리고 세상으로부터 물러서 버렸다. 내세라는 출구와 늘 가능한 도피처가 있기 때문에 그것이 무엇이든 변화시키려 하지 않고 자신의 운명을 있는 그대로 받아들이도록 했다. 이어 기독교는 민중의 아편이 되었다. 즉, 기독교는 그 시초에 결코 사람들의 아편이 아니었으나, 이런 유형의 수많은 종교에 의한 오염으로 말미암아 민중의 아편과 같은 의미와 기능을 줬는데, 이 종교들의 여파로 기독교는 확장되었다." 또한 니콜라스 월리스토프가 말한대로 "세상을 새롭게 바꾸는 형성적formative 기독교가 아니라 도피적avertive 기독교가 되었다."[62]

지금 예언자 아모스가 말하는 본문이 바로 우리가 어떻게 행동할 것인가를 잘 보여주고 있다. 한국 보수주의 교회는 앞에서도 살펴본 바와 같이 일제 강점기 이후로부터 오늘까지 의식적이든 무의식적이든 항상 힘 있는

---

62) 니콜라스 월터스토프, 『정의와 평화가 입맞출때까지』, 홍병룡 역, IVP, 2007, 24–27.

자의 편에 서 있어 왔으니 기대할 것이 없다. 이제 한국 교회는 있으나마나 한 신뢰받을 수 없는 미미한 존재로 전락한 지 오래다. 물론 남은 자가 있을 것이다. 하나님께서는 남은 자를 통해 이 세계를 이끌어 가신다. 남은 자가 있다는 것은 하나님만 아실 것이다. 재벌들과 검판사 · 변호사 · 고위 공무원들을 비롯한 악덕 상인들의 부정행위뿐만 아니라 그 결과로 가난하고 힘없는 자들의 고통을 더욱 가중시키고 있다. 언젠가 교육부 고위층 인사가 저녁 식사 자리에서 "민중은 개 돼지며 먹고 살게만 해주면 된다"고 한 적이 있다. 이어 "민중이 누구냐"는 기자들의 질문에 '99%'라고 답변한다. 이밖에도 "신분이 정해져 있으면 좋겠다. 출발선이 다른데 그게 어떻게 달라질 수 있냐"고 말했다. 이것이 오늘날 우리나라의 판검사, 고위 공무원들의 사고방식의 일면을 보여주고 있다. 그러나 순진한 시민들이 개돼지가 아니라 그들이야 말로 개 돼지요. 술주정뱅이요. 거짓 인생을 사는 불쌍한 인간 군상들이다. 천지를 만드시고 역사 속을 훤히 들여다 보시는 하나님께서 어제나 오늘이나 동일하신 분이시며 어느 시대 어느 국가를 막론하고 정의 곧 가난하고 힘없는 사람들을 위하는 일에 무관심한 사람들과 사랑을 베풀지 않는 나라들을 이스라엘처럼 심판하실 것이다.

7절 아모스는 하나님의 심판의 확실성을 분명하게 하기 위해 "여호와께 서 야곱의 영광을 가리켜 맹세하신다. 그들의 행위를 절대로 잊지 않으실 것이다"고 선포한다. 아모스서 4장 2절에서 자신의 거룩하심을 두고 맹세하시 며, 6장 8절에서 자신을 두고 맹세하신 하나님께서는 본문에서 "이스라엘 땅"을 두고 맹세하시며 말씀하실까? 죄악된 이스라엘을 향한 자신의 심판의 확실성 을 강조하신다. 그렇다면 권력자들과 부자들을 비롯한 사회 각계 각층의 잘못된 지도자들의 죄악 때문에 생기는 국가적인 재난은 어떠한 모습을 띠고 있는가?

8절 여기 답이 제시된다. 하나님께서 자연 현상들을 통하여 그들을 심판할 것을 말씀하신다. 땅이 흔들리거나 나일강이 넘치는 듯이 땅이 솟았다가 가라앉는 모습, 대낮에 해가 지는 것처럼 땅이 캄캄해지는 모습 등은 하나님께서 죄악된 백성들을 심판하시기 위해 자연 현상들을 자유롭게 사용하실 수 있는 만물의 주관자이심을 깨우쳐 준다. 하나님께서 죄악된 백성들에 대한 심판은 자연 현상을 통해서든 전쟁을 통해서든 어떤 방법을 가리지 않고 틀림없이 실현된다는 사실을 기억해야 한다. 코로나 팬데믹이 전세계를 강 타하고 있는 것도 우리들에게 보여주는 하나의 징조라고 볼 수 있다. 이러한 현상은 인간의 욕망과 불의, 부패에 대한 심판이라고 볼 수 있다. 앞에서도 언급했지만 지구온난화 문제는 인류 멸망이 직전에 왔다는 것을 보여준다. 이러한 현상을 자본주의가 더욱 부채질 하고 있다. 이런 자연 현상을 보면서도 성경을 통해 가르쳐 주신 말씀에 민감하게 반응해야 할 것이다. 더욱이 하나님의 언약을 실천하지 않은 자들에게 제시된 언약적 저주가 반드시 이루어질 것이라는 예언자 아모스의 외침에 귀를 기울려야 할 것이다!신 28:29

9-10절 공포의 날이 다가온다! 그날은 언제인가? 물론 심판의 날이다. 하나님의 심판을 지진·해일, 일식 같은 천재지변의 이미지들을 통해 소개하는데, 이것을 경험하는 백성들의 반응이 심각하다. 모든 백성들이 주위에서 죽어가는 자들을 보면서 두려움에 사로잡힌 채 애통한다. 기쁨으로 가득 찬 축제의 때가 사라지고 오직 죽은 자들을 애도하는 일만 남았다.

한쪽에서는 장송곡을 부르는가 하면 다른 쪽에서는 굵은 베로 허리를 동이고 머리칼을 깎은 채 죽은 자들을 애도한다. 그 슬픔이 너무나 심하여 외아들의 죽은 것과 어미의 마음이 같을 것이다. 이러한 재앙의 날은 하나님의 백성들이 죄악에 빠져 살면서도 죄에 무감각하여 회개하지 않은 결과라는 점을 예언자 아모스는 분명히 밝히고 있다. 심각한 기후변화 · 전쟁위기 · 기술 문명의 발달은 지구 멸망의 징조를 볼 수 있지 않을까? 아모스의 이와 같은 심판 예언이 우리와는 상관없는 일이라고 생각할 수 있을까? 이러한 아모스의 외침은 지금도 계속 이어지고 있다는 엄연한 사실을 알아야 한다. 목사들은 예언자들의 외침이 계속 이어져갈 수 있도록 설교해야 할 것이다. 우리는 새이스라엘이다. 세례 요한이 말한 것처럼 "돌로도 아브라함의 후손을 만들 수 있다"고 말하지 않았는가? 우리는 아브라함의 후손들이다. 하나님은 사랑으로 우리를 구원하셨다. 그러므로 우리의 신앙과 삶이 보다 거룩하고 정의로운 삶을 살고 항상 깨어 있어 성숙한 신앙으로 발돋음해야 할 것이다. 날마다 새롭지 않은 신앙은 그 신앙이 죽어가고 있다는 증거다. 죄악된 백성들에 대한 하나님의 심판은 전쟁이나 천재지변 만이 아니라 우리가 알 수 없는 다양한 형태로 우리에게 임한다는 사실을 알아야 한다.

19. 말씀의 기근암8:11-14

11 주 여호와의 말씀이니라 보라 날이 이를지라 내가 기근을 땅에 보내리니
양식이 없어 주림이 아니며 물이 없어 갈함이 아니요 여호와의 말씀을 듣지
못한 기갈이라 12사람이 이 바다에서 저 바다까지, 북쪽에서 동쪽까지 비틀거
리며 여호와의 말씀을 구하려고 돌아다녀도 얻지 못하리니 13 그 날에 아름
다운 처녀와 젊은 남자가 다 갈하여 쓰러지리라 14 사마리아의 죄된 우상을
두고 맹세하여 이르기를 단아 네 신들이 살아 있음을 두고 맹세하노라 하거나
브엘세바가 위하는 것이 살아 있음을 두고 맹세하노라 하는 사람은 엎드러지
고 다시 일어나지 못하리라암 8:11-14

11절 하나님의 말씀은 홍수처럼 밀려오고 있다. 아모스 당시에도 제사
장을 통해 예언자 아모스를 통해 하나님의 말씀을 얼마나 많이 들었는가?
비록 컴퓨타가 없고 핸드폰이 없었던 때였지만 아모스의 외침은 소문에
소문을 통해 그 좁은 나라에 삽시간에 퍼져갔다.

"보라 날이 이를지라." 그날은 어떤 날인가? 하나님의 말씀을 듣지 못
하는 날이요, 하나님께서 침묵하시는 날이다. 그동안 하나님께서는 아
모스를 통해 얼마나 많은 말씀을 들어왔던가! 아모스는 이러한 인간의 심
리와 성향을 너무도 잘 알고 있었기 때문에 물과 양식이 없어 기근이 아니
라 "하나님의 말씀"을 들을 수 없는 것이 기근이라고 외쳤다! 직업적인 종

교인 아마샤는 오히려 아모스가 하나님의 말씀을 전하지 못하도록 그들의 왕국에서 축출하지 않았던가? 하나님의 말씀은 결코 종교인의 상투적인 설교가 아니다. 아모스와 같이 당시 나라와 민족의 운명이 풍전등화와 같은 상황에 처해 있을 때 살았던 사람으로서 왕을 비롯한 권력자들과 악한 부자와 백성들에게 하나님의 말씀을 선포하여 이스라엘이 살고 유다가 살 수 있는 길을 보여준 사람이 아니었던가? 하나님의 말씀은 선과 악을 분별하는 힘을 가졌다. 의로운 것을 의로, 불의는 불의로 규정짓는 분별력을 가진 힘이다. 히브리서에서 "하나님의 말씀은 살았고 운동력이 있어 좌우에 날선 어떤 검보다도 예리하여 혼과 영과 및 관절과 골수를 찔러 쪼개기까지 하며 또 마음의 생각과 뜻을 감찰한다"고 했다. 히 4:12 우리는 두려운 마음으로 이 말씀을 받아야 한다. 하나님 말씀을 사슴이 물을 사모하듯이 구하는 것은 영혼의 요구를 채우며 진정한 삶의 존재 의미를 가지고 살아가는 것이다. 예언자 아모스는 얼마나 자주 "선을 구하는 길이 사는 길이다"암 5:14, "하나님을 구하는 길이 사는 길이다"암 5:4고 외치고 또 외쳤던가! 하나님의 말씀을 듣지 않는 이스라엘에게 아모스가 하나님의 말씀의 기근을 외친다. 여로보암 2세 당시 그 나라의 국력이 가장 확장되었고 나라의 경제가 가장 부흥되었을 때, 오히려 그들의 삶은 하나님 말씀에서 떠나 온갖 불의와 부정을 저질렀다. 아모스가 말한 하나님 말씀의 기근은 단순히 종교적 문제만이 아니라 이스라엘 민족의 역사적 운명에 관련된 말씀이다.

세상 사람들은 떡으로·돈으로·재능으로 살아갈 수 있지만, 성도들은 하나님의 말씀이 없으면 살 수 없는 존재다. 이 말씀은 인간이 영적 존재이며 하나님과 교제하고 기도하는 하나님의 형상으로 지어진 위대한 존재임을 말하고 있다. 아모스 시대에 살던 북왕국 이스라엘이 그 말씀을 듣지 못한 기근 때문에 그 나라가 결국 망하고 말았다. 이스라엘 백성은 물이 없어 갈증을 경험을 하고서도 여호와 하나님께로 돌아오지 않았다. 암4:8 왕과 권력자, 부자들은 호화스럽고 여유 있는 삶에 도취되어 하나님 말씀을 듣지 못하는 것쯤은 별거 아니라고 생각했을 것이다. 그런데 여기에서 아모스는 말씀의 기근을 "여호와께서 보내셨다"고 말한다. 예언자 아모스를 보냄은 하나님께서 그 백성에게 무엇을 원하시며 어떤 일을 요구하시는지 그 계시의 내용을 말씀으로 알려 주신다. 아모스는 이 말씀의 대변자가 아닌가? 벧엘의 제사장 아마샤는 예언자 아모스의 하나님의 말씀을 들으면서도 "이 땅이 견딜 수 없다"고 말했다. 그는 하나님의 말씀을 거부했다. 나아가 아모스가 대언의 말씀을 하지 말고 '이 땅을 떠나라' 고 말한다. 이것은 예언자 아모스가 하나님의 말씀을 대변하지 말라는 것이요, 하나님의 말씀을 전하는 사명을 박탈하는 것과 같은 것이다.

그러나 여기 하나님의 특별한 뜻이 있다. 이것은 심판의 선언이다! 그 백성이 들어야 하고 깨우쳐야 하고 듣고 회개하고 돌아올 말씀을 이제는 보내지 않으시겠다는 무서운 심판의 선언이다.

이 선언은 여호와 하나님 말씀하신 정직한 양심, 정의를 실천하는 일, 불의에 대한 고발과 죄악을 행하는 권력자들과 부자들이 아모스의 외침을 듣기 싫어했기 때문이었다. 아마샤를 비롯한 이스라엘의 권력층, 부자들을 비롯한 백성을 향하여 예언자 아모스가 그들의 잘못을 고발하며 외친 메시지에 대하여 적극적으로 반발했다. 하나님의 말씀, 참된 말은 언제나 저항을 받게 된다. 참된 말과 양심의 소리가 봉쇄된 교회와 사회는 결국 하나님의 말씀을 듣지 못한 기근을 경험할 수밖에 없다. 그러므로 아모스가 하나님의 말씀을 전할 때 아마샤와 같이 왕의 말만을 듣고 단지 '예스 맨' 이 되는 것이 아니라 "아니요"라고 말할 수 있는 용기 있는 사람만이 하나님의 말씀을 들을 수 있다.

하나님께서 이스라엘에게 마침내 말씀의기근을 보내셨다. 그것은 백성의 지도자들이 하나님의 뜻을 밝히는 올바른 말은 모조리 금지시켰으니, 참말이 억눌리고 정의의 외침이 방해받고 하나님의 말씀을 듣는 것을 거부할 때 한 나라의 운명은 위기에 처할 수밖에 없다. "이 바다에서 저 바다로 동편에서 북편에 이르기까지" 온 백성들이 사는 모든 지역에서 하나님의 말씀을 들을 수 없을 것이다. 우리나라는 일제 강점기 · 이승만 · 박정희 · 전두환 정권 시대를 겪으면서 한국 교회와 목사들은 두눈으로 똑똑히 보았지 않았는가? 그러나 바로 그 시대에 목사들의 입에서는 그들을 찬양하기에 바빴고 나아가 참말을 전하는 입들은 자물통처럼 닫혀지지 않았던가? 아니 오늘도 그러하지 아니한가? 오늘날도 하나님의 말씀의 기근을 경험하고 있지 아니한가? 한국 교회에서 하나님의 말씀을 찾을 수 없는 현실이다. 수많은 목사들이 교회에서 말씀을 외치고 있지만, 영혼을 깨우치지 못하고 이 시대와 현실과 상관없는 말씀이라면, 쇠귀에 경읽기요 허공에 못을 박는 것과 같은 빈 말이 아니겠는가? 다윗이 죄를 지었을때 나단이 "당신이 그 사람이요" 삼하2:7라고 말할 수 있어야 하나님의 말씀은 살아있는 것이 아니겠는가

12절 여호와의 말씀들을 구하려고 "사람이 이 바다에서 저 바다까지 비틀거리고 다니며 북에서 동까지 헤매고 다녀 보지만 그것을 얻지 못할 것이다." 여기에 "비틀거리다"는 표현은 술 취한 자가 방향 감각을 잃어버리고 비틀거리거나, 장님이 앞을 보지 못해 넘어지거나 또는 이리저리 방황하는 것처럼, "하나님의 말씀"이 없으면 삶의 목적과 방향 감각을 상실할 수밖에 없다. 이러한 허무와 방황은 이중적 의미를 통해 보여준다. 설령

그들이 목 마름을 해소하기 위해 이리저리 찾아다닌 끝에 간신히 바다에 도달했더라도 그들의 '목마름'을 해갈할 수 없을 것이다. 왜 사람들은 비틀거리고 방황하는가?

말씀의 예언자들은 한결같이 외친다. "하나님의 말씀만이 살길이다!" 아모스가 "이 바다에서 저 바다로, 북에서 동으로"라는 표현은 하나님의 말씀을 찾아 사방 천지를 두루 다니지만 발견하지 못하고 결국 기진하여 죽게 될 것이라는 표현이다. 예수께서 마귀에게 시험을 받으시면서 신명기를 인용하여 말씀하셨다.

사람이 떡으로만 살 것이 아니요. 하나님의 입으로부터 나오는 모든 말씀으로 살 것이다. 마4:4

그러나 이스라엘이 하나님의 말씀을 듣지 않고 거부하였으므로 하나님께서 더 이상 말씀하지 않으실 것이다.

13절 예언자 아모스는 하나님의 말씀을 듣지 않고 거부한 결과를 비유를 통해 말한다. "그 날에 아름다운 처녀들과 젊은 총각들이 다 목이 말라 지쳐 쓰러질 것이다." 죽음과는 전혀 동떨어진 혈기왕성한 청춘남녀들이 사막에서 물을 찾아 헤매다가 쓰러져 죽어가는 모습을 상상해보라. 오늘 한국 교회에서 성능이 좋은 스피커를 통해 말씀을 전한다지만 진정한 말씀을 듣지 못해 바른 길로 가지 못하고 시들어 가고 결국 죽어가는 모습이 아닌가? 마치 요한계시록에 나오는 사데교회와 같이 한국 교회 또한 "네가 살았다 하는 이름은 가졌으나 죽은 자"는 아닌가? 계:3:1

14절 "그들이 쓰러지고 다시는 일어나지 못하리라." 마치 아모스 5장 2절에 묘사된 장례식장의 애곡을 다시 듣는 듯하다. "처녀 이스라엘이 쓰러지고 다시는 일어나지 못하리라." 누가 사막에서 쓰러진 그들을 위해 애곡할 것이며, 누가 그들을 돌보아 줄 것인가? 왜 이스라엘에게 이런 비참한 불행이 임하게 되었는가? 무슨 이유 때문에 하나님의 심판이 이스라엘에게 닥치게 될 것인가? 예언자 아모스는 말한다. "사마리아의 수치인 우상을 가리켜 맹세하는 자들, "오! 단이여, 너의 신의 생존을 가리켜 맹세하노라", "브엘세바의 신을 두고 맹세하노라 하는 자들" 때문이다. 그들은 누구인가? 어떤 믿음을 가진 자들인가? 그들은 돈과 부를 추구하는 사람들은 아닌가? 여기에 언급된 우상들은 여호와 신앙이 왜곡된 형태로 나타났거나 혼합주의로 인해 섬기게 된 바알 신을 비롯한 이방 신들을 가리키는 것이다.

그들은 열정적으로 여호와 하나님의 이름을 찬송하며 순례하지만, 아모스의 눈에는 그런 모습이 비뚤어지고 부패한 종교 행위에 불과할 뿐이다. 한결같이 하나님을 예배하는 동기나 목적과 과정이 모두 자신들의 종교심을 만족시키는 것이거나 자신들의 이익을 위한 것이었지, 하나님이 중심이지 못한 것이었다. 하나님께서 원하는 방식대로가 아니라 자신들의 종교적 열정이나 욕구를 채우기 위해서라면, 그리고 그러한 목적을 이루기 위해 자신들의 방식대로 하나님을 경배한다면, 이것이야말로 가장 가증스런 죄악이고 종교적 위선이자 자기기만이 아닌가! 이스라엘 백성들이 이스리엘 북쪽의 단 지역으로 부터 중앙의 사마리아 지역 그리고 남쪽 유다의 브엘세바에 이르기까지 모든 성소를 찾아 다니면서 하나님의 말씀을 구하지만, 하나님께서 원하시는 정의를 행하지 않고 위선적인 종교 행위로 철저하게 부패한 그들의 눈에 하나님과 그분의 말씀이 발견될리 만무하다. 그러므로 "그들이 쓰러질 것이요. 다시는 일어나지 못할 것이다."

20. 다섯번째 환상-성전파괴암9:1-6

1 내가 보니 주께서 제단 곁에 서서 이르시되 기둥머리를 쳐서 문지방이 움직이게 하며 그것으로 부서져서 무리의 머리에 떨어지게 하라 내가 그 남은 자를 칼로 죽이리니 그 중에서 한 사람도 도망하지 못하며 그 중에서 한 사람도 피하지 못하리라 만일 2 그들이 파고 스올로 들어갈지라도 내 손이 거기에서 붙잡아 낼 것이요. 만일 하늘로 올 라갈지라도 내가 거기에서 붙잡아 내릴 것이며 3 만일 갈멜산 꼭대기에 숨을지라도 내 가 거기에서 찾아낼 것이요. 만일 내 눈을 피하여 바다 밑에 숨을지라도 내가 거기에 서 뱀을 명령하여 물게 할 것이요 4 만일 그 원수 앞에 사로잡혀 갈지라도 내가 거기에 서 칼을 명령하여 죽이게 할 것이라. 만일 내가 그들에게 주목하여 화를 내리고 복을 내리지 아니하리라 하시리라아모스 9:1-4

아모스는 '만일'이라는 가정법을 다섯 번이나 사용하여 결코 하나님의 심판을 피할 수 없다는 것을 강조하고 있다. 이것은 하나님의 통치가 온 세상에 미치기 때문이다. 다섯 번째 환상은 앞선 환상들과 다르게 아모스에게 직접 전달되지 않고 하나님께서 직접 말씀하신다.

1절 다섯째 환상은 이스라엘의 왕궁과 성전이 무너질 것이라는 것이다. 왕궁과 성전에서 하나님을 무시하고 정의를 기만하고 거절하는 죄를 저지르던 이스라엘을 어떻게 심판하실 것인가? 다림줄 환상에서 성벽을 무너뜨려 이스라엘이 폐허가 될 것을 말씀하셨다. 그리고 이어 마지막 환상에서는 이 스라엘 성안에 있는 성전을 치실 것이다. 심판의 대상이 하나님의 성전이다. 성소, 성전이란 어떠한 곳인가? 이스라엘 종교에서 성전를 이해하는 것은 매 우 중요하다. 성전은 하나님의 임재의 장소요, 모든 죄를 회개하고 용서 받고, 하나님께서 자비를 베푸시는 곳이다. 그곳에서 간구하고 응답을 구하고 기도를 들어 주시는 곳이 아닌가? 그런데 하나님께서 성전의 제단 옆에 서시어 그곳에서 멸망을 선포하실 것이다. 오늘날 교회당을 성전이라고 하는 것은 성전이신 예수 그리스도의 십자가 죽음을 모독하는 말이다. 하나님의 최후 심판은 성전으로부터 시작된다. 하나님께서 자신이 계시는 상징적인 장소를 무너뜨린다는 것은 참으로 무서운 일이다. 이스라엘의 멸망은 항상 성전파괴와 함께 온다. 북 왕국의 성전은 벧엘이다. 성전이 무너질 것이라는 것은 이스라엘의 최후의 멸망을 말한다.

예언자 아모스는 그동안에도 이스라엘이 멸망할 것을 선포해 왔다. 그런 데 하나님의 성전이 무너진다는 것은 하나님께서 이스라엘에 더 이상 머물지 않으시겠다는 최종적 선언이다. 하나님이 계시지 않는 곳이라면 이스라엘은 끝장난 것이다! 나라가 망해도 성전이 건재한다면 절망 중에도 소망이 있다는 증거다. 그러나 하나님의 집이 파괴된다는 것은 하나님 자신과 그 능력이 완전히 이스라엘에서 철수해 버린다는 것이요, 하나님의 심판이 최종적인 것을 말한다. 성전이 무너지는 것은 하나님과 이스라엘의 관계가 완전히 단절된다는 뜻이다. 예언자 아모스가 이 마지막 환상에서 벧엘 성전의 파괴를 말하는 것은 이제 이스라엘에게 보여줄 수 있는 하나님의 모든 긍휼과 구원의 가능성이 끊어지는 절망을 알리는 것이다.

아모스는 이 깊은 절망이 그 백성을 뒤덮기 전 여호와 하나님이 잠깐 나타나신다. "나는 제단 곁에 서신 것을 보았다." 아모스가 영의 눈으로 본 여호와의 임재다. "앉으시지 않고 서 계신다"는 표현은 아모스가 본 여호와의 모습에서 사건의 긴박성을 느끼게 하는 상징적 표현이다. 하나님이 아모스에게 보여주신 충격적인 메시지는 성전이 파괴된다는 일이다. 기둥머리를 쳐서 성전 건물이 그 입구에서부터 흔들리고 돌들이 파괴되어 거기 참석했던 모든 사람들의 머리에 떨어진다면 수많은 사람들이 죽게 될 수 밖에 없다. 제사를 집례하는 대제사장으로부터 제사를 드리기 위해 온 사람까지 모두 죽을 것이다. 성전 파괴 현장에서 남아 있는 자가 있을지라도 한 사람도 도망하지 못하고 끝까지 추적하여 그들을 칼로 죽일 것이다. 하나님의 심판이 얼마나 두렵고 철저할 것인가를 보여준다. 삼손을 미워한 블레셋 사람들이 삼손을 무력하게 만든 후 그들의 신 다곤의 신당에 모여 축제를 드릴 때, 삼손은 여호와 하나님께 한 번만 힘을 달라고 간구했다. 그 결과 삼손은 다곤 신전 기둥을 잡아당겨 그 신전 전체가 무너지게 하여 거기 참석했던 삼천 명의 사람이 건물에 치어 죽었다는 사건을삿 16: 23 이하 생각하며 아모스의 환상을 읽으면, 여호와께서 벧엘 성소의 예배 또는 축제에 참석한 수많은 사람들 머리 위에 그 성전이 무너지게 한 사건을 상상하는데 도움이 될 것이다. 왜 성전이 무너져야 했는가? 이스라엘에게는 너무나 무섭고 잔인한 일이 아닌가?

그러나 아모스는 결코 하나님의 잔인성이나 그의 무자비하심을 보여주기 위하여 이 말씀을 전하는 것은 아니다. 우리는 하나님께서 성전 파괴를 비참한 일이라 생각하기에 앞서 성전에 드리는 형식적인 예배와 정의를 실천하지 못한 죄가 얼마나 무서운 죄인가를 분명하게 알아야 한다. 하나님의 이름으로 겉치레나 하는 형식적인 종교는 아무 의미가 없다. 아모스가 왜 이 사실을 지금까지 소리 높혀 외쳐 왔는지를 기억해야 한다! "나는 너희 절기를 미워하며 멸시하며 너희 성회들을 기뻐하지 아니한다. 너희가 내게 번제나 소제를 드릴지라도 내가 받지 아니하리라"암 5:21-22는 말씀을 이 성전 파괴와 상관시켜 보자. 아무리 교회당이 아름답고 웅장하고, 아무리 수천수만의 교인이 모여 예배를 드린다고 해도 우리가 드리는 예배와 잘못된 메시지와 모든 종교적인 행사가 하나님이 원하시기는커녕 그분이 미워하고 싫어하시는 것이라면 무슨 소용이 있을 것인가? 하나님께서 싫어하시는 예배는 무엇일까? 실천없는 신앙생활을 말한다. 과연 예수님을 믿는다고 고백하면서 무엇을 삶 속에서 실천하면서 살고 있는가 물어보자. 하나님께서 정의를 실천하지 못하는 교회와 교인을 어떻게 묵과하실 수 있겠는가! 이런 예배를 드리는 것은 하나님의 미움과 진노를 더하게 하는 것일 수밖에 없을 것이 아닌가?

예언자 아모스가 왜 그들의 예배를 가증스러운 것이라고 말했는가? 예배를 드리는 목사들과 교인들이 정의와 공법을 져버렸기 때문이다. 이스라엘의 왕과 권력자들과 부자들이 불의와 불법을 저지르지 않았던가? 양심이 화인 맞은 자처럼 그들의 죄악을 용납한 무관심, 겨울 궁과 여름 궁을 짓고 여름 더위와 겨울 추위를 피하여 호화스럽게 보내며 때만 되면 세계여행이나 하고 권력자들과 부자들은 바캉스를 즐기며 벤츠를 타고 다니며 고층 아파트에서 아방궁을 만들어 놓고 집값과 주식이 올라가는 것을 즐거움으로 삼고, 고급 외제 가구들을 사들이는 등 사치와 향락을 누리는 당시 권력자들과 부자들을 향해 침묵을 지킨 죄요, "은을 받고 의인을 팔며, 가난한 자의 머리에 있는 티끌까지도 탐하던"암 2:6 당시 부자들의 끝없는 탐욕에 대하여 침묵한 죄를 지은 교인들이 모인 성전이었다. 인간의 뇌는 욕망을 담당하는 중추신경 밑에 쾌락 신경이 있기 때문에 인간의 욕망은 끝이 없다.

이런 형식적인 종교인들은 안식일과 절기에 참석만 하면 그만이지 성전 밖 속세의 일은 정치인들이나 권력자들이나 할 일이라는 성속이원론으로 세상의 문제에 대해 무관심해버린 이런 종교적이고 형식적인 교인들이 모인 교회의 존재 가치가 무엇인가? 과연 교인들의 정성과 눈물로 드린 헌금으로 교회당을 짓는 것이 하나님께서 원하는 것이며 축복받는 비결이라고 말하며 하나님의 이름을 팔아 폭력을 행하던 십자군 전쟁을 일으키고 만행을 저지렀던 자들과 무엇이 다르다고 말할 수 있겠는가? 김용옥교수는 오래전에 한국 교회를 향하여 말하기를 "모여라, 돈내라, 집짓자"라고 비아냥거렸다. 일리가 있는 말이다. 집 짓는 일이 교회의 우선 과제가 아니다. 목사들은 결사적으로 예배당 건물을 짓는 것을 당연하게 생각할지 모르지만, 교인들의 피눈물은 왜 생각해 보지 않는가?

당시 아모스는 당시 이스라엘의 부패와 타락상을 가만히 보고만 있을 수 없었다. 그는 권력자들과 부자들 그리고 종교 지도자들이 하나같이 정의를 외면하고 탐욕적이며 기복주의적 삶을 부추기는 종교행사가 무슨 의미가 있을 것인가라며 하나님의 대변자 아모스는 목숨과 박해를 불사하면서 외치지 않았던가? 벧엘 성소에 제사장 아마샤같은 안일 무사한 종교인, 왕의 권력 아래 명예와 영광을 누리던 어용 종교인과 더불어 대결했던 것이 아닌가? 민감한 영혼의 눈을 가지고 부와 권력에 눈이 팔리지 아니한 하나님의 대변자라는 오늘의 목사들이 하나님께서 그렇게도 원하시는 정의와 공법은 어디로 가고 오히려 권력자들·부자들·판검사·변호사·고위 공무원들이 카르텔을 형성하여 힘없는 자와 가난한 자를 핍박하고 착취하는 자들을 보고도 아무 말이 없으니 어찌된 것인가? 전관예우라는 것이 무엇인가? 자기가 가진 권력을 직장을 그만 둔 후에도 그것을 유지하고 이용하여 영예와 이익을 추구하고자 하는 것이요. 나아가 가난한 백성들의 돈만 빼앗는 것이다. 그런데도 당시 종교 지도자들은 이러한 아모스의 고발에 대해 눈 한 번도 주지 않았다. 교회에서 예배를 드리는 것이 개인 영혼의 구원은 보장될 것이라고 믿을는지 모른다. 그러나 행함없는 믿음은 죽은 것이다!

> 그를 아노라 하고 그의 계명을 지키지 아니하는 자는 거짓말하는 자요 진리가 그 속에 있지 아니하되 누구든지 그의 말씀을 지키는 자는 하나님의 사랑이 참으로 그 속에서 온전하게 되었나니 이로써 우리가 그의 안에 있는 줄을 아노라 요일2:4-5

아모스는 하나님께서 창조하신 이스라엘이 자기들의 영혼이 구원받는다는 생각을 하면서 자기 주변에서 마수처럼 파고드는 사회악과 구조악에 대하여 무관심한다면 왜곡되고 일그러진 이 세상을 어떻게 회복하고 치유한단 말인가! 우리는 날마다 선한 것과 악한 것 사이에서 선택하며 산다. 그때마다 우리는 선한 것을 선택하며 살아야 한다. 그렇지 않는다면 그것은 하나님의 통치를 무시하는 신성 모독이다! 아모스는 그들에게 "여호와의 날"이 축복의 날이 아니라 재앙와 저주의 날인 것을 알아야 한다고 외치고 또 외치지 않았던가?암5:18-20 "너희는 의인을 학대하고 뇌물을 받고 성문에서 궁핍한 자를 억울하게 하는 자들이라"암5:12고 외친 아모스가 성전에 참석만 하면 그만이지 성전 밖 속세의 일은 정치인들이나 권력자들이나 할 일이라고 무관심해 버린 이런 종교적인 태도를 가진 교인들이 모인 그 성전의 존재 가치가 무슨 의미가 있었겠는가! 예언자 아모스는 나라의 부패와 타락을 보고만 있을 수 없었다. 한국 교회가 정교분리를 주장하지만 구약 성경 특히나 예언서만 보아도 종교의 사회적 위치가 무엇인지 바로 알 수 있을 것이다. 예언자 아모스는 지금 개인적 믿음에 대해서도 지적하지만, 동시에 정치·경제·사회적 혼란 등 갖가지 이스라엘의 현실 문제에 대하여 지적하고 있다. 오늘날 한국 교회가 성속이원론에 빠진 것은 구약성경과 예수님의 말씀과 행동에 대해 보고 싶은대로 보는 편향적 시각 때문일 것이다.

2-4절 아모스는 이스라엘이 결코 하나 님의 심판을 피할 수 없다는 것을 다시 강조하고 있다. 아무도 하나님의 심판 앞에 도망칠 수 없다. 왜냐하면 하나님의 통치가 온 천지에 미치지 않는 곳이 없기 때문이다. 하나님의 무소부재無所不在라는 교리적인 낱말을 들어본 적이 있을 것이다. 다윗은 그 유명한 아름다운 시로 위대하고 무소부재하신 하나님을 찬양한다.

> 내가 주의 영을 떠나 어디로 가며 주의 앞에서 어디로 피하리이까. 내가 하늘에 올라갈지라도 거기 계시며 스올에 내자리를 펼지라도 거기 계시니이다. 내가 새벽 날개를 치며 바다 끝에서 거주할지라. 거기서도 주의 손이 나를 인도하시며 주의 오른손이 나를 붙드시리이다. 내가 혹시 말하기를 흑암이 반드시 나를 덮고 나를 두른 빛은 밤 이 되리라 할지라도 주에게서는 흑암이 숨기지 못하며 밤이 낮과 같이 비추이나니. 주 에게는 흑암과 빛이 같음이니이다. 시139: 7-12

스올 즉 지하 세계, 무덤, 지옥과 같이 돌아올 수 없는 깊은 곳으로 내려간다고 할지라도 그곳에서 그들을 끌어올릴 것이다. 설령 하늘에 올라가거나 갈멜산 꼭대기에 숨는다고 해도 하나님은 그들을 찾아내실 것이다.

만약 바다 밑으로 도망간다면 하나님은 바다 독사가 물게 하실 것이다. 가장 깊은 곳과 가장 높은 곳으로 대피한다 해도 포로로 끌려간 이방 땅에서라도 잡혀간 그곳에서도 하나님의 징계를 피하지 못할 것이다. 하나님의 통치가 미치지 않는 곳이 없다. 이스라엘이 전쟁 포로가 되는 일은 상상할 수 없는 비참한 일이다. 하나님께서는 범죄한 이스라엘에 대해 철저한 심판을 피할 수 없을 것이다. 오히려 하나님께서는 이스라엘을 주목하여 심판을 내리고 계신 현장을 우리는 똑똑히 목도하고 있다.

한국교회 목사들은 신약성경을 설교한 만큼 구약도 설교해야 한다. 구약성경을 본문으로 설교를 하려면 구약성경을 어느정도 알아야 하고, 특히나 예언서를 본문으로 설교한다는 것은 대단한 용기가 필요하다. 그러나 구약성경을 신약성경의 참고 문헌 정도로 알고 있다면 이단일 가능성이 높다. 특히나 보수주의자들은 하나님의 말씀이 일점일획도 오류가 없다고 믿고 가르치고 있지 아니한가? 일제 강점기에 구약 말살 정책을 알고 있는가? 강성호가 애써 연구하여 쓴『한국기독교 흑역사』에서 일제 강점기에 왜 구약 말살 정책을 폈는지 살펴보라.

5-6절 이 부분은 찬양 시다. 이 찬양 시를 통해 만군의 여호와 거룩하신 이름을 찬양한다. 그분께서 땅을 만지기만 하셔도 땅이 진동하며 갈라지고 뜨거운 열기를 낸다. 여기 갑자기 찬양시가 나오는 것은 하나님의 위대한 능력을 찬양하면서 그분의 능력으로 하나님께서 심판을 강조하기 위한 것이다.

그가 땅을 보신즉 땅이 진동하며 산들을 만지신즉 연기가 나는도다.시 104:32

땅이 솟아오르다가 가라앉는 모습은 나일강의 홍수에 비교하면서 이러한 현상을 하나님께서 행하신 위대한 능력을 표현하고 있다. 고대인들은 물론 현대인들마저 자연을 신격화하려 한다. 그러나 본문의 말씀은 모든 세계의 창조가 하나님께서 하신 일이라고 선포하신다. 4장 13절에서 하나님의 이름이 산과 바람을 창조하셨고 자연을 다스리시는 그의 권능과 관련되어 있다. 그는 모든 세력을 지배하는 통치자로서 그의 통치는 장엄하고 찬란하다. 참조 시 84:1; 사 28:5 이하 하나님은 그분의 궁전을 하늘에 건설하시고 땅 위의 하늘 궁창의 기초를 세우시며 바닷물을 불러 지면에 쏟으시는 분이시다. 하늘은 땅과 연결되어 있고 땅은 하늘과 연결되어 있으며 바다와 땅도 언제든지 바뀔 수 있다. 그러므로 누구라도 하나님께서 지으신 세상에서 하나님을 떠나 숨을 수 없다. 이스라엘이 아무리 하나님의 심판을 피해 도망칠지라도 그들을 찾아내어 반드시 벌을 내리실 것이다. 창조주 하나님은 고난에 빠져 있는 하나님의 백성에게 가장 큰 위로의 근원이 되시지만, 범죄한 백성에게는 이 세상 그 누구도 심판을 면하지 못할 것이다. 이스라엘은 하나님이 만지셔서 창조하신 나라이지만 이스라엘의 죄악을 보시고 만지시면 이스라엘은 멸망할 것이다.

21. 긍휼을 잊지 않으시는 하나님 암9:7-10

7 여호와의 말씀이니라 이스라엘 자손들아 너희는 내게 구스 족속 같지 아니하냐 내가 이스라엘을 애굽 땅에서, 블레셋 사람을 갑돌에서, 아람 사람을 기르에서 올라오게 하지 아니하였느냐 8 보라 주 여호와의 눈이 범죄한 나라를 주목하노니 내가 그것을 지면에서 멸하리라 그러나 야곱의 집은 온전히 멸하지는 아니하리라 여호와의 말씀이니라 9 보라 내가 명령하여 이스라엘 족속을 만국 중에서 체질하기를 체로 체질함 같이 하려니와 그 한 알갱이도 땅에 떨어지지 아니하리라 10 내 백성 중에서 말하기를 화가 우리에게 미치지 아니하며 이르지 아니하리라 하는 모든 죄인은 칼에 죽으리라 아모스 9:7-10

7-10절 첫 문장은 "이스라엘 자손아, 너희가 내게 구스 족속과 같지 아니하냐?" 이스라엘은 하나님께서 선택하신 특별한 나라다. 그러나 이스라엘은 하나님이 선택에 대한 잘못된 신학에 근거하여 민족적 우월감을 가지고 있었다. 하나님의 선택에는 거기 따른 책임이 뒤따른다. 우리들도 내가 믿고 구원 얻었다는 것이 감사할 일이지만, 다른 사람들보다 우월한 것은 아니다. 우리가 구원받은 것은 공로로 말미암은 것이 아니기 때문이다. 하나님께서 우리와 함께 계시니 사업이 번영하고 건강하고, 자식이 잘되는 것을 구하는 것은 기독교인으로서는 할 일이 아니다. 우리는 동양에서 말하는 오복을 좋아하는 사람들이 아니라 예수님이 말씀하신 팔복을

사모하는 사람들이 되어야 한다. 은총은혜은 두 가지로 나누는데 하나는 일반은총이요, 또 하나는 특별은총이다. 이 두 가지 은총을 이해하는 것은 우리의 신앙에 있어서 매우 중요하다. 일반은총은 하나님께서 모든 사람에게 주신 보편적으로 주신 은총을 말하는데 재능·건강·부·미모 등은 하나님을 잘 믿기 때문에 주신 것이 아니라 모든 사람에게 주신 것이다. "하나님이 그 해를 악인과 선인에게 비추시며 비를 의로운 자에게와 불의한 자에게 내려주심이라."^{마 5:45} 대통령이 되고 부자가 되고 높은 자리에 오르는 것은 일반은총으로 주신 것이다. 기독교인이 그렇게 되어야 한다는 논리는 그럴듯 해 보이지만, 성경의 가르침에 어긋나는 것이다.

또 하나는 특별은총인데 이것은 예수님의 십자가와 부활을 믿는 사람들에게 주어지는 하나님의 구원이 특별한 은총을 받은 사람으로 하나님 나라 백성으로 살아가는 것이다. "의를 위하여 박해를 받는 자는 복이 있나니 천국이 저희 것임이요. 나로 말미암아 너희를 욕하고 박해받고 거짓으로 너희를 거슬러 모든 악한 말을 할 때는 너희에게 복이 있다." 이것이 바로 특별은총이다! 예수님을 믿는 우리는 일반은총과 특별은총을 함께 받았지만 믿지 않는 자들은 일반은총을 받은 사람들이다.

7절 구스 족속은 에티오피아에서 사는 검은 피부의 아프리카 민족이다. 표범이 그 표면의 점을 바꿀 수 없듯이, 구스 족속도 피부색을 바꿀 수 없다. 구스 족속은 타고난 피부색이 검다. 그들은 성경에서 블레셋 족속·시리아 족속과 함께 이스라엘과 나란히 거론된다. 하나님께서 이스라엘과 다른 민족들을 어떻게 보실까? 이스라엘이 이집트에서 나온 것이나 블레셋인이 크레타섬에서 나와 팔레스타인 지역에서 살게 된 것이나 아람인들이 이주해서 산 것이 모두 같은 것이다. 이스라엘이 다른 모든 민족과 다를 것이 없다. 아모스의 외침 속에서 이스라엘 백성들이 이런 말을 들을 때 무슨 생각을 했을까? 그렇지 않아도 말끝마다 비애국적 언사를 마구 쏟아 내며 도무지 들을 수 없는 악담이나 쏟아내는 아모스에게 미쳤다고 말했을 것이다. 이스라엘 백성들과 왕과 부자들이 이말을 들을 때 경천동지할 만한 충격을 받았을 것은 틀림없다. 그러나 예언자 아모스가 말하려 했던 것은 하나님은 우주의 주권자시요 창조주시라는 선포다. 하나님께서는 그분께 순종하지 아니하는 개인이나 민족을 쓸어 버리시겠다고 몇 번이나 말씀하지 않으셨던가? 하나님께서는 울부짖는 그들의 음성을 들으시고, 이집트의 모든 장자를 죽이셨듯이 이스라엘도 지면에서 멸하실 것을 말씀하신다.

하나님께서 이스라엘을 이집트 제국으로부터 선택하여 구원하신 것은 이스라엘을 제사장 나라가 되게 하시려고 선택하시고 장자 삼으신 것은 세계 역사에 모델국가를 만들어 그들을 통해 하나님께서 하시고자 한 일을 계획하셨는데 오히려 불순종하여 이스라엘 자체가 멸망할 위기에 처해있다. 이스라엘의 특별함은 그들만 누리는 어떤 혜택이나 특혜가 아니라 제사장나라, 선교하는 나라가 되게 하려 함이었다. 그러나 이스라엘이 주어진 사명을 감당하지 못한다면 다른 나라들과 다를 바가 없게 된다. 하나님 보시기에 모든 민족이 하나님께서 창조하시고 그분의 통치 아래 있는 동일한 나라라고 한다면, 백인 우월주의나 게르만 민족의 우월성 등 자기 나라의 우월성을 주장하는 것은 매우 비성경적일 뿐만 아니라 매우 위험한 것이다. 독일에서 있었던 히틀러의 행동도 미국에서 지금도 존재하는 흑백 문제도 결코 단순한 문제가 아니다.[63] 어찌 하나님이 창조하신 인

---

63) 자세한 내용은 진구섭, 『누가 백인인가?』, 푸른역사, 2020. 부제는 〈미국의 인종 감별 잔혹사〉 내용 중에는 9장에 교회, "성경을 비틀어 인종을 짜내다"가 있으며 미국에서 최대교단인 남침례교가 노예제의 대변인 역할을 한 내용이다. 다행히도 남침례교

간이 검은색, 황색으로, 하얀색으로 창조되었다고 차별할 수 있는가? 모든 나라들은 하나님이 창조하신 것이 아닌가? 꽃도 한가지 색으로만 피었다고 생각하면 얼마나 무미건조할 것인가? 음식을 먹을 때도 다양한 색깔이 있는 음식을 먹는 것이 몸에 유익하다는 것은 의학적인 상식에 속한다. 특히 우리나라 사람들은 유난히 백인을 좋아하면서도, 유색인이나 흑인들을 업신여기는 민족인데 하나님께서 보실 때 죄악된 행위라는 사실을 명심해야 한다. 모든 인간 · 어느 민족 · 남녀 · 피부색 · 가난한 자 · 장애인들을 차별해서는 안된다! 특히나 잘살지 못하는 외국인 노동자들이 우리와 함께 살고 있는데 그들을 무시하고, 차별한다면 자신의 믿음을 점검해야 할 것이다. 성경이 말하는 큰 사상 중 하나가 색깔이나, 미추를 불문하고 외모로 사람을 보지 말라는 교훈이다. 나아가서 인종차별의 문제는 계층 · 성 · 학연 · 지연으로 확대 재생산 되고 있다. 요사이 평등과 관련하여 '능력주의' 라는 말이 나오고 있다. 능력주의란 능력에 따라 응분의 보상체계가 주어진다는 말이다. 그러나 능력주의는 나쁜 것이다. 사람들로 하여금 불평등을 심각한 문제로 인식하지 못하게 하는 것이다. 능력주의는 불평등이라는 사회구조적 모순을 온전히 개인의 문제로 돌이는 것이다. 예를들어 OECD 국제 학업성취도 비교에서 부모의 사회 · 경제적 지위에 따라 학습 격차가 10% 정도 차이가 있다고 말한다. 온전한 능력주의가 나타날 수 없고 부모의 사회 · 경제적 지위에 따라 차이가 날 뿐 아니라 세습까지도 이루어지고 있다.[64] 모든 사람이 하나님의 형상으로 태어난 위대하고 존엄한 사람들이지 않는가? 교인들은 이런 생각을 가지고 행동

단은 1995년 6월 21일 총회에서 회개의 결의안을 채택했다. 208-232.

64) 한겨레신문, 2022년 1월 3일자, 13면. 능력주의에 대한 자세한 내용은 박권일, 『한국의능력주의』, 이데아, 2021. 7-24.

해야 할 것이 당연하지 않겠는가? 중국의 사회 개혁자였던 루쉰노신은 『개의 힐난』[65]이라는 짧은 글에서 이렇게 썼다.

"나는 내가 좁은 골목길을 가는 꿈을 꾸었다. 너덜너덜한 옷하며 신발이 영락없는 거지였다. 개 한 마리가 등 뒤에서 짖었다. 내가 오만하게 돌아보며 꾸짖었다. 야! 닥쳐! 쥔 믿고 유세하는 개새끼!" '헤헤'! 개가 웃더니 말을 이었다. "천만에. 나는 사람만 못 한 게 부끄러워"
뭐라고? 나는 분개했다. 그건 극단적인 모욕이었다. 나는 부끄러워, 아무리 해도 구리 와 은구리와 은은 돈을 말한다-필자 주을 구별할 줄 모르겠고, 무명과 비단을 구별할 줄 모르겠고, 관리와 백성, 주인과 노예도 구별할 줄할 줄 모르겠으니 말이야." 나는 달아났 다. "잠깐! 우리 얘기 좀 하지…." 개가 뒤에서 큰소리로 붙들었다. 나는 냅다 달아났다. 힘을 다해 달렸다. 꿈결에서 벗어날 때까지 나는 침대 위에 누어 있었다."

동물은 돈도 모르고 무명과 비단을 구별할 줄도 모르고, 높은 사람과 미천한 사람의 구별도 주인과 노예도 구별할 줄도 모른다고 말한다. 동물보다 못한 인간을 풍자적으로 말하고 있다. 마침내 구약 성경에서 말한 대로 메시아이신 예수 그리스도 안에서 '하나' 가 된다. 이제 그리스도 안에서 모두 '하나' 라는 충격적인 성취가 이루어진 것이다! [66]

너희는 유대인이나 헬라인이나 종이나 자유인이나 남자가 여자나 다 그리

---

65) 루쉰, 루쉰전집번역위원회 옮김, 2015, 그린비, 68.
66) 이 본문은 매우 중요한 내용이 함축되어 있으므로 더 구체적으로 연구하려면 갈라디아서 주석을 참고할 것.

스도 예수 안에서 하나이니라. 너희가 그리스도의 것이면 곧 아브라함의 자손이요. 약속대로 유업을 받을 것이다. 갈 3:28-29

8절 '보라' 로 시작하는 본문에서 하나님이 행하시는 일반적인 원칙을 말한다. 여호와의 눈이 범죄한 나라에 있다. 여호와께서 범죄한 나라를 살펴보신다. 여기서의 '나라' 는 이스라엘을 비롯한 모든 나라를 가리키는 표현이다. 아모스가 1장에서 유다와 이스라엘을 둘러싼 이웃 여섯 나라를 하나님이 보시며 심판을 선포하시는 것을 다루었고, 지금 아모스서 마지막 부분에서 하나님께서 범죄한 이스라엘을 지켜보신다. 이스라엘이든 열방이든 이 점에서 예외가 없다. 하나님께서는 그 어떤 나라든 범죄한 나라를 보시며, 그들을 멸망시키실 것이다.

그런데 놀랍게도 그동안 이스라엘을 심판하고 멸망시키겠다고 장담하시던 하나님은 "야곱의 집" 은 완전히 멸하지 않으실 것이라는 뜬금없는 말씀을 하신다. 아모스서에서 야곱의 집은 북왕국 백성을 가리킨다. 3:13 이 구절이 야곱의 집, 이스라엘 백성을 하나님의 멸망시키지 않을 것이라는 말은 아니다. 정치적 실체로서의 이스라엘은 망하지만, 이스라엘을 구성하는 백성들은 완전히 멸망되지 않는다는 의미로 생각해 볼 수 있다. 이스라엘이 망할지라도 하나님은 그 백성들을 통해 새로운 일을 이루어가신다. 이 구절은 이스라엘에는 '남은 자' 가 있을 것이라는 희망만 말하는 것이 아니다. 이스라엘이든 다른 나라이든 범죄한 나라는 어느 나라를 불문하고 멸망할 것이다. 그러나 이스라엘이 포로로 끌려가고 세상의 어느 곳으로 흩어질지라도 하나님께서는 그들을 긍휼이 여기시며 이스라엘을 통해 새로운 미래를 이루어 가실 것이라는 것이다! 이것은 하나님과 이스라엘과 맺은 언약[67] 때문이다. 언약이 하나님께서 일방적으로 맺은 것일지라도 성실하신 하나님은 한번 하신 말씀을 기어코 지키시는 성실하신 분이시다.

9절 선과 악을 감찰하시는 하나님께서 "범죄한 나라를 주목하신다." 하나님이 범죄한 나라를 지켜보고 계신다. 하나님의 눈은 온 세상의 의인을 지켜보시고 인도하시지만, 한편으로 죄인을 심판하기기 위해 보고 계신다. 인간은 하나님 보시기에 선을 행할 수도 있고 악을 행할 수도 있다. 이것이 자유의지다. 인간은 조작할 수 있는 기계가 아니다! 이것이 인간의 위대함이다. 이 본문은 "범죄한 나라"와 완전히 파괴되지 않을 "야곱의 집"을 구분하고 있다. 남유다와 북이스라엘 사람들이 함께 "야곱의 집"을 구성한다. 야곱의 집에 받아들여질 사람들은 둘로 나누어진 남유다와 북이스라엘 두 나라를 말한다. 남유다와 북이스라엘의 통일을 말하고 있다.

본문은 이스라엘의 현재의 정치적 실체가 남은 자의 회복을 말하면서도 현재의 이스라엘이 언제까지 지속될 지에 대해 아무런 약속은 없지만, 그러나 하나님께서는 이스라엘이 멸망시킨다 해도 그들을 긍휼과 자비를 베푸시는 하나님께서 새로운 미래를 이루어 가실 것이라는 것이다. 하나님께서 모든 민족 가운데서 이스라엘을 체질하시듯이 흔드실 것이다. 그러나 조그마한 돌 한 알갱이도 이 체질을 통해 쓸모없는 것들을 가려낸다는 점에서 체질의 비유를 통해 이스라엘을 멸망시키려는 것이 아니라 바로잡을 것을 말씀하신다.

로마서 11장 17절에 나오는 "돌감람나무인 네가 그들 중에 접붙임이 되

---

67) 1부 〈언약〉 참고.

어 참감람나무 뿌리의 진액을 함께 받는 자가 되었다.”롬1:17 이 말씀을 어떻게 볼 것인가? 언약의 하나님께서 세우신 이스라엘은 세계 역사의 중심축이라는 사실을 알고 있다. 그러나 현재의 이스라엘은 아직 회복된 이스라엘과는 상관이 없다. 2차대전이 끝난 뒤 시온주의가 발단이 되어 이루어진 이스라엘이 회복된 이스라엘인가? 이스라엘은 “이스라엘의 충만한 수가 들어오기까지 이스라엘이 더러는 우둔하게 되리라.”롬1:25 이스라엘이 민족적으로 예수님을 인정하지 않는 한 아직 그들은 돌아온 것이 아니다. 그때 “온 이스라엘이 구원을 받으리라.”롬11:25 그것은 신비다. 롬11:25 아직은 이스라엘이 개인적으로 성도가 될 수 있어도 현재의 이스라엘 국가는 구약 성경에서 말하는 회복된 이스라엘은 아니다.

10절 그러나 아모스는 거침없이 “내 백성 중에서 말하기를 화가 우리에게 미치지 아니하며 이르지 아니하리라 모든 죄인은 칼에 죽으리라”고 하신다. 이스라엘은 아직도 하나님의 재앙이 자신들과 아무 관계가 없다고 말한다. 예언자 아모스가 그렇게 포효하는 사자와 같이 외쳤는데도 얼마나 더 들어야 정신을 차리겠다는 말인가? 안타깝도다! 이 망각의 동물들이여, 듣기는 들어도 듣지 못하고, 보기는 보아도 보지 못하는도다. 그래도 인간은 생각하는 존재이며 반성하며 회개할 줄 아는 존재가 아니던가! 어찌 이스라엘이 감각이 없는 사람처럼 되어버렸는가. 그러나 그들 중에 하나님의 심판을 피하여 살아남을 자는 한 명도 없을 것이다. 노아 시대의 사람들도, 소돔과 고모라 시대의 사람들도 여호와의 경고에 귀를 기울이지 않아 모두 멸망 당하지 않았던가? 지금 아모스는 동포인 이스라엘을 향하여 안타까운 마음으로 선포하고 있다. 그러나 대부분의 이스라엘 백성들은 아모스의 경고에 귀를 기울이지 않았다. 아니 지금 한국 교회 또한 마찬가지가 아닌가? 아모스를 비롯한 모든 예언자들이 한국 교회를 향해 쩌렁쩌렁 외치고 있지 아니한가? 이스라엘은 아직은 정치도 경제도 탄탄하고, 종교적 열정도 대단한데, 아모스의 심판의 메시지가 공허한 메아리로만 들렸을 것이다. 이스라엘이 회개하지 않는다면 하나님의 칼에 반드시 죽을 것이 다. 우리나라와 한국 교회는 여기에서 제외될 수 있을까?

22. 이스라엘의 미래 암9:11-15

11 그 날에 내가 다윗의 무너진 장막을 일으키고 그것들의 틈을 막으며 그 허물어진 것을 일으켜서 옛적과 같이 세우고 12 그들이 에돔의 남은 자와 내 이름으로 일컫는 만국을 기업으로 얻게 하리라. 이 일을 행하시는 여호와의 말씀이니라 13 여호와의 말씀이니라 보라 날이 이를지라 그 때에 파종하는 자가 곡식 추수하는 자의 뒤를 이으며 포도를 밟는 자가 씨 뿌리는 자의 뒤를 이으며 산들은 단 포도주를 흘리며 작은 산들은 녹으리라 14 내가 내 백성 이스라엘이 사로잡힌 것을 돌이키리니 그들이 황폐한 성읍을 건축하여 거주하며 포도원들을 가꾸고 그 포도주를 마시며 과원들을 만들고 그 열매를 먹으리라 15 내가 그들을 그들의 땅에 심으리니. 그들이 내가 준 땅에서 다시 뽑히지 아니하리라. 네 하나님 여호와의 말씀이니라 아모스 9:11-15

11-15절 마지막 결론은 충격적인 대 반전이 일어난다! 그러면 하나님께서 그동안 이스라엘 민족을 향해 겁을 주셨다는 말인가? 소설이든, 영화든, 우리의 삶도 중요하지 않는가? 끝을 보지 않고 지나온 과정은 의미를 잃어버린다. 소설도, 영화도 그리고 구약성경과 신약성경도 마지막까지 보아야 한다. 아모스서도 마찬가지다. 그동안 우리는 하나님의 놀랍고 충격적인 이스라엘의 멸망이 곧 이루어질 것이라는 두려운 심판의 외침을 들어왔다. 그런데 장면이 바뀌면서 예상할 수 없는 말씀이 나온다. 학자들

사이에는 이런 갑작스런 변화의 메시지에 대해 후대에 집어넣은 것이라고 주장하는 것도 이해할 만하다. 그러나 대부분의 예언자들은 앞부분에서 절망을 외치다가도 마지막은 희망으로 끝난다는 사실을 알아야 한다! 예언자들은 한결같이 희망을 말한다. 그 희망은 메이아이신 예수 그리스도의 오심으로 이루어진다. 그렇다고 이스라엘의 죄가 없어진다는 말은 아니다.

이스라엘에 대한 하나님의 심판은 확정적이다. 심판이 없다고 말하는 사람도 칼에 죽을 것이다. 정말로 이스라엘이 심판을 받고 모든 것이 끝난다면, 이스라엘에 대한 여호와의 언약과 선택은 아무런 효과가 없어지거나 전혀 쓸모없는 것이 된단 말인가?

11절 그러나 놀라운 약속을 만난다. 이 약속은 이어지는 본문 전체에 걸쳐서 펼쳐진다. 장막이 일으켜지고, 갈라진 곳이 메워지고, 허물어진 곳이 다시 세워질 것이다. 여기 '장막'은 나뭇가지로 엮은 임시 오두막을 말한다. "다윗의 무너진 장막을 일으키고"는 역사적 의미를 갖지 않는다. 왜냐하면 다윗의 보좌는 영원할 것이기 때문이다. 다윗과 맺은 언약은 영원한 언약이다.[68]

여호와가 또 내 종 다윗에게 이르노니… 여호와가 너를 위하여 집을 짓고 네 수한이 차서 네 조상들과 함께 누울 때에 내가 네 몸에서 날 네 씨를 네 뒤에 세워 그의 나라를 견고하게 하리라. 그는 내 이름을 위하여 집을 건축할 것이요. 나는 그의 나라 왕위를 영원히 견고하게 하리라. 네 집과 네 나라가 내 앞에서 영원히 보존되고 네 왕위가 영원히 견고하리라 하셨다 하

---

68) 1부 '언약'을 참조할 것.

라. 삼하 7:12-13

그 유명한 다윗 언약이다. 하나님께서 다윗에게 "네 몸에서 날 씨"는 일차적으로 다윗의 아들인 솔로몬을 말하지만 궁극적으로 오실 메시아이신 예수님을 말한다. '영원한 왕위'는 곧 신약성경 맨 처음부터 나오는 "다윗의 아들 예수 그리스도의 계보"와 이어지는 것이다.

김세윤 교수는 다음과 같이 말한다. "이것은 다윗의 후손 예수님이 구체적으로 하나님의 아들로서 집성전의 의미와 목적을 성취하고 새로운 성전을 짓도록 예언되어 있음을 알 수 있다. 메시아로서, 즉 다윗의 아들 하나님의 아들로서 예수님은 하나님을 위한 집, 성전을 건축하는 일이 자신의 과업임을 알았다. 그는 이 새 성전의 의미를 하나님의 은혜로운 왕권과 부권 아래 이루어질 하나님의 종말론적 백성으로 이해하였다. 예수님은 하나님 아들로서 자신이 종말론적 제사를 드림으로 새 성전을 건축해야 할 것으로 보았다."[69] 다윗의 언약과 예언의 말씀은 매우 중요하다. "내가 일으킬 것이다"는 하나님께서 친히 자신의 능력으로 일으키실 것을 말하는 강한 뜻을 말하고 있다. 궁극적으로 인간의 모든 약속은 이루어질 수 없지만, 하나님의 언약은 영원히 설 것이다! 하나님께서 지금까지 세우신 여러 언약들 아담, 노아, 아브라함, 모세, 다윗으로 이어지는 하나님의 영원한 언약은 폐기할 수 없는 그분의 계획과 목표이다.

하나님의 언약은 예수 그리스도의 인격과 사역 속에서 가장 완벽하고 가장 완전하게 표현되었다. 갈3장, 히9장 여호와의 성실하심 때문에 다윗의 왕조는 영원히 지속될 것을 선언하신다. 물론 다윗의 후손들이 통치하는

---

69) 김세윤, 『예수와 바울』, 두란노, 2001, 173-174. 더 자세한 내용은 133-180 참조할 것.

역사적 왕조는 무너진 장막처럼 몹시 허약하다. 왜 그러한가? 다윗의 후손들인 이스라엘은 언약을 어기고 다윗의 길, 정의의 길로 가지 않았기 때문이다. 그러나 여호와의 성실하심으로 다윗 왕조는 영원히 지속될 것이다. "내가 그것들의 틈을 막으며 그 허물어진 것을 일으켜 옛적과 같이 세우리라."

　　하나님께서는 다윗과 시온의 집성전을 잠시동안 헐어버림으로써 그들을 징벌하지만, 구원을 가져오시는 하나님의 목적이 영원히 사라질 수는 없다. '옛날처럼' 다시 세우실 것이다. 예레미야도 이런 사실을 언급하고 있다. "처녀 이스라엘아 내가 다시 너를 세우리니 네가 세움을 입을 것이요."렘31:4, 참조: 렘 24:6, 33:7 아모스서 본문에서도 다윗의 집을 재건할 것을 약속하셨다. 암9:11 '세우다'는 도성이나 왕궁이나 요새가 되는 성읍을 세울 때 사용되는 말이다. 그렇다면 다윗 왕국을 다시 세우시는 목적은 무엇인가? 하나님께서 이스라엘을 기업소유으로 삼으시려고 에돔의 남은 자와 내 이름으로 일컫는 만국을 기업으로 얻게하는 일이다. 이는 놀라운 예언이요. 이것은 마침내 메시아이신 예수 그리스도 안에서 성취된다. "이 일을 행하시는 여호와의 말씀이니라."

　　12절 다시 아모스는 전혀 예상치 못한 충격적 반전을 보여 준다! '그 날에' 이스라엘 역사에 일어날 사건들을 아름다운 시로 표현하고 있다. 그 날은 언제일까? '그 날'은 예언자가 말한 심판의 날, "여호와의 날"이다. 비록 이스라엘이 망한다 해도 "그 날이 오면" 다윗 왕조가 세워질 것이다. 다윗 왕과 맺은 언약이 여호와께서는 다윗 왕조를 다시 회복시키시고 비록 이스라엘과 유다의 원수로 여기는 에돔과 같은 이방 민족들도 다윗 후손이 받게 되는 복을 받을 권속들이 될 것이다. 우리도 이방 민족이 아닌가!

아모스의 예언은 사도행전에서도 성취되었음을 볼 수 있다. 주 예수님의 교회로 회심한 이방인들의 자격에 대해서 논쟁이 일어나자, 이 긴박한 문제를 다루기 위해 제1차 예루살렘 공의회가 열렸다.행 15장 이때 아모스의 예언에 대한 호소가 있었다. 물론 갑론을박이 있었지만, 이때 베드로가 일어나 하나님께서 자신을 선택하셔서 이방인에게도 복음을 전하게 하셨음을 증거했다. 이에 회의장 안은 잠잠해졌고행 15:12, 이어 바울과 바나바의 간증을 들었다. 하나님께서 이방인에게도 복음 증거와 함께 모든 기적과 표적이 일어났음을 증거했다. 그리고 주의 형제 야고보는 예언자의 말도 이것과 일치한다고 말하면서 아모스의 예언을 소개한다. 그는 유대인과 이방인의 구별이 전혀없는 다윗적 메시아의 보편성을 강조했다. "이후에 내가 돌아와서 다윗의 무너진 장막을 다시 지으며 또 그 허물어진 것을 다시 지어 일으키리니" 이는 "남은 자들과 내 이름으로 일컬음을 받은 모든 이방인들로 주를 찾게 하셨음이라 하셨으니."행 5: 15-17 이렇게 야고보는 아모스서를 인용했다. 글자 그대로 인용하지 않고 성령의 감동으로 자유롭게 인용한다. 또한 신약의 성도들은 예수 그리스도가 다윗의 아들이며 다윗 왕조를 대표한다는 것을 알았다. 예수님을 믿고, 그에게 순종하는 사람들은 모두 다윗의 아들이요 딸이다. 여기에 유대인들과 이방인들은 구분되지 아니한다. "내 이름으로 일컬음을 받는 모든 이방인들"도 다윗의 아들의 나라의 백성들이다. 또 앞서 말한 대로 바울은 그리스도를 믿는 자들은 누구나 다 아브라함의 자녀라고 했다. 갈 3:7-96; 참조, 롬 4:11-12, 16.17

13-14절 그 날의 모습은 믿을 수 없을 정도로 풍요롭고 아름다운 목가적 풍경을 보여 주고 있다. 재앙과 멸망이 아니라 회복과 구원과 샬롬이 선포되고 있다.

인애와 진리가 만나고 정의와 평화가 서로 입맞추었으니 진리는 땅에서 솟아나고 정의는 하늘에서 굽어보도다.시5:10-11

이와 같이 정의와 공의에 뿌리내린 영원한 샬롬을 내다 본다. 예언자 아모스의 무서운 심판 선언으로 시작한 그의 예언은 아름다운 음악으로 끝을 맺는다. 정말 모차르트의 아름다운 음악 한 편을 듣는 것 같다! 마치 뇌성벽력이 지난 다음 새들이 노래하는 듯한 느낌을 준다. 기름진 언덕은 태양 아래 눈부시게 빛나는, 마치 많은 비가 내린 후 맑게 개인 하늘에 나타난 무지개의 눈부신 찬란한 모습을 본다. 아모스 자신이 농촌에서 살면서 보았던 자연의 아름다운 모습을 노래하면서 하나님의 섭리를 시로 노래하고 있다. 여기 자연과 하나님과 이스라엘이 음율적으로 하나로 엉켜, 역사는 어둠을 위한 것이 아니라 항상 밝고 새로움을 위한 것임을 보여준다. 죄와 불의의 구름은 사라지고 맑고 밝은 하나님의 정의와 성실과 자비하심마3:23이 다스리는 빛나는 미래가 있음을 보여주고 있다. 그동안 고통과 심판의 시간이라면 지금은 평화와 샬롬의 시간이다! 이어 "산에서 단 포도주가 흘러내리고 언덕마다 그 포도주가 흘러넘쳐 언덕이 녹아 난다." 풍요의 축복을 함께 기뻐하고 있는 모습을 그리고 있다. 온 세상 이방인들도 부름을 받아 하나님의 백성들이 되어 풍성한 복을 누릴 것인가를 상징적으로 보여 주고 있다. 그날이 오면 곡식을 베자마자 다음 추수를 위해 곧바로 밭을 간다. 곡식을 거두는 일과 씨 뿌리는 일이 동시에 이루어진다. 농부로서는 이보다 더 즐거운 일이 있을까? 얼씨구나 흥이 난다! 즐겁고 행복하고 풍성하다. 레위기 마지막 장에 있는 이 풍요의 축복을 말하는 아모스 9장 13절 하반 절은 율법을 지키는 자의 축복으로 개작하고 있다.

너희의 타작은 포도 딸 때까지 미치리니 너희의 포도 따는 것은 파종할 때 까지 미치리니 너희가 음식을 배불리 먹고 너희 땅에 안전히 거하리라. 내가 그 땅에 평화를 주리니, 너희는 다리를 뻗고 잘 수 있으리라. 나는 맹수를 너희 땅에서 몰아낼 것이며 칼싸움이 너희의 땅을 휩쓸지 못하게 하리라. 레 26:5-6

15절 아모스서의 마지막 하나님의 선언이다. "내가 그들을 그들의 땅에 심으리니 그들이 내가 준 땅에서 다시 뽑히지 아니하리라 네 하나님 여호와의 말씀이니라" 하나님은 이집트에서 그의 백성 포도나무를 가져와서 극상품 포도나무를 사5:2; 시 80:8 하나님은 그들을 "나의 심은 가지"사 60:21 라고 다시 한 번 부르기를 원하셨다. 그러나 이스라엘은 지금 뿌리째 뽑혀서 그 땅에서 추방되어야 할 운명에 처해있다. 하나님은 원하시는 열매를 맺히지 않을 때 뽑아버리시는 분이시다. 렘 45:4 그러나 영원히 뿌리 뽑히지는 않을 것이다. 왜냐하면 다윗과 맺은 언약 때문이다. 삼하 7:10; 대상 17:9 오늘 본문에서도 같은 약속을 되풀이 하신다. 이렇게 회복에 대한 약속은 하나님의 성실하신 언약을 나타내는 보증이다. 이제 예언자 아모스는 여러 전망들을 통해 영원히 지속되는 다윗의 왕국, 메시야 왕국, 하나님 나라를 선포하고 있다. 비록 이스라엘이 회개하지 않았기 때문에 무서운 징벌을 받을 것이지만, 심판 후에 회복이 있을 것이라는 확증이 주어진다. 앞으로 이스라엘의 역사가 더욱 험난할 수 있겠지만 결국은 하나님의 언약은 성취될 것이며롬 11:13-32 궁극적으로는 약속된 메시아가 오실 것이다. 그 약속된 메시아를 통해 하나님의 목적들이 이루질 것이다. 앞으로 모든 민족들이 약속된 메시아를 통해 주어지는 복들에 참여하게 될 것이다. 이는 곧 예수님의 '새 언약' 을 의미하는 것이다. 렘 31:31-32

성경의 언약[70]은 크게 아담 언약으로부터 시작하는 노아 언약, 아브라함 언약, 모세 언약, 다윗 언약, 그리고 예수님의 새 언약으로 이어진다. 그리고 언약은 하나님 나라로 이어진다. 구약성경이 밝히는 것처럼 하나님 나라는 언약들을 통해 가장 분명하게 계시되고 이루어진다. 언약을 맺으시는 하나님은 우리에게 자신을 아는 최고의 특권을 주셨다. 우리가 여호와 하나님을 왕으로서 우리의 삶의 모든 차원에서 하나님께 온전히 헌신하며 순종할 때 하나님의 통치는 언약 공동체의 삶 전체에서 그리고 모든 창조물에 미친다. 하나님의 사랑헤세드과 성실하심에메트으로 이루어진 언약을 통해 우리의 실존의 참된 목적을 이루실 수 있다. 하나님께서는 언약을 통해 죄에 대한 재앙과 심판을 반전시키고, 이 세계를 자신의 구원 통치 속으로 들어가기로 정하셨다.

하나님 나라를 세우실 다윗 계보의 왕과 관련하여 아모스를 비롯하여 하나님 구원 통치, 곧 하나님 나라의 도래는 메시아의 오심과 이전의 모든 언약을 성취로 이끌 새 언약의 출범과 함께 올 것을 예견한다. 신약 시대가 시작되면 이 구약성경의 배경이 하나님 나라에 대한 가르침의 기초로 작용한다. 복음서 그리고 전체 신약성경에서 하나님 나라는 하나님께서 왕으로서 주권적 통치를 가리키고, 메시아이신 예수님의 오심과 생애, 죽음 그리고 부활로 이 세상에 침투한 하나님의 구원과 통치와 관련이 있다. 하나님 나라는 어떤 지리적 영역을 가리키는 것이 아니고, 무엇보다 하나님의 통치를 말한다. 신약성경은 예수님 안에서 오래 기다렸던 나라가 임했고 죄와 사망의 파괴되었다고 선언한다. 따라서 예수님 자신의 순종하는 생애와 십자가, 부활을 통해 하나님 나라를 출범시키셨고, 지금 그 나라

---

70) 1부 '언약'을 참조할 것.

에서 다스리고 통치하고 계신다.[71] 곧 하나님 나라는 이미 여기Now & Here 에 와 있다! 그리고 승천하신 왕으로 예수님은 모든 사람에게 회개하고 그 생명의 나라로 들어가라고 말씀하신다. 예수님 안에서 새 창조의 기초석 이 놓인 것이다. 그러나 신약 성경은 또한 예수님 안에서 하나님 나라가 이미 도래했지만, 하나님 나라는 아직 완성되지 않은 여전히 기다리고 있 다. 하나님 나라는 그리스도의 재림으로 완성될 때를 기다리고 있기 때문 이다. 구약 성경이 예언한 마지막 때는 실제로 우리 주 예수님의 오심으로 시작되었으나 아직은 충분한 완성을 기다리고 있다. 안토니 후크마Anthony Hoekerma는 『개혁주의 종말론』에서 이렇게 말 한다. "… 우리는 다음과 같 이 말할 수 있다. 성령의 소유로, 그리스도 안에 있는 우리는 다가올 시대 의 복을 미리 맛보고, 몸의 부활의 담보물과 보증을 갖는다. 그러나 우리 는 단지 첫 열매를 갖고 있을 따름이다. 우리는 최종적으로 완성될 하나님 나라인 새 하늘과 새 땅에서 이 복들을 충만하게 누릴 때를 기다린다."

"하나님 백성은 더 이상 민족이나 지파의 범위를 뛰어 넘는다. 국제적 이고 초 인종적이며 초 문화적인 범주다. 만일 구약의 예언자들이 끊임없 이 하나님이 결정적으로 행하실 때를 고대하고 있다면, 신약성경의 저자 들은 하나님이 결정적으로 행하신 것을 선포하고, 이것이 보편적이고 영 원한 의미와 핵심적인 중요성을 갖고 있는 기쁜 소식, 곧 복음이라고 선언 한다. 국가적이고 지파적인 관점은 점차 시야에서 사라진다."[72]

---

71) 김귀탁, 『언약과 하나님나라』, 859-929. 신구약 성경을 관통하는 언약과 하나님나 라를 총체적으로 이해할 수 있는 방대한 책이다.

72) 김귀탁, 『언약과 하나님나라』, 853-855.

에필로그 정의 사회와 하나님나라

하나님 나라는 구름 속이나 인간의 마음속에만 머물러 있는 것이 아니라, 교회를 매개로 이 땅에 등장하는 것이다. 무엇보다 새롭고 거룩한 하나님의 백성은 세계사의 잘못된 길에 서 있는 모든 사람의 희망이 되어야 한다. 교회는 변화된 삶을 살며, 변화를 일으키는 새로운 집단으로서 세계를 동요시키고 전복하며 하나님의 혁명을 선포하며 촉진하는 새로운 하나님의 백성 공동체로 등장해야 한다. 교회가 주위의 지배적 질서나 계급사회의 바다에 함몰된다면 교회는 세계를 변혁하고 해방하는 하나님 나라의 증인 역할을 포기하는 것이나 다름없다. 새 미래 여명의 아침 더 밝은 빛을 발하지 못한다면 불구의 신세를 면치 못하게 될 것이다.

"아브라함과 다윗의 자손 예수 그리스도의 계보라." 마 1:1 이 말씀은 구약 성경을 이어 신약 성경에 맨 처음에 나오는 구절로서 예수가 다윗의 후손임을 말하고 있다. 마가복음의 맨 처음도 "하나님의 아들 예수 그리스도 복음의 시작이라." 막 1:1 라고 말한다. 이 두 본문이 말하려는 것은 예수가 구약 성경이 예언된 다윗의 후손 '그리스도' 메시아 '하나님의 아들', '복음' 이라는 사실을 선포하는 말씀이다. 평화 · 하나님의 아들 · 복음이란 말은 모두 로마의 아우구스투스에 먼저 씌여진 정치적 용어써 복음서 저자들은 이 용어들을 차용하여 예수님께 사용했다. 이 말들은 모두 정치적인 의미를 가지고 있다. 이사야는 "너희는 광야에서 여호와의 길을 예비하라"사 40:3고 말했다. 이 본문은 세례 요한에게 성취 되었다. "너희는 광야에서 여호와의 길을 예비하라"는 말씀은 '기쁜 소식' 으로 이어진다. 사 40:1 예수님께서 세례 요한에게 세례를 받으신 후 하늘로부터 소리가 나기를 "너는 내 사랑하는 아들이라 너를 기뻐하노라 하시니라"막 1:11 는 이사야의 예언이 예수가 누구인지를 암시한다. "내가 붙드는 나의 종, 내 마음에 기뻐하는 자 곧 내가 택한 사람을 보라. 내가 나의 영을 그에게 주었은즉 그가 이방에서 정의를 베풀리라."사 42:1 하나님이 '기뻐하시는 자' 는 '하나님의 종' 을 가리킨다. 이 하나님의 종은 하나님의 성령을 받은 분이시며 정의를 세우시는 분이며 모든 이방 나라들이 그 교훈을 소망할 것이다.

> 그는 상한 갈대를 꺾지 아니하며 꺼져가는 등불을 끄지 아니하고 진실로 정의를 시행할 것이며 그는 쇠하지 아니하며 낙담하지 아니하고 세상에 정의를 세우기에 이르리니 섬들이 그 교훈을 앙망하리라.사 42:1~4

'하나님의 종' 은 세상에 정의를 세우시는 분으로 섬들, 즉 이방 나라들이 그분의 교훈을 소망할 것이다. 하나님의 종은 온 세상에 영향을 미치는데, 파괴적 군사력이 아니라 자비로 정의를 세울 것이며 이스라엘만을 위한 메시야가 아니라 만민을 위한 메시야이심을 밝힌 것이다.

교회, 언제 시작되었는가

이와 같이 예수님은 구약 성경에서 예언된 분으로서 예언자 아모스가

"그들이 에돔의 남은 자와 내 이름으로 일컫는 만국을 기업소유으로 얻게 하리라"암 9:12는 말씀이 성취되고 있음을 보여 보여준다. 예수 그리스도는 세계 모든 이방인들까지 구원하시는 분이시다. 예수님은 열두제자를 택하시고 그들과 함께 3년 동안 사역을 하시는 중에 제자들에게 말씀하신다.

> 내가 네게 이르노니 이 반석 위에 내 교회를 세우리니 음부의 권세가 이기지 못하리라. 마 16:18

예수님께서 창조한 새로운 사회의 일반적인 명칭이 '교회'다. 우리가 '교회'란 이름을 사용할 때 예배를 위한 모임이나 예배를 위해 모이는 사람의 집단, 심지어는 예배드리는 장소로 '교회'를 생각하거나 교회의 조직을 말할 때도 사용한다. 그러나 교회는 한 단위로 한 민족으로 모이고 그분의 이름으로 그분의 뜻을 이루려고 모이는 세계적이고 우주적 교회다. 하워드 요더가 『근원적 혁명』에서 말한 데로 "교회가 신실하게 서 있다면 그 존재 자체가 사회적으로 새로울 뿐만 아니라 또한 사회 변혁을 위한 가장 강력한 도구요 전투적 집단이 된다."

그럼에도 불구하고 대부분의 목사와 교인들이 교회가 무엇인지 잘 모르는 현실이다. 교회는 단지 교인들이 함께 모여 예배드리고 기도하고 헌금을 내며 찬양을 드리는 곳만이 아니다. 우리는 지금까지 이스라엘이 얼마나 열심히 예배드리고 제의에 충성스럽게 헌신하게 되었는가를 보아왔다. 예언자 아모스는 하나님을 건성으로 알고 진리와 성령으로 예배드리지 않고, 정의를 실천하지 못한 이스라엘의 멸망을 선언했고 실제로 멸망했던 것을 보았다.

교회, 성령 충만의 공동체

최초의 교회는 예수님께서 부활하신 이후 성령이 충만한 공동체로 시작하였다. 하나님 나라의 현재적 활동으로써 성령이 교회 안에서 새 창조를 시작한다. 우리는 사도행전에 등장하는 교회의 탄생이 성령 충만한 사람들로부터 시작되었음을 알고 있다. 교회는 오순절에 태어난 성령님의 피조물이다. 그러므로 하나님 나라 백성은 성령 충만한 자가 되어야한다. 성령이 충만하다는 말은 나의 혈과 육이 죽고 하나님의 통치로 충만하다는 말이다. 성령 충만은 자기 정신으로 사는 것이 아니라 하나님의 뜻으로 사는 것이다. 성령으로 사는 사람은 마치 술에 취한 사람처럼 새 포도주에 취한 사람들이다. 새 포도주에 취한 사람은 정신이 몽롱해지고 제정신이 없어지는 것이 아니라 오히려 정신이 맑아지고 하나님의 성령으로 충만해진다. 예수님의 제자들이 주님의 말씀을 전하다가 십자가에서 기꺼이 죽임을 당할 수 있는 것은 새 술에 취했기 때문이다. 십자가 죽음은 이론이 아니라 예수님처럼, 제자들처럼 실제로 날마다 작은 순교를 경험하며 사는 것이다. 인간의 본질은 이기심 · 탐욕 · 교만 · 과도한 경쟁심이다. 마르크스의 공산주의 사상에 취해도 사람이 변하고 삶이 변한다. 20세기에 수많은 젊은이들이 마르크스 사상에 취해 생명을 걸고 혁명에 참여한 것을 보라. 한 사람의 사상도 이렇게 영향력을 미치는데, 창조의 영이신 성령이 우리 안에 계신다면 어떠하겠는가? 또 60-70년대 많은 청년 학생들이 직업을 갖지 못하고 감옥에 가는 것도 불사하며 모든 사회적 혜택을 거절하고 부정과 독재에 당당히 맞서 싸우지 않았던가? 불의와 부정으로 가득했던 시대에, 진리를 가졌다는 한국 교회는 무엇을 했던가?

초대교회 역사는 과거에 일회적으로 일어났던 사건만은 아니다. 오늘날 우리에게도 충격적으로 성령님의 임재가 있을 때 초대교회 역사works가

오늘도 일어날 수 있다는 확신을 갖고 기도하자. 그러나 무엇보다 성령 충만은 윤리적 변화를 필연적으로 가지고 온다는 사실을 분명히 알아야 할 것이다. 성령 충만한 사람은 하나님 나라의 새 질서에 편입된 새사람이 된다.

하나님 나라는 교회 공동체의 모든 물질적 수단으로 형제를 후원하고 돕는 일에 형제적 친교의 토대가 된다. 교회는 자신을 넘어서 하나님 나라를 지향하며 교회의 활동을 통하여 정치·경제적 위기와 사회적 경쟁으로 분열된 세상에 희망이 되어야 한다. 또 교회는 돈의 신인 맘몬이 세상과 교회를 지배한다는 사실을 주목하고 인간을 속이며 노예로 삼고 부자유하게 하는 인간의 적임을 폭로해야 한다.

> 믿는 사람이 다 함께 있어 모든 물건을 서로 통용하고 또 재산과 소유를 팔아 각 사람의 필요에 따라 나눠 주며 날마다 마음을 같이 하여 성전에 모이기를 힘쓰고… 온 백성에게 칭송을 받으니 주께서 구원 받는 사람을 날마다 더하게 하시니라. 행 2: 44-47

교회는 우리의 모든 삶을 변혁하는 능력이 교회 안에서 훈련되어야 한다. 교회는 하나님 나라의 선구자이며 그리스도의 증인이고 사랑이 역사하는 세력이다. 교회라고 해서 아직은 참된 질서에 완전한 모델은 아니다. 교회는 아직도 주위 사회와 마찬가지로 탐욕과 이기심과 같은 불행 속에 있다. "너희가 빛을 사람에게 비추어 너희의 착한 행실을 보고 하늘에 계신 하나님께 영광을 돌리라." 마5:16 이 명령은 개인뿐만 아니라 교회에 주어진 명령이다. 교회는 미래적인 하나님 나라에의 참여와 그 나라의 시작이다. 그러므로 하나님 나라 공동체인 교회는 세상과 다름으로 말해야 한다. 교회는 누룩처럼 삶 전체에 침투하여 새로움의 효소로 작용해야 한다. 이제 하나님 나라가 삶의 모든 영역에서 전면에 드러난다. 세상의 빛과 소금이 되도록 부름 받은 교회 공동체는 하나님 나라를 위하여 주변 세계에서 헌신하고 아낌없이 내어주도록 해야 한다. 교회는 자비롭고 평화로운 세계를 이룩하고 화해를 가져오고 사랑과 정의를 실천하며 예수님의 약속과 명령에 따라 세상 나라를 향해 복된 공격을 감행해야 한다.

교회, 차별 없는 사회

교회는 하나님 나라의 새 가족일 뿐만 아니라 코이노니아 공동체다. 교회는 서로서로 함께 하는 공동체다. 교회에서 교인들이 서로 함께하는 것은 중요한 일이다. 교회는 무슨 동호인의 모임이 아니다. 세상의 동호인의 모임이라 할지라도 그들 또한 목표와 질서를 가지고 하나가 된다. 그러나 교회는 '예수님을 중재자로' 성령으로 하나 된 공동체다. 본회퍼가 『신도의 공동생활』에서 말한대로 "교회는 하나님의 말씀으로 훈련된 제자들의 모임이다. 교회는 하나님의 말씀으로 서로 사랑 안에서 서로 책망하고 권면하고 격려하며 세워주며 훈련하는 곳이다. 교회는 신앙의 못자리다. 즉 우리는 교회 안에서 신앙이 일깨워지고 성숙해져 간다. 올바른 교회는 예수 그리스도를 주로 고백하고 진심으로 그리스도의 말씀으로 살고 그분의 이름을 높이며 한 집에서 모여 예배하며 나누며 기도하고 성경을 공부하며 새로운 공동체로 태어나도록 항상 준비해야 한다." 이것이 사도행전에서 말한 표준교회의 모습이다. 신약 성경적인 시각에 의하면 새로운 공동체 생활 없이는 새로운 삶을 시작할 수 없다. 인간의 모든 약점과 불완전함 속에서도 교회 공동체는 새로운 첫걸음을 내딛으며 가족처럼 함께 사는 공동체다. 교회는 코이노니아 공동체다. 신약 성경에는 '서로' 라는 낱말이 많이 자주 나온다. 게하르트 로핑크는『예수는 어떤 공동체를 원했나?』에서 '서로'라는 말이 "신약 성경에서 가장 아름다운 언어"라고 했다.

그럼에도 불구하고 교회의 친교 안에는 긴장된 공존이 있으며 이 공존 안에서 대립이 일어나기도 한다. 그러나 서로 용서하며 서로 부족함을 받아주고 감당해야 한다. 교회 공동체 안에서 용서는 매우 중요하다. 파울 뵈세는 "용서는 과거를 변화시킬 수 없으나 미래를 넓혀준다"고 말한다. 이처럼 교회 공동체는 '서로' 마음을 같이하여, 서로 용서하고 세워주며 사랑하는 공동체다. 교회는 유대인이나 이방인이나 할 것 없이 모든 인종과 모든 민족이 만나 하나 된 하나님의 백성이며, 그리스도 안에서 하나님의 사랑을 안다는 사실에서 다른 인류와 구별된다. 하나님의 교회는 모든 차별의 장벽이 없는 세계를 지향한다. 그래서 교회 공동체 안에는 부자 · 가난한 자 · 배운 사람 · 배우지 못한 사람 · 시골 사람 · 도시 사람 · 건강한 사람 · 병든 자 · 세관원 · 창녀 · 경상도 사람 · 전라도 사람도 그리스도 안에서 모두 하나가 된다. 이것이 하나님 나라 공동체인 교회의 모습이다.

사도 바울은 "너희는 유대인이나 헬라인이나 종이나 자유인이나 남자나 여자나 다 그리스도 예수 안에서 하나이니라"갈3:28라고 선포한다. 이 말씀은 당시 사회로는 받아들일 수 없는 충격적인 내용이다. 어떻게 유대인과 이방인이 하나가 될 수 있으며, 어떻게 종과 자유인이 하나가 될 수 있을까? 남자와 여자가 하나가 될 수 있을까? 교회는 세상에서 통용하는 관계가 아니라 성령 안에서 모든 차별이 없는 성령의 공동체로 태어나는 것이다. 그러므로 교회는 스스로 예수님의 말씀에 순종함으로써 대조사회를 이루며, 그 자체만으로도 일반적인 세계 개혁에 온갖 설계를 내세우는 것보다 풍부한 공격 효과를 갖는다. 그러므로 우리에게 필요한 것은 존브라이트J. Bright가『하나님 나라』에서 말한 대로 "교회가 교회 되게" 하는 것이다.

교회는 새로운 국제적 하나님 백성으로 모든 인종·계급·민족들이 함께 만난다. 교회는 인류의 운명을 결정하는 국제적 모임이다. 교회를 통해 하나님 나라는 그 백성과 함께 세상으로 침입한다. 그리스도의 공동체인 교회는 세상 나라 백성과는 전혀 다른 모습으로 특별한 백성으로 등장한다. 교회는 하나님의 백성으로서 세계 역사를 뚫고 하나님에 의해 지시된 세계 완성을 향해 고유한 길을 간다. 하나님의 교회는 어떤 사회적 공동체보다 우선한다. 그러므로 교회는 우리의 최우선 관심거리가 되어야 하며, 물질과 시간과 헌신이 필요하다. 이렇게 교회는 하나님의 소유물이며 하나님 나라의 전위 부대로써 거룩한 백성으로 살아가야 한다. 교회는 하나님 나라의 대표·전진기지·대조사회·모델이다. 예수님은 제자들에게 심지어 자기 가족과의 단호한 결별을 요구하신다. 예수님의 뜻과 다르면 혈육의 가족이라도 헤어지라고 말씀하신다. 이 얼마나 혁명적이며 급진적인 요구인가! 예수님을 따르려는 자는 자기 가족까지도 해체하고 스스로 하나님의 가족 공동체에 편입된다. 예수님을 따르는 사람들은 모든 소유, 모든 관계를 버리고 하나님의 새 가족이 된다.

> 누가 내 모친이며 동생들이냐 하시고 둘러앉은 자들을 둘러보시며 가라사대 내 모친과 내 동생들을 보라 누구든지 하나님의 뜻대로 하는 자는 내 형제요 자매요 모친이니라.막 3: 31–35

충격인 말이다. 그러므로 그리스도의 공동체는 이 세상의 모든 가족과 결별을 선언한다. 이처럼 교회는 새로운 가족이다. 피는 물보다 강하지만 피보다 강한 것은 교회 공동체이다. 이리하여 하나님의 공동체는 옛사람의 생활에서 벗어나 하나님의 질서를 가진 하나님 나라의 대기실로 옮겨진다. 그럼에도, 오늘의 교회는 일요일에 한 시간 동안 예배드리는 것으로 축소되고 크게 왜곡되어 있다. 교인들은 서로 모르면서 인사도 없고, 말도 건네지 않고 나란히 앉아있다. 교인들이 서로 하나 되는 형제적 친교는 하나의 이상이 아니라 하나님에 의해, 예수 그리스도 안에서 성령을 통해 형성된 새로운 현실이다. 교회 안에 있는 교인들은 다른 인간관계와는 다른 관계, 곧 성령을 매개로 한 새로운 관계로 나아간다. 특별히 사회 주변에서 밀려난 힘이 없는 사람들 · 가난한 사람들 · 중독된 사람들 · 삶의 절망에 빠진 사람들 · 병에 고통 받는 자들 · 의지할 데 없는 자들 · 노인들과 함께하며 끊임없는 사랑을 실천해야 한다.

이러한 치유 공동체는 더 나아가 고통받는 정치 · 경제 · 사회 등 모든 것을 치유하는 공동체가 되어야 한다. 예수님이 말씀하신 구원 즉 치유는 단지 고통받는 개인만이 아니라 그들을 둘러싼 주위의 사람과 세계까지 포함한다는 것에 유의해야 한다. 이와같이 교회는 죄와 탐욕과 이기심과 죽음으로부터 생명과 자유와 해방하는 공동체다. 우리가 주님을 믿을 때 살맛 나고 기쁘고, 풍성함과 감사함으로 나아갈 수 있으며, 그때 우리는 진정한 하나님 나라의 신성한 가족 공동체 일원이 된다.

교회, 하나님 나라의 증인

교회는 하나님 나라의 증인으로 부르심을 받았다. 그러므로 우리가 앞에서 말한 정치 · 환경 · 인권 · 통일 등 모든 사회에 모범을 보이고 해결하기 위해 교회가 사회 정치문제에 큰 관심을 갖고 도래하는 하나님 나라의 복된 공격을 감행해야 한다.

교회로부터 하나님 나라는 시작되는 것이고 이 땅에 하나님 나라가 이루어지도록 기도할 뿐만 아니라 뜻이 하늘에서 이루어진 것 같이 땅에서도 이루어지기를 분투하며 노력해야 한다. 그러므로 현존하는 교회를 통해 하나님 나라를 볼 수 있어야 한다. 하나님 백성의 아름다운 모습을 보고 사람들이 감동하게 해야 한다. 그러므로 사회 구원으로 승화되지 못한 개인 구원은 상상할 수 없다. 내세적이며 지극히 개인주의적인 수준의 구원 개념은 성경에서 족보를 찾을 수 없는 지극히 미신적이고 기복적인 구원 개념이다. 예수님처럼 확고부동한 '몸소 하나님 나라'가 시작되지 못한다면, 그런 개인 구원은 세계 변혁의 구원으로 승화될 수 없을 것이다.

교회는 어둠 속의 빛이요 썩어가는 세상 속의 소금이다. 교회는 세상을 위한 교회다. 교회는 교회 자체로는 아무 의미가 없다. 교회는 자신이 하나님의 뜻에 복종할 뿐만 아니라 이 땅에 하나님의 뜻을 펼쳐가는 특별한 백성의 모임이다. 교회는 세상과 구별되어야 한다. "We are in the world, not of the world."요17: 교회가 그 빛을 발산하지 못한다면 등불은 반드시 꺼지고야 말 것이다. 교회는 말로 증거할 뿐 아니라 행동을 통해 하나님의 증인이 되도록 촉구된다. 교회는 바야흐로 산 위에 있는 도시다. 그러기에 누구나 볼 수 있는 산 위에 자리한 도시교회로 숨겨져 있을 수 없다. 산 위의 도시에서 찬란한 빛을 세상 사람들에게 등불이 되어야 한다.

교회는 변화된 삶을 살며 변화를 일으키는 새로운 집단으로서 세계를 동요시키고 전복하며 하나님 나라의 혁명을 선포하며 촉진하는 새로운 하나님의 백성으로 등장해야 한다. 그런데 한국 교회는 어떠한가? 세상과 다른 점이 별로 없다. 교회는 폴 리쾨르가 말한 대로 "촛불이 녹아 빛을 발하듯, 소금이 녹는 아픔 속에서 소금이 되듯" 자신을 비우고 희생하는 공동체가 될 때 진정한 교회가 될 수 있다. 과연 빛과 소금은 어디에 있는가!

신학자 예레미야스Joachim Jeremias는 그의 『신약신학』에서 "예수님의 활동에서 유일한 희망은 하나님 나라 백성의 모임이다"라고 말했다. 교회는 십자가에 달리신 분의 죽음과 부활과 더불어 성령의 능력 안에 근거한 새로운 백성이다. 교회는 일상생활과 관련되고 일상생활을 지배해야 한다. 우리는 가정에서부터 교회, 직업 속에서 하나님의 백성으로 살아야 한다. 교회 공동체는 거짓과 폭력적 지배와 경쟁 속에 있는 주변 세계와 구별된다. 교회 공동체는 모든 인류보다 앞서 목표를 향해 나아가며 앞장서 세계적인 차원에서 하나님 나라를 선포한다. 교회는 예수님의 부활과 예수님의 재림 사이에서 산다. 교회는 하나님 나라의 완성을 고대하며 성령의 역사와 그리스도의 현존을 통해 충만해지고 하나님의 희망 속에서 오늘을 사는 것이다. 사도 바울의 교회론은 '그리스도의 몸'이란 개념이 중심적인 의미가 있다고전 12:4-27. 성령님을 통해 형성된 그리스도의 몸은 그리스도인들의 개별적인 존재보다 앞서 있고 우위에 있다. 예수님은 지금 어디 계신가? 하나님의 우편에 앉아 계시며 높여진 그리스도는 왕으로서 세계를 통치하신다. 그리고 교회 안에서 성령의 은사들과 함께 현존한다. 교회는 하나님의 선물인 성도들의 은사들을 결합하고 세워져 간다. 이 공동체 안에서는 교권을 가진 사람들이 아니라 영적 능력을 갖추고 교회에 헌신하는 영적인 사람들이 주도한다. 모든 그리스도인은 그가 하나님으로부터 받은 은사를 가지고 공동체 안에서 한 분 주님을 섬긴다.

교회를 단순히 모이는 장소로만 생각하고 교회의 목적과 공동체성에 대하여 관심이 없는 사람들이 있다. 교회는 예배당도 아니고 교육관도 아니고 더구나 성전도 아니다. 예수님의 이름으로 두세 사람이 모이는 곳이면 교회다. 교회는 예수님께서 자기의 뒤를 따르도록 제자들을 부르시고 이 세상 나라에서 하나님 나라의 증인으로 선택하신 공동체이다.

분명히 하나님 나라의 교회는 언제나 한 백성, 한 하나님의 백성이지 개인으로 하나님을 믿는 인간들의 개개인의 영혼에만 머물러 있다는 생각은 성경에서 찾아볼 수 없다. 요사이 '가나안' 교회, 즉 '안 나가'를 거꾸로 한 말인데, 교회에 나가지 않는 사람들이 많이 생기는 것은 일단 교회론에 문제가 있지만, 왜 교회를 안 나가는지를 생각해야 할 것이다. 가나안 교인이 백 만여 명이나 된다는데, 이것은 교회의 심각한 병리 현상을 보여 준다. 목사들은 교인들의 몸부림과 목메인 울음소리를 들어야 할 것이다. 은총과 심판으로 다가오는 하나님의 나라는 먼저 '낡은 인간'과 '낡은 체제'에 충격을 준다. 이 충격 앞에서 새 세계로 돌아서느냐 아니면 옛 질서에 집착하고 안주할 것인가를 결단해야 한다. 한국교회가 무기력한 것은 교회가 올바른 회개와 하나님의 용서하심에 대한 자각이 없는 사람들의 집단이 되었기 때문이다. 우리는 교회에 오래 다닌다고 하나님의 백성이라고 생각하면 큰 착각이다. 예수님은 회개의 필요성을 처음부터 분명히 밝히셨다.

> 너희는 이 세대를 본받지 말고 오직 마음을 새롭게 함으로 변화를 받아 하나님의 선하시고 기뻐하시고 온전하신 뜻이 무엇인지 분별할 수 있어야 한다. 롬12:2

하나님의 새 질서는 우리가 지금까지 대하던 모든 것과는 뿌리부터 다르기에 하나님 나라의 질서에 들어가려면 영적으로 개조되어야 한다. 우리의 선택사항은 간단하다. 하나님의 통치에 나 자신을 넘겨주어 그의 통치에 충성할 것인지 그렇지 않을 것인지를 행동으로 보여주어야 한다. 짐 월리스는 『회심』에서 "진정한 회개는 기존질서에 위험스럽게 보일 수 있다. 성경적 회개는 우리가 인간존재의 모든 권위에서 자신을 하나님께 굴복시키는 것이다"라고 말한다. 누구든지 그리스도와 연합하면 새로운 질서에 편입된다. 옛것은 지나가고 새 질서가 시작된다."

> 그런즉 누구든지 그리스도 안에 있으면 새로운 피조물이라 이전 것은 지나갔으니 보라 새것이 되었도다.고후 5:17

교회, 스스로 갱신하는 사회

한국교회는 불행하게도 성장주의와 성공주의를 향해 치닫고 있다. 한국교회는 수적으로나 열심으로 세계적으로 인정받고 있지만, 성경이 말하는 올바른 지식은 없다.롬10:2 말씀이 없는 열심은 대제사장·서기관·바리새인과 같이 진리이신 예수님을 죽인다. 열심만 있다고 좋은 것이 아니다.롬10:2 "내 백성이 지식이 없으므로 망하는 도다."호4:6 열심이 올바른 말씀과 함께 가야 한다. 그때 진정한 열심이 된다. 한국교회는 사영리 수준의 설교들로 채워지고 있고 장경동 목사 같은 사람들이 한국교회의 인기를 받고 있다. 너무도 가볍고 피상적이지 않은가! 대형교회들의 부자 세습들도 심각하거니와 개교회주의에서 벗어나지 못하는 현실 또한 문제이다. 한국교회는 사회의 복합적이고 강력한 쟁점들을 다룰만한 신학적 훈련이나 소양이 빠져 있다. 신학자 한스 큉이 『교회』에서 말한 대로 "어떻게 이 마지막 시대에 교회가 세속 권력을 장악, 유지하고 정책적 계략과 음모를 꾸미는 그런 수단에 안주할 수 있는가! 어떻게 현세적 영달과 호사를 누리고, 좌지우지 높은 자리를 할당하며, 현세적 칭호와 훈장을 수여하려는가! 어떻게 현세의 재물과 황금을 필요 이상으로 쌓으려 할 수 있는가! 어떻게 현세의 권력과 제휴하고 세속의 결사·정당·문화기구·경제적 · 사회적 압력단체와 쉽게 결합하며, 특정한 경제 · 사회 · 정치 · 철학 · 이념 체계에 무비판적, 무조건 영합할 수 있는가! 어떻게 고통 · 멸시 · 비방 · 박해를 피할 수 있는가! 어떻게 십자가의 길 대신에 넓은 길을 걸으려 하는가! 이 마지막 시대에 자신이 인간에게, 원수에게, 그리고 세계에 대한 온몸을 바쳐 존재한다는 사실을 간과하는 교회는 그 존엄성과 타당성을 그리고 존재 가치를 잃게 될 것이다."

교회는 새로운 공동체로서 항상 자기 비판적 태도를 통하여 변혁하고 해방하는 하나님의 증인으로 부름 받았다. 하지만, 교회는 주변 세계 질서와 지배적인 이데올로기에 적응하려는 항구적인 유혹 가운데 있다. 그러므로 자신의 사회적 삶에 대한 자기비판과 검토와 더불어 지배 계급 체제의 속박 속에서 해방되려면 주변 사회 경제와 사회 정치에 대한 문제를 부단하게 제기해야 하며 저항해야 한다.

참된 교회는 부단히 자신을 바라보며 회개를 통한 자기갱신을 추구해야 한다. 교회 갱신은 주님이 교회에 부여한 과제인 동시에 주님이 교회에 주신 가능성이다. 이러한 교회 갱신에도 장애물이 존재한다. 무관심, 교회의 상황을 환상적으로 평가하는 것, 교회의 자기만족, 태만한 전통주의, 피상적인 교회론과 협소하거나 세속화된 교회론, 패배주의적 절망 등이 바로 이러한 장애물들이다. 갱신되지 않은 교회로 말미암아 당하는 고난, 교회를 악에서 구원해 달라는 기도, 참여를 통한 건설적인 교회 비판, 주님을 위한 열망과 사랑만이 갱신의 의지를 거듭 새롭게 할 수 있다.

진정한 갱신이라면 파괴와 정죄, 금지에 머물러서는 안 된다. 진정한 갱신은 오히려 본질을 적극적으로 새롭게 형성하는 것이다. 교회는 약해지고, 비방 받으며, 마비되고, 박해받을 수 있으며, 심지어는 외적으로 없어질 수도 있다. 그러나 "음부의 권세가 이기지 못하리라."마16:18 교회는 결코 죽음의 세력에 굴복하지 않을 것이다. 교회는 파멸되지 않을 것이다. 하나님의 성실하심은 교회에 영속성과 연속성이 선사 되었다. 개별 교회는 약하고 죄를 짓는 존재지만, 하나님에 의해 생명을 보존 받게 될 것이다. 교회는 교만과 욕망에 사로잡힐 수도 있다. 또한, 교회는 무질서하고 사나워질 수 있으며, 타락하고 모욕을 당할 수도 있다. 교회는 여러 가지 측면에서 변질하고 예수님으로부터 멀어질 수도 있다. 그러나 "볼지어다. 내가 세상 끝 날까지 너희와 항상 함께 있으리라."마28:20 높여지신 주님께서는 교회를 도우시고 끝까지 지키실 것이다. 교회는 죄의 힘에 굴복되지 않을 것이다. 교회는 하나님이 세우신 공동체로 절대 무너지지 않을 것이다. 우리는 이런 확신을 가지고 몸부림치며 회개하고 갱신해야 한다. 그리하여 항상 표준교회인 초대교회로 돌아갈 수 있는 공동체가 되어야 한다!

하나님 나라와 교회의 관계에 대하여 심층적으로 연구해온 하워드 스나이더Howard A. Snyder는 『해방하는 교회』에서 교회 갱신의 명제를 다음과 같이 정리하고 있다.

첫째, 오늘날 교회의 근본적인 위기는 하나님 말씀의 위기다. 교회는 말씀의 역동성을 온전히 되살려내야 한다. 교회는 하나님과 하나님 나라가 무엇인가에 대한 의식을 회복해야 한다. 둘째, 교회는 본질적으로 하나님 나라 백성의 공동체로서, 일차적으로 조직이나 제도나 프로그램이나 건물이 아니다. 셋째, 교회를 하나님 나라의 백성의 공동체요 하나님 나라의 대행기관으로 경험해 보지 못한다면, 그 구원은 불충분하며 온전히 성경적이라고 할 수 없다. 넷째, 교회가 할 수 있는 가장 역동적이고 예언자적인 일은 무엇보다 예배하는 공동체와 섬기는 공동체 그리고 사귐의 공동체가 되는 데서 출발한다. 다섯째, 교회가 정의를 추구하며 가난한 자와 힘없는 자들에게 관심을 기울이고 그들과 자신을 동일시한다면, 이는 하나님 나라에 대한 충성의 확실한 표지이며, 근본적인 갱신의 징조다. 여섯째, 생명력 있고 성경에 충실한 교회는 하나님 나라에 반하여 작동하는 사회의 양상 및 추세들과 긴장 관계 속에서 사는 대항 공동체이다. 신실한 교회는 세상적 힘에 대항하여 싸운다. 그런 교회는 가시적으로 그리스도와 닮은, 하나님 나라 중심적인 삶을 산다.

교회, 다시 초대교회로

지금 한국 교회는 전통적 가치관의 급격한 붕괴와 다양한 가치관의 유입, 급속한 자본주의의 발전과 이에 미치지 못하는 저급한 정신적 수준이 날로 확대되고, 산업화와 증대되는 생태계 파괴로 말미암은 정신적 고향 상실과 무의미의 증가로 정신적 윤리적 혼란이 점차 사회의 저변에 폭넓게 스며들고 있다. 이러한 때에 교회는 대조사회로서 이 세계의 한복판에서 세상의 소금과 빛의 역할을 감당해야 한다. 만약 교회가 세상과 자신을 분리시키려 한다든지 거꾸로 사회와 자신을 일치시키려 한다면 교회가 존재해야 할 의미는 사라지는 것이다. 그렇게 되면 교회는 세상 안에서 세상과 대면하며 감당해야 할 자신의 가치와 목표를 상실하고 변종이 되거나 종교의 잔해로 머물고 말 것이다. 우리는 지금 이런 위기 앞에 서 있다. 한국교회에서 뜻있는 사람들이라면 한국교회가 존망의 위기에 처해있다는 말에 공감할 것이다.

지금 하나님 나라가 세상 나라에 대한 복된 공격은커녕 오히려 세상 나라에 의해 하나님 나라가 무차별적으로 공격당하는 안타까운 현실이다.

하나님 나라의 전진기지인 교회는 모든 영역에서 성경적 세계관과 하나님 나라 관점에서 볼 줄 아는 제자들이 정치·경제·사회·노동·교육·환경·예술·학문 등 모든 분야에서 국가적으로, 세계적으로 훌륭한 그리스도인 인재들이 나오기를 바란다. 이러한 제자들이 나오지 않는다면 세계의 모든 영역은 세상 나라의 독무대가 될지도 모를 상황이다.

교회는 신학적 실체이면서 사회적 실체요 윤리적 실체이기도 하다. 교회가 아무리 이 세상과는 상관없다고 말해도 교회는 세상 안에 존재함으로써 사회적 윤리적 실체임을 드러낸다. 그러므로 교회는 사회 안에서 윤리적 규범과 행동 목표를 제시하고 스스로 모범적인 모임으로 대조사회로서 사명을 다해야 한다. 특히 오늘날과 같은 인간성 파괴, 윤리적 규범의 혼란 그리고 극도의 물질주의와 이기주의를 대적할 수 있으려면 교회는 더한층 자신의 윤리적 삶의 근거를 확고하게 해야 할 것이다. 그것은 구약성경에서 강조하는 정의로운 사회를 구현하는 교회가 되어야 한다. 313년 콘스탄티누스 이전만 하더라도 대조 사회로서의 기능을 감당했던 교회가 교회 권력이 상층부로 이동하면서부터 지배 이데올로기에 편입되고, 근래에 와선 자본주의 발전에 편승하여 이집트의 고깃가마를 선호함으로써 교회는 윤리적 혼란의 방파제가 되기보다는 오히려 그들과 똑같은 사람들이 되어가고 있다. 사실상 한국교회는 기득권에 혈안이 되어 있고 탐욕적이 되었다. 새 미래·여명의 아침·더 밝은 빛을 발하지 못하는 불구의 신세를 면치 못하는 상황이다.

교회는 이 세상의 한복판에서 하나님 나라가 무엇인가를 보여주도록 부름을 받았다. 그럼에도 불구하고 사실상 한국의 보수 교회는 성경이 말하는 하나님 나라 진리를 보수한 것이 아니라, 불행하게도 자끄 엘뤌이 말하듯이 오히려 주류적 지배 이데올로기의 포로가 되었다. 일본 강점기 때는 친일 기독교, 반공 독재 시대는 반공 독재 옹호 기독교, 신자유주의 무한경쟁 시대에는 신자유주의자본주의적 기독교가 교회와의 연결 고리를 강하게 붙들고 보수하고 있다. 기독교 정당을 대표하는 후보가 대통령이 되고 장관이 되고 사장이 된다고 해서 하나님 나라의 다스림이 그 영역에 자동으로 관철된다고 생각하는 것이야말로 큰 착각이다. 우리나라 인구의 60퍼센트 이상이 교회에 다녀야 하나님 나라가 왕성해질 것이라고 믿어서도 곤란하다. 하나님 나라 운동은 국가나 학교나 기업의 운영 원리에 획기적인 변화를 요구하는 것이지, 단순히 기독교적 가치를 밖으로 표방하는데 머물지 않기 때문이다.

이러한 가운데, 소위 한국의 보수적 교회들은 중립적 무풍지대에 머물며 보수적인 기득권 세력의 요새를 엄호하는 형국이다. 터질 듯한 위기감으로 더욱 격해지고 사나워지는 민심의 파도를 읽지 못하고 있다. 이리하여 한국 교회는 민심으로부터 멀어져 버렸다. 여기에 한국 교회는 응답해야 한다!

이웃의 피눈물을 외면하고 못 본체 하는 한국교회는 민심과 멀리 떨어진 자기만의 수구 집단으로 전락하고 있으니 얼마나 안타까운 일인가! 부끄럽게도 한국 교회는 믿지 않는 사람들에게 호감을 주지 못하고 있다. 교회가 세상을 걱정하고 그들을 위해 도움을 주는 곳이 되어야 하는데 세상이 교회를 걱정하는 현실이 되었다.

교회, 세계 변혁을 향하여

교회는 이제 사회적이고 정치적인 삶의 모든 영역에 침투하고, 세계 완성의 목표를 향해 나아가야 한다. 성령의 능력에 의해 예수 그리스도 안에 있는 구원 · 생명 · 새로운 공동생활 · 정의와 자유를 소외와 불행의 영역

속에서 건져내야 한다. 하나님 나라는 인간 실존 뿐만 아니라 정치 · 경제 안에서 일어나는 혁명이다. 이 혁명은 인간이 일으킬 수 없는 혁명이다. 그러나 이 혁명은 교회 안에서 먼저 시작되며, 사회 · 정치적 삶의 영역으로 뚫고 들어오는 이 혁명운동에 참여하도록 우리들을 격려하며 힘을 준다. 그러나 열광주의에 빠져서는 안 된다. 복음과 은혜의 나라는 사회와 정치의 나라로부터 엄격히 구분되어야 한다. 앞에서 살펴본 것 같이 마틴 루터에 의해 주창된 "두 왕국 이론"은 교회와 세계를 분리시키려는 것이다. 영적 통치권과 세속적 통치권을 분리한다. 권력이 어떠한 상황에도 하나님 나라와 영적 영역을 침해할 수 없고 영적 세계도 세속적 영역을 침해해서도 안 된다. 이와같이 두 나라의 영역과 역할을 구분하는 사회 윤리적 규정은 방향 감각에 대한 비판적 교정이 필요하다. "두왕국 이론"[1]은 독일에서 국가가 스스로 합법한 자리를 차지한다. 여기에서부터 국가의 권력 독점과 전제정치가 횡행하게 된 것이다. 이처럼 세상의 법과 복음이 분리되자, 결국 법은 은혜를 잃었고, 복음은 권한을 잃었다. 영적 영역과 세속적 영역의 구별을 사적인가 공적인가로, 혹은 내적인가 외적인가로 구별하기 시작한 것은 "두 왕국 이론"의 또 하나의 왜곡이었다. 그것은 결국 신앙은 세상을 잃고, 세상은 신앙을 잃었다. 하나님은 현실을 잃었고, 현실은 신을 잃었다. 여기서 사람들은 국가와 정치를 불신앙에 맡겼고, 스스로는 내적 경건이라는 달팽이 집 속으로 숨어들어 갔다. 그 결과 사람들은 "두 왕국 이론"에 의해 히틀러의 국가적 변태와 나치라고 하는 정치종교에 저항할 종교적, 정치적 근거들을 발견할 수 없는 상태에까지 이르고 말았다. 결국 두 왕국 이론은 기독교적 윤리의 표준을 제시해 주지 못한다. 그

---

1) 위르겐 몰트만, 『정치신학과 정치윤리』, 박종화 역, 대한기독교서회, 2017, 204-207. 자세한 내용은 189-207을 참고할 것. 이 주제에 대하여 볼프만 비퍼만, 『루터의 두 얼굴』, 최용찬역, 평사리, 2017을 참고할 것.

것은 단지 세속 윤리나 세속 질서의 윤리를 인정하는 기준만을 제시할 뿐이다. 그러므로 루터의 두 왕국 이론이 기독교 윤리의 기반이 될 수는 없다. 그런데 이 이론은 주어진 사실만을 중요시하는 현실주의를 기독교 윤리 속에 들여옴으로써 세상을 변혁하는 희망을 불러일으키지 못하게 했다.

그러므로 우리는 루터의 "두 왕국 이론"을 비판적으로 검토해야 한다. 하나님 나라의 복되고 해방적인 운동이 저지되거나 두 나라의 경계선상에서 정지될 수없다. 하나님 나라는 삶의 모든 영역에 침투하고 침범해야 한다. 칼빈은 『기독교 강요』에서 "만일 통치자들이 하나님을 거스리는 일을 명령한다면 그 명령을 따르지 말아야 한다. 그리고 통치자들이 소유한 권위에 대해서 전혀 개의치 말아야 한다"고 말한다. 불행하게도 칼빈의 후예인 개혁파 장로교가 한국 교회 안에 가득한 데도 "두 왕국 이론"에 함몰되어 있는 상황이다.

교회는 낯선 정치적 · 사회적 강령을 신봉하거나, 독자적인 기독교적 정당을 통해 추구해서는 안 된다. 교회는 하나님 나라의 새로운 정치에 대한 증인으로서 장차 세계가 자유의 나라 안에서 완성된다는 것을 알리는 전위대와 전령으로서 존속하여야 한다. 교회는 첫 단계이다. 이 첫 단계에서 하나님 나라는 고유하게 자신을 알리며, 궁극적인 것을 밝힐 뿐 아니라 사회와 국가의 목적뿐 아니라 상대적으로 실현 가능한 수단들을 보여줘야 한다. 하나님 나라는 우리 삶의 모든 영역에 침투한다. 하나의 영역을 하나님의 말씀으로부터 제외시키면 다른 모든 영역들에서 하나님의 말씀은 작용할 수 없다. 그것은 더 이상 하나님의 말씀이 아니라 우리의 말이며, 우리는 더 이상 그 말씀에 의해 인도되지 않고 우리가 그 말씀을 지배하며 우리에게 적합할 경우에만 말씀을 사용하며, 목사들이 전하는 메시지가 우리에게 잘못 전해지거나 우리의 인간적인 원망과 희망에 장애가 되는 것으로 보일 경우에는 그 권고를 무시할 수 있어야 한다. 교회는 그 자신의 과제를 수행하는 가운데 정치·사회적 과제에도 참여한다. 예수 그리스도를 믿고 선포함으로써 교회는 교회의 주이면서 세상의 주이기도 한 분을 믿고 선포한다

세계 변혁에 대한, 십자가에 달린 분의 부활에 근거한 평화와 정의의 약속에 대한 희망으로써 모든 것을 채우고 이 희망에 대한 모든 형태의 멸시에 대해 열정적으로 싸우기 위해 교회가 존재한다. 하나님 나라의 사랑·정의·자유가 지닌 인간적이고 사회적인 의미들이 우리를 둘러싼 정치·사회 안에서 실현하고 궁극적인 것의 힘과 위기 속에서 활동을 하도록 교회는 부름 받고 위임받았다. 교회는 사회적 책임에 대해 무엇보다도 먼저 잘못된 길을 아는 것이며, 교회가 부딪치고 있는 참된 문제점들을 통찰하는 것이다. 우리는 가난한 자들과 권리를 빼앗긴 자들의 문제를 하나님 나라의 복음에 따라 그리스도교의 문제로 삼아야 하는데도 그렇게 하지 못했다. 이러한 잘못된 길에 대한 인식으로부터만 교회의 참된 문제들에 대한 통찰이 생겨날 수 있다. 이문제들은 교회와 정치·사회의 관계에 관한 것이다. 교회는 자신에게 부여된 소명과 임무를 다시 인식할 필요가 있다. 주변 사회의 삶과 직접 관련시키지 않고는 복음을 교회 안에서 선포하고 받아들일 수 없다. 교회 안에서 계시된 하나님의 사랑·정의·자유가 지닌 인간적이고 사회적인 의미들은 교회가 서 있는 곳에서 실현되어야 한다. 교회는 다른 모든 영역들을 위해 결론들을 이끌어 낼 수 있고 모든 분야에서 관련된 것을 찾아낼 수 있는 능력을 가져야 한다. 즉 그것은 특수하고 예외적인 영역에서가 아니라 주변 사회와 같은 토대 위에서 존재한다. 그리고 교회는 주변 세계가 사는 시대와 역사 속에서 활동한다.

교회, 정의를 위하여

복음은 인간적이고 사회적인 의미들을 내포하고 있다. 교회는 복음의 함축적 의미를 지금 여기서 파악할 수 있는 자유와 책임이 은사의 주도권에 의해 부여되어 있고 또 부과되어 있다. 복음을 통해 선포되는 사랑은 사회적인 차원에서 즉 이웃을 위한 정의와 자유 그리고 평화에 대한 결단 안에서 실현된다. 가까운 곳에서 그리고 먼 곳에서 일어난 비인간적인 일들을 밝혀내고 탐지하여, 비인간적인 일들이 자비심과 도우려는 마음을 일깨운다. 사상적으로·말로·행동으로 다른 인간들에 반대해서 싸우는 것만이 아니라 가난하고 힘없는 자들과 고난 받는 자들을 위해 억압적인 질서에 대항해서 그리고 정의와 자유를 저해하고 억압하는 세력에 대항해서 싸운다. 억강부약抑强扶弱, 강자를 누르고 가난하고 힘없는 자를 돕고, 모두 함께 사는 대동 세상大同世上을 이루어 권력자들과 부자들이 가난한 자와 힘없는 자를 세워주는 교회가 되어야 한다. 김회권이 『청년설교 1』에서 말한대로 "억울하고 원통한 눈물이 얼마나 더 쏟아져야 한국교회가 철이 들것인가? 억울하게 흘린 눈물과 희생은 정의를 요구하는 아벨의 피이다. 구원과 해방을 호소하는 아우성이다. 이 핏빛 아우성에 한국교회는 어떻게 응답할 것인가? 아벨의 부르짖음은 아벨의 피보다 더 낫게 말하는 그리스도의 '피'가 흘러내릴 때에야 멈춰지지 않겠는가?" 인간적이고 사회적인 의미를 실현하는 이런 과정에서 모든 사람의 동의를 받을 필요는 없다. 정치사회적 해석학을 지닌 신학적 윤리학은 은사적 실천으로부터만 그 이론을 발전시킬 수 있다. 복음의 인간적이고 사회적인 의미들의 실현은 성령의 능력 안에서 힘을 발휘하는 행동들이 일어난다. 오늘날 우리의 교회는 진지하게 문제를 느끼지도 이해하지도 못하고 있다. 예언자 아모스처럼 기독교인들이 분명하고 똑똑한 발음으로 세상의 멸망을 확실하게 말해 주고, 추상적인데서 벗어나서 정치 사회의 생생한 현장으로 나아가야 한다. 정의롭고 자유로운 삶을 위해 필요한 조건들을 조성하려는 노력 없이 복음은 선포될 수 없다. 무엇보다도 먼저 사랑은 정치사회적 차원에서 해석되고 실현되어야 한다. 그리고 사랑은 다른 사람들을 위한 정의 · 자유 · 평화를 위해 무조건적인 결단이 필요하다.

복음의 인간적이고 사회적인 의미들을 실현하는 과정에서, 기독교인들은 사회 정의와 정치적 자유에 있어서 도달할 수 있는 최선의 상태에 이르기 위해 말씀 무장을 통해 정치적 투쟁에 참여한다. 기독교들은 도래하는 하나님 나라의 증인으로 남아 있어 있어야 한다. 복음은 편을 든다. 복음은 가난한 자 · 억눌린 자 · 포악과 압제당한 자에 대한 하나님의 사랑을 알린다. 교회는 이러한 하나님의 편애와 당파성에로 지시되고 이끌린다. 자유와 정의를 위해 싸우는 전선이 우리들의 자리다. 사회적이고 정치적인 정의와 자유에 있어서 최선의 것을 쟁취할 수 있는 경우에만 기독교인은 일을 시작한다. 교회가 철저한 변혁이라는 목표를 망각하고 소홀히 한다든지, 철저한 변화란 먼 목표 때문에 개혁의 단초들을 망각하고 또 이를 소홀히 하지 않아야 한다. 물질적 특권이 끊임없이 제거되는 사회의 새로운 형태와 체제를 의미한다. 칼 마르크스의 최종적인 요구는 '인간의 해방'인데, 그리스도 예수의 요구는 인간적인 과정과 강령을 우상화하는 모든 일로부터 '하나님의 해방'이란 점을 주목해야 한다. 정치 · 사회의 영역에서 그리스도인들이 진리와 사랑의 영을 통하지 않고 어떻게 생각하고 말하고 행동할 수 있겠는가? 모든 투쟁과 혼란 속에서도 하나님의 말씀을 따르는 자유의 영을 통하지 않는 다른 어떤 방식이 있겠는가? 자유와 정의를 위해 싸우는 사람은 인간이 목적을 위한 수단으로 격하되고 물질로 전락되는 모든 질서와 모든 생활을 제거하려 할 것이다. 개인의 생명은 세상에서 가장 부유한 사람의 소유보다 수백만 배나 소중하다. 예언자 아모스와 같이 가난한 자·힘없는 자·불행한 자·비천한 자·모욕당하는 자를 위해 혁명가가 된 기독교인은 먼저 정의가 무엇인지를 말해야 한다. 이 세상에서 정의를 이룩하기 위해 나서기 전에 십자가 앞에 서야 한다. 거기서 어떻게 하나님의 정의가 세상을 변혁시키는지 그리고 영속적인 유일한 세계 변혁이 무엇인지 밝혀지게 된다. 왜냐하면 정의가 죄를 용서해 주는 곳에서, 정의가 죄책을 제거해 주는 곳에서 정의는 전적으로 그리고 충분히 작용할 수 있기 때문이다.

하나님 나라는 역사적이고 보편적인 의미를 가지고 있으므로, 기독교인들을 중립적으로 미숙하게, 종교적으로 도취되어 또는 어떤 다른 열망 때문에, 가까이 그리고 먼 데서 일어난 세계적 사건을 부주의하게 또는 하나님 나라에 낯설거나 적대적이어서는 안 된다. 우리에게 지배적인 관심과 당파적 정치적 목표로부터 독립적이고 자유로운 여론을 형성해야 한다. 정치에 종사하지 않는 모든 사람은 자신이 좋아하는 정당을 이미 지지하고 있으며 지배적인 당파 또는 지배적인 경향에 봉사하고 있기 때문에 교회 안에는 예민한 정치 감각이 절실하게 필요하다. 교회는 특권을 폐지하고 이익과 부정한 경제적 이익에 대한 향유를 포기하는 데 앞장서야 한다. 교회는 금욕적인 태도를 취하지 않으면서도 예컨대 경제 사회의 생활 수준을 의도적으로 낮추는 것과 같은 결정과 조치에 대한 안목을 가져야 정의와 평화가 모든 사고와 말 그리고 행위를 통해 선포해야 한다. 우리의 시대는 잘 알고 있다. 개인들에게 있어서는 정신착란이 드문 현상이지만 집단·정당·민족·시대를 보는 안목에 있어서는 일반적인 현상이다. 냉소적 태도나 묵시 문학적인 이해 없이 이런 인식들을 냉정하고 객관적으로 받아들이면서도 평화와 화해를 위한 용감한 조치를 추구하고 취하는 것이 바로 교회의 정치적 봉사이다.

샬롬이란 단지 마음의 평화만을 의미하지 않고 모든 사회적이고 정치적인 의미들이 다시 발견되고 평가되어야 한다. 사회적이고 정치적인 과정에서 자유의 나라의 선발대로 모이는 공동체인 교회가 전위적 윤리를 대신할 때가 되었다. 폭력적인 방식은 사랑에 대해서 낯설다. 그러나 사랑은 혁명적인 행위들에 참여해야 한다. 폭력은 혁명의 본질적인 요소가 아니다. 현장으로부터 멀리 떨어진 서재에서나 정의와 자유를 갈망하고 추구하려는 것은 어리석은 짓이다. 은사적 교회 공동체의 결단은 '혁명적' 일 수밖에 없다. 자신을 혁명적 행동 안에서, 그리고 화해의 영인 성령 안에서, 모든 인간적 혁명을 능가하는 하나님 나라의 혁명의 구체적인 실행이 은사적 교회 공동체 안에서 이루어져야 한다. 샬롬은 이미 언제나 도발이며 모든 인간의 과제이다. 그것은 고아 · 과부 · 나그네 · 종 · 가난한 자 · 억눌린 자들의 권리가 모두 관철되는 생활방식이다.

교회, 희망의 공동체

하나님 나라는 미래적인 세계 완성에 대한 약속이며 예수 그리스도 안에서 그 완성의 성취요 선취이므로 우리의 신앙은 근거 있는 희망으로서 기다리고 서두르면서, 그리스도가 우주적으로 영광을 받고 새로운 창조가 이루어지는 목적지를 향해 나아간다. 교회는 주님을 기다리면서 산다.약 5:7-8 복음서들의 살아있는 말씀과 밥상공동체를 통해 현존하는 분은 십자가에 달린 분의 부활 사건을 회상하면서 앞으로 바라보는 신앙 그리고 희망과 기대에 차서 그분의 도래를 대망하는 신앙을 일깨운다. "보라, 내가 문 밖에 서서 문을 두드리고 있다."계 3:20 지금 인간들이 살고 있는 시간은 그분의 문 두드림과 다시 오심 사이의 시간이다. 하나님은 예수 그리스도를 통해서 이미 오셨으면서도 그의 백성에게 여전히 오는 분이다. 왜냐하면 예수 그리스도를 죽은 자들 가운데서 부활한 분으로 아직은 이루어지지 않았지만 반드시 도래할 궁극적 승리, 그리스도의 우주적 영광, 그리고 새 창조에 대한 확신과 희망을 갖도록 "다시 태어났기" 때문이다. 보이는 희망은 희망이 아니다.롬 8:24 보이는 것은 일시적이며 소멸과 죽음에 예속되어 있다.고후 4:18 우리의 희망은 새로운 현실 이해를 나타낸다. 희망은 사고와 행위의 동기가 된다. 신앙과 희망은 십자가에 달린 분의 부활을 통해 이미 성취된 미래적인 세계 완성에 대한 약속이다. 교회는 희망 안에서 기다리며 서둘러 가도록 촉구된다. 기다림은 수동적인 태도가 아니라 긴장 속에서 살펴보고, 망보고 서둘러 마중 나가는 것이다. 희망을 가진 사람은 참고 견디어 낸다. 희망하는 그리스도인들은 인간들과 세력들, 이데올로기들과 신들에게로 향하지 않고 인내와 신념을 가지고 해방자와 구원자를 기다린다. 왜냐하면 희망의 상실과 절망은 예수 그리스도를 부정하는 것과 같기 때문이다. 희망은 십자가를 지나치지 않는다. 성공에 대한 어리석은 인간적 야심이 폭로되고 모든 세상적인 뒷받침이 무너지는 고난과 죽음의 영역을 통과해야 한다. 고난은 모든 속박에서 벗어나게 하며 오직 희망에 머무르게 한다롬 5:3-4. 그리스도를 희망하는 사람은 더 이상 주어진 현실에 만족할 수 없고 현실에서 고난당하고 그 현실에 저항하는 힘이 된다! 희망은 교회 공동체 안에서 그리고 정치와 사회 안에서 새로운 기동력을 부여하는 변혁의 힘이다. 우리의 시선은 미래를 향해 있다. 교회는 주의 재림을 기다린다.살전 1:10 교회는 의의 본향인 새 하늘과 새 땅을 기다린다.벧후 3:13

기다림은 위대한 행위이다. 그것은 가장 고통스럽고 가장 격분한 외침이 있는 곳에서, 저 암흑 속에서, 가장 끔찍한 죽음 속에서 기다리는 것이다. 그곳으로 '사람의 아들'의 날이 오리라! 우리는 기다리는 자이어야 한다. 우리는 기다림에서 힘을 얻어야 한다. 참으로 희망하는 사람은 참으로 싸우는 자가 된다! 교회는 높이어진 그리스도의 재림은 정의와 자유와 해방의 나라의 완성을 기다리며, 모든 역사와 모든 삶의 분기점에 이르고 모든 역사와 삶의 의미가 밝혀지기를 기다린다. 교회는 그리스도가 우주적 영광을 얻게 될 마지막 때를 대망한다. 이 공동체는 십자가에 달린 분의 부활에서 시작된 일이 그때에는 완성될 것을 확신한다. 성경적 삶을 "하나님의 날을 기다리며 그 날을 향해 서둘러 가는"고후 3:12 삶이 되도록 규정하는 전향적인 방향성·종말론적인 방향성을 가진다. 시간에 대한 모든 사변과 모든 역사철학적인 종말론은 예수 그리스도의 약속 안에서 그 자리를 양보해야 한다. 부활하여 살아있는 주로서 자신을 계시한 예수 그리스도는 "자신이 처음이요 마지막"임을 밝혔다.계 1:81 그리스도의 현존에 의해 시간과 공간의 모든 거리가 극복되듯이 그의 최종적인 도래에 의해 궁극적으로 시간과 공간의 범주들이 소멸되고, 높이어진 그리스도의 재림에서 자유의 나라는 완성된다. 이 사건에서 모든 역사와 삶의 의미가 밝혀진다. 재림은 마지막 심판을 가져온다. 이 심판을 통해 민족들과 인간들의 삶에 있어서 모든 잘못된 길들과 환상들이 계시되고 깊은 소외와 죄가 드러나고 하나님 상실과 하나님에 대한 적대가 밝혀진다. 현재가 성경적 신앙에 의해 종말론적 현재로 파악될 때 역사의 의미는 실현된다.

그리스도인들의 신앙과 희망은 죽은 자들로부터 하나님과의 영원한 친교에로 부활함으로써 승리한 교회와 새로운 창조 안에서 삶이 완성되기를 기대한다. 예수 그리스도의 죽음은 죽음에 대한 죽음이다. 마지막으로 멸망받을 원수는 죽음이다.고전 15:26 죽음이 "이김에 삼킨 바 된다."고전 15 는 것은 관념적인 가치가 아니며 죽음의 고통만을 극복하고 결국 사이르는 것도 아니다. 그것은 모든 민족과 족속들 앞에서 그리스도가 영광을 받는 날에 이루어지는 하나님의 현실적이고 우주적이며 창조적인 행위이다. 죽음의 세계와 시간 저 편에서, 그러나 초월적인 삶 속에서가 아니라 하나님의 새로운 창조에 의해 시작된 삶 속에서, 눈으로 보지 못하고 귀로 듣지 못했던, 그리고 인간의 감각으로 파악할 수 없는 완성이 이루어진다. 고전 2:9 구약성경과 신약성경에서 약속한 완성은 믿음과 희망의 목적이다.

그리스도인들의 신앙과 희망은 창조의 완성을, 즉 하나님 나라가 이 땅에서 가시적으로 그리고 구체적으로 나타날 것을 기다린다. 현재 세계 상태의 철저하고 전체적인 변혁과 갱신이 모든 인간의 삶의 신체적 · 심리적인 · 정신적인 측면에 대해서 희망된다. 가난 · 어려움 · 질병 · 불행 · 억압 · 절망이 최종적으로 그리고 궁극적으로 제거되고, 다양한 형태의 죽음의 세력이 더 이상 작용하지 않는 것이다. 계 21 : 3-4 이것이 하나님과 그리스도의 날에 비칠 위대한 희망의 빛이다.

다. 그곳으로 '사람의 아들'의 날이 오리라! 우리는 기다리는 자이어야 한다. 우리는 기다림에서 힘을 얻어야 한다. 참으로 희망하는 사람은 참으로 싸우는 자가 된다! 교회는 높이어진 그리스도의 재림은 정의와 자유와 해방의 나라의 완성을 기다리며, 모든 역사와 모든 삶의 분기점에 이르고 모든 역사와 삶의 의미가 밝혀지기를 기다린다. 교회는 그리스도가 우주적 영광을 얻게 될 마지막 때를 대망한다. 이 공동체는 십자가에 달린 분의 부활에서 시작된 일이 그때에는 완성될 것을 확신한다. 성경적 삶을 "하나님의 날을 기다리며 그 날을 향해 서둘러 가는"고후 3:12 삶이 되도록 규정하는 전향적인 방향성·종말론적인 방향성을 가진다. 시간에 대한 모든 사변과 모든 역사철학적인 종말론은 예수 그리스도의 약속 안에서 그 자리를 양보해야 한다. 부활하여 살아있는 주로서 자신을 계시한 예수 그리스도는 "자신이 처음이요 마지막"임을 밝혔다. 계 1:81 그리스도의 현존에 의해 시간과 공간의 모든 거리가 극복되듯이 그의 최종적인 도래에 의해 궁극적으로 시간과 공간의 범주들이 소멸되고, 높이어진 그리스도의 재림에서 자유의 나라는 완성된다. 이 사건에서 모든 역사와 삶의 의미가 밝혀진다. 재림은 마지막 심판을 가져온다. 이 심판을 통해 민족들과 인간들의 삶에 있어서 모든 잘못된 길들과 환상들이 계시되고 깊은 소외와 죄가 드러나고 하나님 상실과 하나님에 대한 적대가 밝혀진다. 현재가 성경적 신앙에 의해 종말론적 현재로 파악될 때 역사의 의미는 실현된다.

그리스도인들의 신앙과 희망은 죽은 자들로부터 하나님과의 영원한 친교에로 부활함으로써 승리한 교회와 새로운 창조 안에서 삶이 완성되기를 기대한다. 예수 그리스도의 죽음은 죽음에 대한 죽음이다. 마지막으로 멸망받을 원수는 죽음이다. 고전 15:26 죽음이 "이김에 삼킨 바 된다."고전 15:54 는 것은 관념적인 가치가 아니며 죽음의 고통만을 극복하고 결국 사망에 이르는 것도 아니다. 그것은 모든 민족과 족속들 앞에서 그리스도가 영광을 받는 날에 이루어지는 하나님의 현실적이고 우주적이며 창조적인 행위이다. 죽음의 세계와 시간 저 편에서, 그러나 초월적인 삶 속에서가 아니라 하나님의 새로운 창조에 의해 시작된 삶 속에서, 눈으로 보지 못하고 귀로 듣지 못했던, 그리고 인간의 감각으로 파악할 수 없는 완성이 이루어진다. 고전 2:9 구약성경과 신약성경에서 약속한 완성은 믿음과 희망의 목적이다.

그리스도인들의 신앙과 희망은 창조의 완성을, 즉 하나님 나라가 이 땅에서 가시적으로 그리고 구체적으로 나타날 것을 기다린다. 현재 세계 상태의 철저하고 전체적인 변혁과 갱신이 모든 인간의 삶의 신체적 · 심리적인 · 정신적인 측면에 대해서 희망된다. 가난 · 어려움 · 질병 · 불행 · 억압 · 절망이 최종적으로 그리고 궁극적으로 제거되고, 다양한 형태의 죽음의 세력이 더 이상 작용하지 않는 것이다. 계 21 : 3-4 이것이 하나님과 그리스도의 날에 비칠 위대한 희망의 빛이다.